Knaur

Von Julia Peters wurden außerdem herausgegeben:

Der Mann im Mond ist eine Frau
Wilde Weiber küssen besser

Vibrations!

Storys vom Anmachen

Herausgegeben
von Julia Peters

Knaur

Besuchen Sie uns im Internet:
www.droemer-knaur.de

Originalausgabe August 1999
Droemersche Verlagsanstalt Th. Knaur Nachf., München

Umschlaggestaltung: Agentur ZERO, München
Umschlagillustration: Tony Stone, München / Karen Moskowitz
Satz: Ventura Publisher im Verlag
Druck und Bindung: Clausen & Bosse, Leck
Printed in Germany
ISBN 3-426-61239-9

2 4 5 3 1

Inhalt

Doris Dörrie

»Are you experienced?«

Bevor ich zu Leo gehe, nähe ich mir die Jeans vorn am Reißverschluß zu, denn Leo ist schon siebzehn und gefährlich. Wenn ich bei ihm bin, trinke ich nie etwas, damit ich nicht aufs Klo muß. Er hat allerdings noch nie versucht, mir die Hose aufzumachen, und obwohl ich davor so große Angst habe, daß ich meinen Reißverschluß zunähe, bekümmert es mich ein bißchen. Ich frage mich, was ich falsch mache. Manchmal, wenn wir miteinander auf seinem Bett liegen und knutschen, kommt seine Freundin. Sie ist so alt wie er. Ich stehe dann sofort auf, wenn ich sie im Flur mit Leos Bruder reden höre, und setze mich an den Tisch und stecke die Nase tief in mein Algebrabuch. Leo bleibt meist im Bett liegen. Seine Freundin denkt sich nichts weiter dabei. Sie ist freundlich zu mir. Neulich hat sie mich gefragt, wo ich mir die Haare hätte schneiden lassen, der Schnitt gefiele ihr. Dabei habe ich den ganzen Nachmittag geheult, als ich vom Friseur kam. Leo bringt mir bei, wie man mit dem Rechenstab Wurzeln zieht. Manchmal nimmt er mich mit zu seinem Freund Uwe und dessen Freundin Hanna. Uwe wohnt allein in einem muffig-warmen Zimmer unterm Dach. Wenn Leo und ich kommen, wirft er als erstes eine zweite Matratze auf die Erde. Wir rauchen und trinken Cola mit Rum, und dann legen sich Uwe und Hanna auf die eine Matratze und Leo und ich uns auf die andere. Leo und ich liegen immer nebeneinander. Uwe liegt meist auf Hanna und bewegt sich auf ihr wie ein Fisch auf dem Trocknen. Keiner zieht sich jemals aus. Ich weiß, daß Leo mich nicht wirklich ernst nimmt, sonst würde er sich auch auf mich drauflegen wie Uwe auf Hanna. Wir küssen uns, bis mein Gesicht brennt wie Feuer. Küssen ist wie Erdnüsse essen, man kann nicht genug davon bekommen.

Ich bitte meine Mutter, mir zwei Nachhilfestunden pro Woche zu bezahlen, aber sie lehnt ab. So schlecht sei ich nun auch wieder nicht, sagt sie, außerdem ist Leo ziemlich teuer. Und dann denkt sie nach und findet, ich sei doch eigentlich sehr viel besser geworden in Mathematik, und ich bräuchte ab jetzt überhaupt keinen Nachhilfeunterricht mehr. Ich bettle und flehe, aber es hilft nichts, meine Nachhilfestunden bei Leo sind ein für allemal vorbei.

Jetzt weiß ich, daß ich Leo liebe, sonst säße ich nicht stundenlang mit klopfendem Herzen neben dem Telefon und wartete darauf, daß er sich meldet. Er tut es nie. Wenn ich ihn anrufe, sagt er nichts, und ich erzähle ihm jede blöde Kleinigkeit, die mir einfällt, nur damit ich nicht auflegen muß. Selbst von meiner kleinen Schwester Charlotte erzähle ich ihm. Tschüs sagt er dann irgendwann, mach's gut, Fanny. Das ist alles. Er sagt nicht: Kann ich dich irgendwann sehen? Was machst du morgen? Nichts. Wenn ich dann enttäuscht auflege, ist meine Hand, die den Telefonhörer gehalten hat, verkrampft und schweißnaß. Manchmal sehe ich ihn auf seinem Fahrrad vorbeifahren. Er winkt, aber er hält nie an. Ich schleiche um das Haus herum, in dem er wohnt, aber er kommt nicht heraus. Meine Freundin Antonia schlägt vor, ich solle einfach mit dem Rechenstab zu ihm gehen und vorgeben, ich hätte vergessen, wie man die Wurzel zieht, ob er es mir noch einmal ganz kurz zeigen könne, und dann solle ich schnell meinen Hausschlüssel oder mein Portemonnaie irgendwo hinlegen und dort vergessen. Dann hätte ich einen Grund, wieder zu ihm zu gehen. Ich ziehe mir ein Kleid an. Ich bin nie im Kleid zu Leo gegangen, das war mir immer viel zu gefährlich. In meinem weißen Strickkleid sehe ich sehr erwachsen aus. Ich binde mir einen blauen Seidenschal um den Hals und ziehe den Bauch ein. Als ich bei ihm klingele, scheint er nicht besonders überrascht zu sein. Er läßt mich in sein Zimmer und legt eine Platte von Jimi Hendrix auf. Die Platte heißt »Are you experienced?« Ich weiß nicht genau, was das heißen soll. Im Wörterbuch steht: *experience:* erfahren, erleben, (Verlust) erleiden.

»Na?« sagt Leo. Ich lächle. Ich rede gar nicht vom Rechenstab. Ich stehe einfach so herum und bewege mich im Takt der Musik.

»Na?« sagt Leo noch einmal. Und dann tut er etwas Seltsames. Er kommt auf mich zu und zupft mich durch das Kleid und durch die Unterhose hindurch an meinen Schamhaaren. Ich bin so schockiert, daß ich einen kleinen Luftsprung mache, als hätte ich mich verbrüht.

»Ich muß gleich weg«, sagt Leo und grinst. Er steht etwa zwanzig Zentimeter von mir entfernt. Ich weiß, daß es jetzt an mir liegt. Aber was ich tun soll, ist mir so unklar, als müßte ich eine Rechenaufgabe aus dem nächsten Schuljahr lösen.

»Hm?« macht Leo und legt den Kopf ein bißchen schief. Ich fühle mich wie beim Tauchen, wenn man tiefer und tiefer ins dunkle Wasser sinkt und sich oben über einem die hellen Lichtkringel immer weiter entfernen. Ich weiß, daß man dann nur ganz ruhig warten muß, dann hebt einen das Wasser wieder empor, es wird heller und heller, bis man in einer großen Fontäne herausschießt. Aber ich bekomme Atemnot, ich kriege Angst, ich kann nicht warten. Ich stottere etwas vom Rechenstab. Leo zuckt die Schultern, dann holt er den Rechenstab von seinem Tisch und schiebt ihn vor meiner Nase *ritschratsch* hin und her.

»Ach so«, sage ich und nicke. Ich spüre Leos Atem in meinem Nacken, warm und süß wie eine dampfende Semmel. Ich glaube, daß ich es mir noch einmal überlegen kann, aber da nimmt er schon seine Jacke und schiebt mich zur Haustür. Zum Abschied fährt er mir kurz durch die Haare. Ich sehe ihm nach, wie er auf seinem Fahrrad davonfährt, ohne sich noch einmal nach mir umzudrehen. Ich weiß, daß er bereits alles vergessen hat. Die Stelle, an der Leo mich gezupft hat, glüht. Ich schließe die Augen und stelle mir vor, wie es war, als er plötzlich auf mich zukam, die Hand ausstreckte und nach mir griff. Immer wieder nur diesen Moment stelle ich mir vor, wie in einer Zeitlupenwiederholung. Dann fällt mir ein, daß ich vergessen habe, meinen Schlüssel bei ihm zu vergessen. Ich habe meine Chance verpaßt. Ich fange an zu heulen, während die Stelle unter meiner Unterhose lichterloh brennt. Entjungfert werde ich ein Jahr später von Jürgen, während seine Eltern nebenan im Wohnzimmer Freunden Dias von ihrer Griechenlandreise zeigen. Jürgens Vater ruft: »Und das ist also der Olymp! Und der rote Fleck da rechts, das ist die Ursel.« Gelächter. Jürgen breitet ein Handtuch, auf dem eine große Mickymaus im Liegestuhl liegt, über sein Bett. Die Mickymaus stört mich. Ich könnte Jürgen nicht erklären, warum. Es ist mir vollkommen gleichgültig, daß er mich gleich entjungfern wird. Ich mag ihn noch nicht einmal besonders. Jürgen zieht sich die Hose aus und grinst dazu blöde. Die Haut an seinen Beinen ist weiß wie ein Mehlwurm, und sie ist übersät mit kleinen roten Pickeln, die sich anfühlen wie die Plastiknoppen auf einer Seifenablage. Dazwischen sprießen schwarze Haare. Nur da, wo die Jeans eng anliegen, an den Oberschenkeln und zwischen den Beinen, sind die Pickel und die Haare weggescheuert, da ist die Haut ganz weich und zart. Nebenan im Wohnzimmer sagt Jürgens Mutter laut:

»Und dann sind die Griechen doch tatsächlich nachts noch ...« Den Rest verstehe ich nicht, weil Jürgen zu mir sagt:
»Jetzt komm her.« Jürgen liegt auf dem Handtuch mit der Mickymaus und grinst mich breit an. Er nimmt meine Hand und zieht mich aufs Bett.
»Hab keine Angst«, sagt er. Hinterher fühlt man sich einfach besser, sagen meine Freundinnen. Erwachsener. Ich sehe Jürgen weit unter mir wie durch ein umgedrehtes Fernglas. Er nestelt an mir herum wie an einer Handtasche, in der er partout etwas unterbringen will. Während ich ihm dabei zuschaue, muß ich daran denken, wie er, als er einmal bei mir übernachtet hat und meine Eltern nicht da waren, mein Nachthemd angezogen hat. Er ist in meinem hellblauen, kurzen Nachthemd im Zimmer auf- und abgesprungen und hat dazu in einer hohen Fistelstimme gerufen: »Ich bin eine Elfe!« Er fand das irrsinnig komisch. Er wollte sich ausschütten vor Lachen. Auch als er in meinem Nachthemd eine Erektion bekam und das Nachthemd von seinem Körper abstand wie ein Umstandskleid. Immer noch sprang er herum und rief: »Ich bin eine Elfe.« Daran muß ich jetzt denken. Und wie es mir das Herz zusammengezogen hat, als ich ihn so gesehen habe.

Es tut nicht weiter weh. Ich hatte es mir schlimmer vorgestellt.
»Tut es weh?« fragt Jürgen.
»Ja«, sage ich und stöhne ein bißchen, weil Jürgen stöhnt. Dann macht er den Mund ganz weit auf, so daß ich seine Plomben sehen kann.
»Zeig doch noch mal die Ursel auf dem Olymp!« ruft jemand nebenan.
»Nicht so schnell! Man erkennt ja gar nichts!« höre ich Jürgens Mutter sagen.

»Schaut euch das an!« brüllt ein Mann. Dann lachen alle. Es muß passiert sein, während ich ihrem Gelächter gelauscht habe, denn jetzt ist alles schon vorbei. Jürgen bewegt sich nicht mehr, atemlos liegt er da, die Hand über den Augen. Ich klettere herunter und lege mich neben ihn. Er nimmt mich in den Arm.
»War's schlimm?« flüstert er in mein Ohr. Ich kuschle mich dicht an ihn. Dies ist der beste Teil. Später, als er das Mickymaus-Handtuch vom Bett nimmt, sagt er:
»Hat noch nicht mal geblutet.« Ich zucke die Schultern und ziehe mich an.

Wir gehen nach nebenan ins Wohnzimmer.
»Seid ihr hungrig, Kinder?« fragt Jürgens Mutter. Wir sitzen nebeneinander auf dem Sofa und sehen auf die bunten Bilder auf der Leinwand. Roter Mohn blüht vor einem weißen Tempel. Jürgens Mutter trägt ein gelbes Sommerkleid mit blauen Punkten und winkt in die Kamera. Ein alter Mann sitzt auf einem Esel. Zwei schwarzgekleidete Frauen stehen in einer Türöffnung. Jürgens Vater lehnt an seinem Auto, einem grünen VW-Passat. Er trägt einen hellblauen Sommerhut.
Als ich nach Hause komme, sitzt meine Mutter noch vorm Fernseher. Mein Vater ist schon im Bett.
»Hallo, Schätzchen«, sagt sie zu mir, »war's schön?« Das sagt sie immer, wenn ich nach Hause komme. Ganz gleich, woher.

Zwei Monate später sagt Rainer zu mir, ich solle mich bewegen, nicht einfach nur so daliegen. Aber das ist anstrengend, und ich bin faul.
»Nimm das Ganze nicht so ernst«, sagt Rainer, »du siehst dabei immer aus, als ginge es um Leben und Tod.« Später, als ich an seinem Schreibtisch sitze und für die morgige Klas-

senarbeit lateinische Vokabeln pauke, spüre ich, wie er langsam hinter mich tritt. Ich sehe seine nackten Beine hinter mir. Er stellt sich auf die Zehenspitzen und legt mir etwas auf die Schulter. Ich greife danach und zucke erschrocken zurück. Es ist nicht seine Hand, obwohl es sich im ersten Moment ein bißchen so anfühlt. Wie ein riesiger Finger. Der riesige Finger klopft leicht auf meine Schulter. Ich verstehe nicht, wie man auf solche Ideen kommen kann. Rainer kichert.

Ein halbes Jahr später erzählt mir Bruno von seiner Freundin Liane, die sich gerade von ihm getrennt hat, während er mir über die Brust streichelt. Er ist der Schönste aller Männer. Seine langen Haare sind weizenblond, seine Augen murmelblau, seine Haut so glatt wie eine Nektarine.
»Sie ist so verdammt stur, verstehst du?« sagt er. »Ich habe mit ihr irgend etwas falsch gemacht, aber ich weiß nicht, was.« Ich weiß es auch nicht. Ich kenne Liane überhaupt nicht. Bruno richtet sich auf und zündet sich eine Zigarette an. Mit der einen Hand raucht er, mit der anderen streichelt er mir weiter abwesend über den Busen.
»Scheiße«, sagt er. Er macht die Zigarette aus und küßt mich.
»Tut mir leid«, sagt er, »ich sage dir nur, wie's ist.«
Am nächsten Tag nimmt er mich mit zu Liane. Sie ist älter als ich, sie studiert schon und teilt sich eine Zweizimmerwohnung mit einer Kommilitonin. Ich beneide sie. Liane setzt Wasser auf und stellt drei hübsche blaue Tassen auf den Tisch.
»Du hast dich ja prima eingerichtet«, sagt Bruno und macht eine Handbewegung.
»Ja«, sagt Liane und sieht ihn kühl an. Bruno klopft mit dem Fuß auf den Fleckerlteppich, dann trommelt er auf dem Tisch herum, daß die Tassen hüpfen.

»Wo habt ihr beide euch kennengelernt?« fragt Liane. Bruno schweigt.
»Auf der Party von den Tiermedizinern«, sage ich und füge schnell hinzu: »Ich gehe aber noch zur Schule.«
»Ach so«, sagt Liane. Sie gießt den Tee in die Tassen. Dann nimmt sie zwei Stück Zucker, läßt sie in Brunos Tasse fallen, schüttet ein bißchen Milch dazu und rührt um und gibt sie ihm. Ich verstehe nicht, warum mir das plötzlich so weh tut. Bruno lächelt.
»Oh, entschuldige«, sagt Liane, legt erschrocken die Hand auf den Mund und sieht mich an.
»Entschuldige«, sagt sie noch einmal, »ich war so in Gedanken.«
»Ach, Scheiße«, sagt Bruno.
Als wir wieder bei Bruno sind, zieht er mich sofort aus. Wir legen uns ins Bett. Sein Gesicht liegt ganz dicht neben meinem. Ich spüre, wie etwas Feuchtes über meinen Hals rinnt. Ich weiß nicht, ob es Tränen sind oder Schweiß. Wir liegen nebeneinander, und ich stelle mir vor, daß unsere Gedanken kleine, blauschillernde Insekten sind, die in Trauben in unseren Köpfen sitzen, und eigentlich bedarf es nur einer heftigen Bewegung, eines lauten Schreis, damit sie auffliegen, sich vermischen und in einer großen Wolke davonfliegen, aber keiner von uns beiden bewegt sich, keiner sagt ein einziges Wort.

Lukas wohnt im Hobbykeller im Haus seiner Mutter. Sie darf nicht wissen, daß ich hier unten bis spät in die Nacht mit ihrem Sohn im Bett liege. Lukas bewegt sich auf meinem Körper wie eine große, warme Schlange. Er hebt den Kopf. Seine langen schwarzen Haare fallen ihm ins Gesicht. Er lächelt mich an. »Hm«, sagt er, »macht dir das überhaupt keinen Spaß?« Ich werde rot. »Doch, doch«, stottere ich. Lu-

kas steht auf, kniet sich nackt vor sein Bett und angelt darunter eine Flasche Rum hervor. Er gibt mir die Flasche. Ich trinke in großen Schlucken ohne zu husten. Danach bewegt sich mein Körper, wie es ihm paßt, und ich schaue ihm erstaunt dabei zu.
»Hmmmmm«, macht Lukas.

Er holt mich von der Schule ab. Am Tag erkenne ich ihn kaum wieder. Er sieht dann so anders aus als nachts, wenn wir in seinem Bett liegen und gespannt den Geräuschen im Haus lauschen. Wenn seine Mutter ins Bett geht, rauscht das Wasser durch die Rohre, die quer durch sein Zimmer im Keller verlaufen. Erst wenn das glucksende Geräusch nach der Klospülung gänzlich verstummt ist wie ein Bach, der sich immer weiter entfernt, atmen wir auf. Nachts scheint Lukas nicht aus Fleisch zu bestehen wie andere Menschen, sondern aus einem geheimnisvollen Stoff, der sich zuerst anfühlt wie Luft, dann wie Wasser und schließlich wie Feuer.
»Pscht«, sagt er, »nicht so laut – meine Mutter«, und legt mir ein Kissen übers Gesicht. Später sagt er: »Seit mein Vater abgehauen ist, kann sie nicht mehr richtig schlafen.«
»Aber das ist doch schon über zehn Jahre her«, sage ich.

Als ich am nächsten Abend das Wasser über uns rauschen höre, stelle ich mir Lukas' Mutter vor, wie sie im Badezimmer vorm Spiegel steht und sich abschminkt. Sie ist eine kleine, dünne, blonde Frau, und wenn sie neben dem großen, schwarzhaarigen Lukas steht, kann man nicht glauben, daß sie seine Mutter ist. Wie hat diese kleine Frau nur ein so großes Kind kriegen können, denke ich immer.
Ich sehe sie im Badezimmer stehen und dem Rauschen des Wassers lauschen wie wir hier unten. Ich weiß, daß sie Bescheid weiß. Sie weiß, daß wir nur darauf warten, daß sie ins

Bett geht. Ich stelle mir vor, wie sie sich im Spiegel ansieht und mit schnellen, harten Bewegungen ihr kleines Vogelgesicht eincremt. Dieses Bild macht mir angst. Das Wasserrauschen wird leiser.

»Komm«, sagt Lukas.

»Nein«, sage ich.

»Warum nicht?« fragt er. »Liebst du mich nicht mehr?« Er lacht und hält mir die Rumflasche hin. Ich trinke.

»Komm«, sagt er noch einmal. Ich schüttele den Kopf. Er lächelt und verschwindet unter der Bettdecke. Er küßt mich am ganzen Körper. Ich muß an seine Mutter denken. Wie sie ihn früher gehalten hat, als er noch klein war.

»Hör auf«, flüstere ich. Er hebt erstaunt den Kopf.

»Warum?« fragt er und kriecht höher. Ich zucke die Achseln. Er küßt mich auf den Mund. Seine Lippen schmecken salzig. Ich setze mich auf.

»Hey«, sagt er erstaunt.

»Ich weiß auch nicht«, sage ich. Ich ziehe mich an. Er hält mich an der Schulter zurück.

»Was ist denn?« fragt er. »Habe ich irgendwas falsch gemacht? Fanny!« Er sieht plötzlich traurig aus. Ich schüttle den Kopf. Ich kann es ihm nicht erklären. Er will mich noch zur Haustür begleiten. Splitternackt geht er vor mir die Treppe hinauf. Ich lege meine Hand kurz auf seinen Po. Er dreht sich um und lächelt. Wir schleichen in den Flur, da fällt er plötzlich um. Er liegt vor der Garderobe auf einem kleinen Läufer und rührt sich nicht mehr. Ich klopfe ihm auf die Wangen, schüttle ihn. Er reagiert nicht. Ich hebe seine Augenlider an. Seine Pupillen sind nach oben gedreht und das Weiße in seinen Augen leuchtet wie in einem Horrorfilm. Ich möchte weglaufen. Jeden Moment kann seine Mutter die Treppe herunterkommen.

»Lukas«, flüstere ich, »wach auf, Mensch!« Er rührt sich

nicht. »Bitte, bitte, wach auf«, zische ich. Ich weiß nicht, was mit ihm los ist. Ich lege mein Ohr an seinen Mund. Ich höre nur meinen eigenen Atem. Ich kann sein Gesicht kaum sehen, aber ich wage nicht, das Flurlicht anzuschalten. Ich beuge mich dicht über ihn.

»Lukas, bitte!« Ich kneife ihn, so fest ich kann. Ich boxe ihn in die Rippen. Er bewegt sich keinen Millimeter, liegt einfach nur so da. Ich sehe seinen nackten Körper und kann mich nicht daran erinnern, wie er sich anfühlt. Ich bin wütend. Ich hasse ihn, wie er so daliegt wie ein Stück totes Fleisch. Es ist ihm völlig egal, was mit mir ist. Ich merke, wie mir die Tränen übers Gesicht laufen. Ich muß seine Mutter holen, ich muß sie jetzt holen. Aber ich hocke da und bewege mich nicht von der Stelle. Mir ist kalt. Ich zittere.

»Lukas«, flüstere ich, »verdammt noch mal!« Ich trete ihn in die Seite. Er reagiert nicht. Ich lege meine Hand auf seinen Bauch. Seine Haut fühlt sich kalt an. »O Gott«, denke ich. Ich fange an zu beten. Als er sich aufrichtet, denke ich, es ist nur mein Wunsch und nicht die Wirklichkeit.

»Oh«, sagt er und schüttelt sich wie ein Hund. Er steht auf. Er reicht mir die Hand und zieht mich hoch. Er sieht die Tränen auf meinem Gesicht.

»Warum weinst du?« fragt er verblüfft. Ich zucke die Achseln.

»Bin ich kurz weggetreten?« fragt er. Ich kann ihm nicht sagen, wie lange. Es kann eine Stunde gewesen sein, fünf Minuten, ich weiß es nicht.

»Passiert mir oft«, sagt er und grinst, »zu schnell gewachsen.«

»Pscht«, sage ich, »deine Mutter.«

»O je«, kichert er. Er will mich küssen, aber ich winde mich aus seinen Armen und gehe zur Haustür.

»Bis morgen«, flüstert er. Ich antworte nicht. Als ich auf meinem Fahrrad davonfahre und mich noch einmal nach ihm umdrehe, sehe ich ihn nackt in der Tür unter dem Außenlicht stehen. Er hebt die Hand. Ich wende mich ab und fahre schneller. Der Fahrtwind streicht mir wie eine große, kühle Hand übers Gesicht.

Ich weiß, daß ich morgen hinten über den Schulhof nach Hause gehen werde, und Lukas wird vorne auf der Straße warten, bis keiner mehr aus dem Gebäude kommt, dann wird er langsam davontrotten, und er wird nichts verstehen. Ich fahre so schnell ich kann. Der Wind saust mir um den Kopf, weht alles weg, was schrecklich ist. Ich bin sechzehn Jahre alt.

Nicholson Baker

Kein Zeitlimit

Was hast du an?« fragte er.
Sie sagte: »Ich habe ein weißes Hemd mit kleinen Sternchen an, grünen und schwarzen Sternchen, dazu eine schwarze Hose, Socken so grün wie die Sternchen und schwarze Sneakers für neun Dollar.«
»Was machst du gerade?«
»Ich liege auf dem Bett, es ist gemacht. Das ist ungewöhnlich. Ich habe heut morgen das Bett gemacht. Vor ein paar Monaten hat mir meine Mutter eine Tagesdecke aus Chenille geschenkt, genauso eine, wie wir früher hatten, und ich hatte ein schlechtes Gewissen, weil sie immer noch unbenutzt herumlag, und heute morgen hab ich sie schließlich aufs Bett drapiert.«
»Ich weiß nicht, was Chenille ist«, sagte er. »Ist das so eine Art Seide?«
»Nein, Baumwolle, Baumwollchenille. Es hat so kleine Büschel, mit konventionellen Mustern. Wie in einer Frühstückspension.«
»Oh oh oh, *Büschel*muster. Da bin ich aber beruhigt.«
»Warum?« fragte sie.
»Seide hat so was … da fallen einem gleich Anzeigen für einen Hostessenservice ein, wo der Text in so einer nachgemachten 18.-Jahrhundert-Schrift gesetzt ist – *Für den verwöhnten Herrn* – so in der Art. Oder Deliques Intimates, kennst du den Katalog?«
»Den kriege ich ungefähr einmal die Woche.«

»Genau, die reine Sintflut. Spitzenfiligran, Aubrey Beardsley – nein danke. Dazu fällt mir nur ein: Madam, der Seidenhüftslip, den Sie da tragen, bekommt bestimmt Flecken.«

»Da hast du recht«, sagte sie. »Mir hat mal einer so ein exotisches Wäscheteil geschenkt, nicht von Deliques, aber etwas in der Art, Seide mit Spitze. Ich werde ganz ... ich werde sehr *feucht*, wenn ich erregt bin, es ist schon fast peinlich. Dieses Wäschedings wurde also klitschnaß. Er sagte, der Mensch, der es mir gekauft hatte, sagte: ›Was soll's, wirf's weg, einmal getragen.‹ Aber ich weiß nicht, ich dachte, vielleicht will ich es noch mal anziehen. Eigentlich ist es nämlich ganz schön, Seide zu tragen. Also ging ich damit zur Schnellreinigung. Ich sagte nichts weiter dazu, ich stopfte es einfach in einen ganzen Haufen Arbeitssachen. Ich kriegte es zurück mit einem kleinen Schildchen dran, auf dem ein tanzendes Männchen mit tragischem Gesichtsausdruck und einem Hut war, das sagt, du weißt schon: ›Sorry! Wir haben getan, was wir konnten, wir haben zu außergewöhnlichen Maßnahmen gegriffen, aber die Flecken aus diesem Kleidungsstück gingen einfach nicht raus!‹ Ich sah es mir an, und es war ganz komisch, da waren fünf *Punkt*flecken drauf, kleine Ovale, nicht unten, wo ich naß gewesen war, sondern weiter oben, vorn.«

»Seltsam.«

»Und der Typ, von dem ich es hatte, war *nicht* auf mir gekommen. Er kam woanders – da bin ich mir ganz sicher. Ich hab also die Theorie, daß jemand in der Schnellreinigung ...«

»Nein! Bringst du deine Sachen immer noch dahin?«

»Na, sie liegt halt günstig.«

»Wo wohnst du?«

»In einer Stadt im Osten.«

»Oh. Ich in einer Stadt im Westen.«

»Wie schön.«
»Es ist wirklich schön«, sagte er. »Von meinem Fenster aus kann ich eine Straßenlampe mit ganz vielen Dornlöchern drin sehen, von den Serviceleuten – ich meine natürlich einen hölzernen Telefonmast mit einer Straßenlampe dran –«
»Klar.«
»Und ein paar Häuser. Die Straßenlampe wird per Fotozelle aktiviert, und zu sehen, wie sie angeht, das ist wirklich was Schönes.«
»Wie spät ist es bei dir?«
»Ähm – zwölf nach sechs«, sagte er.
»Ist es schon dunkel!«
»Nein. Bei dir?«
»Nicht ganz«, sagte sie. »Richtig dunkel finde ich es erst, wenn die kleinen Lämpchen auf meinem Stereoreceiver das Hellste im Zimmer sind. Das stimmt zwar so nicht ganz, aber es klingt gut, findest du nicht? Mit welcher Hand hältst du den Hörer?«
»Mit der linken.«
»Was machst du mit der rechten?«
»Meine rechte Hand ist ... im Augenblick liegen meine Finger auf der Erde einer Topfpflanze, die mir jemand geschenkt hat und die nicht so richtig wird. Ich wühle so ein bißchen mit den Fingern in der Erde.«
»Was für eine Pflanze?«
»Weiß ich nicht mehr«, sagte er. »In der Erde stecken ein paar polierte runde Steinchen. Ah, Moment, da ist das Schildchen. Nein, das ist bloß das Preisschild. Eine anonyme Geheimpflanze.«
»Du hast mir noch nicht gesagt, was *du* anhast«, sagte sie.
»Ich habe ... ich trage, na ja, einen Bademantel und Gummilatschen mit blauer Sohle und roten Haltern. Es sind meine ersten Gummilatschen – ich meine, seit ich hierhergezo-

gen bin. Sie sind gut zum Aufwachen morgens. Am Wochenende zieh ich sie immer an, geh damit runter an die Ecke und kauf die Zeitung, und das Gefühl dieses Riemens da im Schritt der Zehen – Mann, das bringt dich hoch, da fängt der Tag gleich richtig an. Das ist, als würdest du den Füßen Zaumzeug anlegen.«

»›Stehst‹ du auf Füße?«

»Nein nein nein nein nein nein. Bei Frauen? Nein. Füße sind neutral. Ungefähr so wie Ellbogen. Was *mich* betrifft, ich ...«

»Was?«

»Also, ganz oft, kurz bevor ich komme, richte ich mich gern so auf den Fußballen auf. Das hat was mit der Anspannung der Beinmuskulatur und der, äh, der Arschmuskeln zu tun, es läßt alle Nerven zusammenspielen, es ist, als käme ich mit den Beinen. Andererseits fühle ich mich dabei manchmal wie ein High-School-Lehrer, der auf den Hacken wippt, oder wie ein Demagoge, der sich auf die Zehen stellt und etwas über die Vorsehung hinausbrüllt.«

»Und dann, wenn du mit deinem *relevé* ganz oben bist, kommst du in ein Papiertuch«, sagte sie.

»Genau.«

»Was wir nicht alles für die Liebe tun. Ich kannte mal jemand, einen Arzt, der erzählte mir, daß er beim Masturbieren gern hyperventiliert, wie ein Hundebaby. Er ging das Ganze sehr wissenschaftlich an. Er meinte, das Hyperventilieren reduziert das ionisierte Kalzium im Blut, ändert die Nervenleitfähigkeit, macht dieses, tut jenes. Einmal hab ich's ausprobiert. Er meinte, wenn du fast soweit bist, nachdem du gehechelt und gehechelt hast, hi-a-hi-a-hi-a, dann mußt du was namens Valsalva machen, wobei du die Luft tief einziehst und die Kehle zupreßt und *fest* drückst, und wenn du es richtig machst, dann sollst du einen wahnsinnigen Orgasmus kriegen – kribbelnde Glieder, kribbelnde Haarwurzeln, kribbelnde Zähne, ich weiß auch nicht, halt die ganze Palette. Bei mir ist mit dieser Technik nicht viel rausgekommen, aber er war so ein Riese, wilder Riesenbart, Riesenarme, er aß mit Vorliebe große Fleischkloß-Croques, die mit dieser orangefarbenen Schmiere – und er war so groß und so unschuldig und eigentlich ziemlich schüchtern, so daß die Vorstellung, wie er da japst –«

»Mit zugekniffenen Augen.«

»Genau, über sein Geschlechtsteil gekauert, obwohl ich sagen muß, daß ich mir sein Geschlechtsteil nie so richtig vorstellen konnte, aber allein die Vorstellung, wie er da absichtlich, freiwillig vor sich hin japst und schluckt, hat genügt, um mir selbst zu dem einen oder anderen Augenblick der Lust zu verhelfen.«

»Oh. Da auf deinem Bett?«

»Da auf meinem Bett.«

»Aber ohne die Chenille-Tagesdecke.«

»Ohne die Chenille-Tagesdecke, die, wie ich gerade sehe, kleine weiße Fusseln auf meiner Hose hinterläßt, hm, hm, hm, weg da, ihr. Siehst du, eine pompöse Seidensexydecke von Deliques wäre eben doch praktischer gewesen.«

»Also, na gut, nein, ich sehe ja ein, daß die Sachen von Deliques sexy sein können«, sagte er. »Strapse und so. Mir bringt das zwar nicht viel – das ganze viktorianische Gehabe mit diesem abartig verkniffenen Grienen stößt mich einfach ab –, aber ich muß doch zugeben, als dann Woche für Woche die Kataloge kamen, Frühherbst, Herbst, Spätherbst, dieser anhaltende Schwall halbnackter Frauen, der mir aus der Post entgegenquoll, auf so teurem Papier, mit den Kußmäulchen und so, das hat mich dann doch interessiert.«

»Aha, jetzt gibst du's also zu«, sagte sie. »Die männlichen Models sehen aber auch ganz gut aus.«

»Na ja, bei mir waren es aber nicht diese Winzigwinzigmieder und solche Geschichten. Ich sag dir, was es war. Es war dieses eine Bild von einer Frau in einem weiten grünen Hemd, sie lag auf dem Rücken, die Beine in der Luft, an den Knöcheln gekreuzt, und sie trug Tights. Keine schwarzen Tights. Ich war, ich war völlig hingerissen von diesem Bild. Ich weiß noch, wie ich von der Arbeit nach Hause kam und am Küchentisch saß und ungefähr … zehn Minuten lang dieses Bild betrachtete, die kleine Beschreibung der Tights las, wieder das Bild anschaute, las, schaute. Sie hatte sehr lange Beine. Hatte ich denn jemand, dem ich diese Tights kaufen konnte? Nein, eigentlich nicht. Zu der Zeit nicht. Sie hatten so eine bestimmte Webart, nicht Chenille, nicht Chenille. Pointelle! Sie trug diese beige-grünen Pointelle-Tights. Weißt du, für mich ist das Wort ›Tights‹ viel erregender als bloß Strumpfhose. Jedenfalls ging ich ins Wohnzimmer und stellte das Telefon auf den Boden, und dann legte ich mich neben das Telefon auf den Boden und betrachtete einfach das Foto, blätterte den Rest des Katalogs durch, aber von hinten, wieder zurück zu diesem Bild, bis mir vom Hochhalten allmählich die Arme erlahmten, also legte ich mir den Katalog aufgeschlagen auf die Brust, und ich geriet in reine Ekstase und rollte den Kopf auf dem Teppich hin und her. Wenn du den Kopf auf dem Boden hin und her rollst, dann steigert das im allgemeinen das Gefühl der Ehrfurcht oder Verwunderung, das du gerade hast. Aber leider kein Kribbeln in den Gliedern.«
»Nein.«
»Und ich esse auch nicht massenweise Fleischkloß-Croques. Das heißt, gelegentlich mag ich auch mal ein Fleischkloß-Croque, mit Pilzen – ich möchte mich nur abgrenzen von, du weißt schon …«
»Oh, mach dir da keine Sorgen«, sagte sie. »Dein Akzent ist

völlig anders als seiner, und deine Stimme ist ganz … unwiderstehlich.«

»Freut mich zu hören. Ich war nervös, als ich anrief. Meine Temperatur ist glatt um zehn Grad gesunken, als ich mich entschloß, die Nummer zu wählen.«

»Ach, wirklich. Wo hast du denn die Anzeige gesehen?«

»Ähm, in einem Herrenmagazin.«

»In welchem?« fragte sie.

»Komischerweise ist mir das peinlich. In *Juggs*. Dem Tittenmagazin. Wo hast du die Anzeige gesehen?«

Eine Pause trat ein. *»Forum.«*

»Was steht in deiner?« fragte er.

»Mal sehen«, sagte sie. »Da ist eine Strichzeichnung von einem Mann und einer Frau, beide einen Hörer in der Hand, und drüber steht JEDERZEIT. Mir hat die Zeichnung gefallen.«

»Die Anzeige hab ich auch schon mal gesehen«, sagte er. »Sie ist ganz anders als meine. Auf meiner ist ein Farbfoto von einer Frau, um deren Beine eine Telefonschnur gewickelt ist, und ein Arm bedeckt irgendwie die Brüste, und über der Telefonnummer steht MACH'S, DANN KOMMT'S. Aber diese Anzeige hat gegenüber den anderen einfach was unbestimmbar Exklusiveres, liegt das am Layout oder der Type, mit der die Telefonnummer gedruckt ist, und das trotz diesem üblichen Frau-plus-Telefon-Bild, und ich dachte, vielleicht lockt das eine andere Sorte Anrufer an. Obwohl, Jungejunge, dieser Schwall von arschlochmäßiger Männergeilheit in der Leitung, als du angefangen hast zu reden, das war ja nicht gerade Kanapeegeplänkel. Der *eine* Typ, der ständig dazwischenquatschte – ›Lutscht du gern einen großen *Schwanz?*‹ – ›Wie groß und braun sind deine Nippel?‹ Aber schließlich rufen wir ja auch nicht an, um Kanapeegeplänkel zu betreiben.«

»Ich hätte nichts dagegen – plänkel ruhig. Aber du hast schon recht. Jedenfalls sind wir nun hier, ›allein zu zweit‹, wie es so schön heißt, im berühmten Glasfaser-›Hinterzimmer‹.«

»Wie wahr.«

»Also weiter«, sagte sie. »Du hast mir gerade erzählt, wie du auf dem Boden liegst und den Kopf hin und her rollst.«

»Ach ja, richtig. Also, ich lag da auf dem Boden, den Katalog aufgeschlagen auf der Brust, hin und weg von diesen Tights, und eine Vorstellung, eine Vorstellung von erregender Fiesheit nahm in meinem Stammhirn Gestalt an. Ich hatte eine Vision, wie ich abspritzte, während ich die Tights bestellte, genaugenommen war es eine Vision, wie, wie …«

»Wie?«

»Wie ich in der Badewanne liege, dabei aber am Telefon die Frau von der Bestellannahme bei Deliques habe, die, weißt du, so eine nette unschuldige Stimme hat, eine alberne, aber liebenswerte, übermäßig krause Dauerwelle, ein leichtes Näseln, glattes Gesicht, frischgewaschene Jeans, schnieke Söckchen, aber womöglich trägt sie einen von Deliques' feinsten ›Fusion-Bodys‹ mit einem V-förmigen Spitzenbesatz oder so was über dem Schoß, den sie mit Angestelltenrabatt gekauft hat, und ich in der Badewanne, was lächerlich ist, weil ich nie bade, aber ich bin eben in der Badewanne und bewege mich *ganz* vorsichtig, damit sie nicht das kleinste wassermäßige Plitschplatsch hört und merkt, daß ich das tragbare Telefon mit ins Bad genommen habe und halb unter Wasser bin, und dann sagt sie: ›Ich sehe schnell mal nach, ob wir das auch wirklich auf Lager haben, Sir‹, und während dieser Pause stemme ich mich aus dem Wasser und richte den Hörer gewissermaßen auf meinen Werner Heisenberg, damit sie ihn irgendwie sehen kann oder seine Vibrations mitkriegt, und in dem Moment, als sie sagt: ›Ja, die Pointellestrumpfhose in Beige ist da‹, komme ich in vollkommener Stille, wobei ich eine Schlumpfgrimasse ziehe.«

»Das ist ja furchtbar.«

»Ich weiß, aber ich weiß auch nicht, ich lag halt da auf dem Wohnzimmerboden. Oft lege ich mich da nicht hin.«

»Hast du denn auch, während du dir das vorgestellt hast, mit dir … gespielt?«

»Natürlich nicht! Ich hatte eine Hand am Telefon, hab einfach mit den Zahlentasten rumgemacht, sie gestreichelt, und die andere lag auf dem aufgeschlagenen Katalog auf meiner Brust. Jedenfalls dachte ich dann, es wäre mir peinlich, Tights für mich selbst zu bestellen – womöglich käme die Frau von der Bestellannahme noch auf die Idee, ich sei ein Transsexueller, wo ich doch überhaupt kein Transsexueller bin, ich bin ein Telefonklitist.«

»Ein obszöner Anrufer.«

»Genau. Und ich fing an, mir zu überlegen, für wen ich sie bestellen könnte, und dann fiel mir die Frau bei der Arbeit ein, eine sehr nette Frau, für manche vielleicht etwas unscheinbar, aber sehr nett, die einmal mich und einen anderen Typen damit verblüfft hat, daß sie aus heiterem Himmel eine Geschichte über Freunde von ihr erzählte, die gerade in einem Museum groß Hochzeit feierten, als ein paar Diebe mit einem Lieferwagen ankamen, sämtliche Hochzeitsgeschenke einluden und damit wegfuhren.

»Die Hochzeitsgeschenke waren ausgestellt?« fragte sie.

»Ja.«

»Aha, tja, das war wohl ein Fehler.«

»Dafür wurden sie dann auch bestraft. Jedenfalls war eines der Geschenke, erzählte uns die Frau von der Arbeit, so eine Sexschaukel, die man offenbar an einem Haken an der Decke aufhängt, so daß die Frau …«

»Ja, ich weiß«, sagte sie.

»Und die Frau von der Arbeit hatte über die Schwierigkeiten gewitzelt, die geklaute Sexschaukel bei einem Hehler loszuwerden, und ich erinnerte mich wieder, wie sie über dieses abstruse Gerät geredet hatte, und deshalb wollte ich ihr die Tights bestellen, so daß sie, wenn sie eines Tages von der Arbeit nach Hause käme, sagen würde: ›He, was ist das denn, ein schmales Päckchen von Deliques für mich?‹ Sie würde es aufmachen und die Plastikverpackung mit der Strumpfhose darin herausziehen, und dann hätte sie den Bestellschein in der Hand, und irgendwie hätte ich die Frau bei der Bestellannahme überredet, daß ich meinen Namen nicht auf dem Schein wollte.«

»Na klar.«

»Sie weiß also, sie hat einen heimlichen Verehrer. Und auf dem Packschein ist dann die Printoutzeile, wo draufsteht, alles in Abkürzungen: I P PTL TIGHTS, BE, SM, $ 12.95, und ich stellte mir vor, wie sie auf den Packschein sieht und denkt: ›Na so was, aber vielleicht sollte ich doch wenigstens sehen, ob sie auch paßt.‹«

»Ah, Moment«, sagte sie. »Nein, was ihr daran auffällt, ihr fällt auf, daß ...«

»Sag schon«, sagte er.

»Daß auf dem Packschein über der Ziffer eins – ein Paar Tights – so ein *Kontrollzeichen* ist, mit dickem Bleistift.«

»Stimmt, da ist so was.«

»Und sie schaut sich das Kontrollzeichen genauer an, und sie stellt sich vor, daß eine Männerhand es gemacht hat, eine überraschend kultivierte Hand, weil im Versandhaus Deliques ein Streik war, und da mußte die Geschäftsleitung von Deliques als Notmaßnahme anstelle der normalen Packerinnen, die natürlich in der Mehrzahl Laotinnen mittleren Alters sind, die männlichen Models aus dem Katalog einsetzen. Und die männlichen Models, die waren gerade alle mitten bei den Katalogaufnahmen, als der Ausstand begann, und deshalb tragen sie genau die Sachen, die sie beim Fototermin anhatten, also die üblichen auberginefarbenen Paisley-Boxershorts und Bademäntel von Henri Rousseau und Pyjamas von Erté und so; aber sie hatten nicht die Zeit, sich umzuziehen, man hat sie barfuß in dieses riesige Lagerhaus gescheucht, weil die Firma mit Bestellungen bombardiert wurde. April war der härteste Monat. Also – ein männliches Model nimmt den Bestellzettel von der Frau entgegen, betrachtet ihn, schaut auf den Namen darauf – wie heißt sie?«

»Jill.«

»Schaut auf den Namen, Jill Smith, nimmt dann den Bestellzettel, zerknüllt ihn an dem Meerrettich in seinen Seidentaft-Boxershorts und reicht ihn an das nächste männliche Model weiter, einen umwerfenden Bauern mit seltsam schlitzäugigen Nippeln, der ihn glattstreicht, betrachtet, ah, Jill Smith, die Arschbacken zusammenklemmt und ihn an den nächsten Typen weiterreicht, der ihn glattstreicht, betrachtet, in eine Ecke beißt und ihn an den nächsten Typen weiterreicht, und so weiter die ganze Reihe männlicher Models durch, einer breitschultriger und festbäuchiger als der andere, bis der Bestellschein schließlich zum letzten gelangt, der auf einem Zinken des Gabelstaplers sitzend eingeschlafen ist, ein sehr viel zierlicherer Herr mit einem wunderschönen Hals samt sanft pulsierender Vene darin, in den man am liebsten *reinbeißen* möchte, so gut sieht er aus, und natürlich trägt er einen Lendenbeutel aus grüner Moiréseide, den der Zinken des Gabelstaplers vor- und hochgeschoben hat. Dieses männliche Model erhebt sich nun, schmatzt schläfrig, betrachtet den Zettel, besteigt den Gabelstapler und fährt in Schlangenlinien los zu dem fernen Gewölbe, wo die Pointelle-Tights lagern.«

»Und?«

»Und er kommt zu dem Kartonberg, der mit BEIGE bezeichnet ist, und er läßt den Gabelstapler bis zur höchsten Palette surren, hebt sie ab und *vvvvvvvr* holt sie runter, und er bricht den Deckel auf ...«

»Womöglich mit dem Schwanz.«

»Nein, nein, mit seinen kräftigen, kultivierten Händen«, sagte sie. »Das Packband macht *pap! pap! pap!*, als er den mächtigen Karton aufreißt. Aber wo du das sagst, während er hineinlangt, tief in den Karton voll mit ... mit einer Tonne Baumwollpointelle, drückt sein Schwanz *tatsächlich* dagegen, er drückt und drückt, und er fängt an, an den Fesseln des Lendenbeutels zu zerren. Dann steigt er also wieder auf den Gabelstapler, legt sich die Tights auf den Schoß und fährt zurück. Ja, und während er weg war, haben Todd, Rod, Sod und Wadd, die andern männlichen Models, natürlich alles Heteros, die da in einer Reihe standen und auf ihn warteten, an Jill Smith gedacht, wie sie diese Tights anhat, und inzwischen sind ihre Kolben alle beinhart, und sogar dem verpennten Gabelstaplerfahrer, vielleicht wegen der beigen Strumpfhose auf dem Schoß, ist es peinlich, auszusteigen, weil er eine unverhohlene Erektion hat, die nun so groß und knochenhart geworden ist, daß sie richtig aus seinem Lendenbeutel herausragt. Er nimmt mit leicht schwankendem Schwanz seinen Platz in der Reihe der männlichen Models ein, und er hält sich die Tights ans Gesicht und haucht einmal hinein, nickt dann, nimmt einen Bleistift mit einer überraschend scharfen Spitze und setzt ein Kontrollzeichen über die Ziffer eins auf dem Packzettel. Er reicht die Tights an den nächsten weiter – inzwischen haben alle männlichen Models ihre Scham voreinander abgelegt, und sie stehen alle da, die verschiedenen Glieder ragen in verschiedenen Winkeln aus den verschiedenen Bademänteln, Boxershorts und Sexslips heraus. Der Typ mit dem Gabelstapler reicht sie also an den nächsten weiter, der die Tights fast wie bei einem Ritual nimmt und sie sich um den Schwanz herumwickelt, einmal fest zieht, sie dann wieder abwickelt und ein weiteres Kontrollzeichen genau auf das erste über der Ziffer eins auf dem Packzettel setzt. Und er reicht die Tights an den nächsten weiter, der sie sich ebenfalls um den Schwanz wickelt, in vielen Windungen, sie ist *sehr* lang, und auch er setzt sein Kontrollzeichen auf das vorangegangene, und so geht's die Reihe durch, aufwickeln abwickeln Kontrolle, aufwickeln abwickeln Kontrolle, und der letzte faltet die Tights mit geschickten zarten Bewegungen, die seine gewaltigen Unterarme Lügen strafen, schiebt sie in das hauchfeine Plastiktütchen und setzt das letzte Kontrollzeichen über die Ziffer eins, so daß es jetzt aussieht, als wäre das Kontrollzeichen nur mit einem einzigen stumpfen Bleistift gemacht worden, wo es doch in Wirklichkeit *neun* Kontrollzeichen waren. Und so machen sie, während sie unisono ›Die Wolgaschiffer‹ summen, das Päckchen mit Jill Smiths Adresse darauf fertig und schicken es an sie ab.«

»Na ja, vielleicht ist es tatsächlich so passiert«, sagte er. »Aber in Wirklichkeit gab es bei Deliques gar keinen Streik, als ich anrief. Allerdings war der Computer ausgefallen.«

»Aha, dann hast du also *doch* angerufen?« sagte sie. »Das war aber sehr ungezogen. Im Bad?«

»Nein, das kam mir dann doch etwas sehr umständlich vor. Ich hab vom Wohnzimmerboden aus angerufen. Als erstes brachte ich mich in einen glaubwürdigen Schwellzustand, dann wählte ich die kostenfreie 800er Nummer.«

»A-ha …«

»Eine Frau meldete sich und sagte so was wie ›Hallo und willkommen bei Deliques Intimates, hier spricht Clititia, womit können wir Ihnen heute dienen?‹ Sie hatte eine junge hohe Stimme, genau wie ich sie mir vorgestellt hatte. Na ja, mein fünfunddreißigkommafünf Zentimeter langer Spermadübel schrumpfte sogleich auf weniger als sieben Zentimeter. Also das Gegenteil dessen, was eigentlich passieren sollte. Ich sagte ihr, was ich bestellen wollte, und sie sagte, der Computer sei ausgefallen, aber sie würde die Bestellung ›per Hand‹ aufnehmen, ja? Warum war ich nicht Lustmolch genug, um ihr darauf mit einer Anzüglichkeit zu kommen? – einfach was Simples wie ›He, he, Süße, ich hoffe doch, du machst *alles* per Hand‹. Statt dessen sagte ich bloß: ›Junge, Junge, da haben Sie ja einen ziemlichen Ärger am Hals.‹ Ich gab ihr meine Adresse, meine Kreditkartennnummer, und sie sagte: ›Das hab ich, Sir, und möchten Sie heute abend vielleicht noch etwas anderes bestellen?‹ – ›Tja, ich weiß nicht so recht, aber da ist eine Frau, für die hätte ich eigentlich gern noch etwas, bloß einen ganz einfachen Slip, aber ich weiß nicht so recht.‹ Ich sagte. ›Sie haben da doch auf Seite 38 diese sogenannten Deliques *Minimes.* Haben Sie das? Haben Sie den Katalog vor sich?‹ Sie sagte ja. Ich sagte: ›Schön. Ich glaube, ich sehe nicht so ganz den Unterschied zwischen diesen *Minimes* und den sogenannten *Nadja-Slips* auf Seite, äh, 46. Für das bloße Auge wirken sie identisch.‹ Sie sagte. ›Einen Moment bitte‹, und ich hörte, wie sie den Katalog durchblätterte, und unternahm einen letzten kühnen Versuch, mir einen abzuwichsen, denn die Vorstellung, wie sie eingehend die Bilder von den Frauen in den winzigen gewichtslosen Slips studierte, dazu das Dunkel der Schamhaare, die genau da durch das Material hindurch zu sehen waren, während ich zur gleichen Zeit an meinem Ende der Leitung auf genau dieselben griffigen Schamhaarwölbungen schaute, hätte mir zum sofortigen Abspritzen genügen müssen, aber ich weiß auch nicht, sie war so verbindlich, und ich wußte, daß sie höchstwahrscheinlich gar nicht gern wissen wollte, daß ich hier lag, um … Schließlich wollte sie

ja keinen Job, bei dem Männer sie anriefen und ein paar Artikel bestellten, nur damit sie ... stimmt's? Das hatte sie ja wohl überhaupt nicht im Sinn gehabt, als sie den Job annahm, oder zumindest aller Wahrscheinlichkeit nach nicht. Als sie dann endlich sagte: ›Tja, der Nadja-Slip sitzt etwas tiefer auf der Hüfte‹, eine Aussage, bei der jeder normale Abfiedler doch mit Leichtigkeit kommen müßte, denn was impliziert das? Es impliziert ihre eigene Hüfte, es impliziert, daß der Nadja-Slip *auf ihrer Hüfte* gesessen hat. Jedenfalls schaffte ich es nicht mal da, ihn oben zu halten. Also sagte ich: ›Aha, ja, nein danke, ich schau mal, wie die Tights ankommen, und bestelle die *Minimes* später.‹ Und eine Woche später war ich dann also Besitzer einer Strumpfhose. Ich habe sie immer noch, unausgepackt. Gib mir deine Adresse, und ich schick sie dir gern weiter.«
»Warum gibst du sie nicht Jill?« fragte sie.
»Ach, aus tausend Gründen. Aber das war noch gar nicht das Ende. Kaum hatte ich nach der Bestellung wieder aufgelegt, wurde er natürlich sofort wieder steif, und ich überlegte einen Augenblick und drückte dann die Wahlwiederholungstaste, und eine andere Frau meldete sich, mit einer viel tieferen und smarteren Stimme, ihr Name war so etwas wie Vulva, und ich sagte: ›Vulva, ich habe eine Frage, die vielleicht etwas unkonventionell klingt, und Sie müssen sie nicht beantworten, wenn Sie nicht wollen. Aber es interessiert mich einfach, na, die Männer, die aus Ihrem Katalog bestellen, meinen Sie, einige von denen sind auf subtile oder vielleicht gar nicht so subtile Weise obszöne Anrufer?« Sie lachte und sagte: ›Gute Frage.‹ Und dann kam eine lange Pause, eine sehr lange Pause. Ich sagte: ›Hallo?‹ Und in dem Moment wußte ich, daß ich es versaut hatte – ich wußte, daß der Ton meines Hallo, dieses leicht Piepsige in meiner Stimme, das sexuelle Erregung verriet, das potentielle Einvernehmen,

das ich mit Vulva vielleicht hätte haben können, zerstört hatte. Als ich ihr die Frage stellte, hatte ich nämlich ganz selbstbewußt geklungen.«

»Was hat sie dann gesagt?«

»Sie sagte bloß in einem förmlicheren, aber immer noch freundlichen Ton: ›Ich glaube, ich werde Ihre Frage nicht beantworten.‹ Und ich sagte: ›Schön, verstehe, okay, alles klar.‹ Und sie sagte: ›Wiedersehn.‹ Nicht ›auf Wiedersehen‹ – da war noch immer dieser kleine Rest amüsierte Intimität. Hätte sie auf Wiedersehen gesagt, ich wäre am Boden zerstört gewesen.«

»Was hast du dann gemacht?«

»Ich habe mich aufgesetzt, mir eine Pizza bestellt und Zeitung gelesen. Du siehst also, ich bin eigentlich gar kein obszöner Anrufer. Ich kann keinen Orgasmus unterdrücken.«

»Hoho. Ich schon«, sagte sie.

»Ehrlich? Na ja, ich meine, körperlich kann ich es schon.«

»Ich weiß, was du meinst.«

Eine Pause trat ein.

»Ich höre Eiswürfel«, sagte er.

»Cola Light.«

»Ah. Erzähl mir mehr. Erzähl mir von dem Zimmer, in dem du bist. Erzähl mir, was für Ereignisse dich dazu gebracht haben, diese Nummer zu wählen.«

»Okay«, sagte sie. »Ich bin nicht mehr im Schlafzimmer. Ich sitze auf der Couch in meinem Wohnzimmer-Schrägstrich-Eßzimmer. Die Füße liegen auf dem Couchtisch, was gestern noch nicht gegangen wäre, weil der Couchtisch da so hoch mit Post und Arbeitskram vollgestapelt war, aber jetzt geht es, und das ganze Zimmer, die ganze Wohnung, alles ist jetzt wirklich picobello. Ich hab mich heute nämlich krankgemeldet, ohne krank zu sein, was ich bei dieser Stelle bis jetzt noch nie gemacht habe. Ich rief beim Empfang an und sagte der Frau, ich hätte Fieber. Der Augenblick, als ich sie anlog, war gräßlich, aber holla! wie frei ich war, als ich dann auflegte! Und ich hab den ganzen Tag lang keinen Schritt vor die Tür getan. Ich hab bloß meine unmittelbare Umgebung in Ordnung gebracht, Sachen aufgeräumt, gesaugt und das ganze Silber ausgebreitet, das ich geerbt habe – drei verschiedene, sehr unvollständige Sets –, ich habe sie auf dem Eßtisch ausgebreitet, sie betrachtet und mir ernsthaft überlegt, ob ich sie polieren soll, aber soweit kam es dann doch nicht, aber es sah schön aus, wie sie da so ausgebreitet lagen, ein großer Fächer Gabeln, ein kleiner Fächer Messer, fünf große Servierlöffel, ein paar winzige Salzlöffel und ein kleines Häufchen Krimskrams wie Austerngabeln. Gar keine Teelöffel. Eine der Speisegabeln aus dem Service meiner Großtante war mir mal in den Geschirrspüler gefallen, als ich sie besuchte, und hatte von dem Drehspritzer am Boden eine üble Schramme abbekommen, und bei der Arbeit meinte eine, sie kenne einen Juwelier, der beschädigtes Silber repariert, ich hab also vor, sie reparieren zu lassen, es liegt alles bereit. Und sogar meine ganzen kaputten Perlenketten habe ich beisammen – ich hab sie alle aussortiert – der Anblick der ganzen Perlen, wie sie da so durcheinander auf meinem Nachttisch lagen, hat mich jeden Morgen deprimiert, und jetzt kann man sie wieder aufziehen, die rosafarbenen in einem Umschlag, die grünen in einem Umschlag und die bunten venezianischen in einem Umschlag – und auch die liegen jetzt auf dem Eßtisch bereit.«

»Derselbe Juwelier, der das Silber repariert, zieht auch Perlen auf?« fragte er.

»Ja!«

»Wie sind denn die Perlen kaputtgegangen?«

»Offenbar gehen sie immer morgens kaputt, wenn ich mich beim Anziehen beeilen muß. Sie bleiben an was hängen. Die

Jadeperlen, meine Lieblingskette, die ich von meinem Vater habe, die ist an der offenen Mikrowellenklappe hängengeblieben, als ich ein Stück Papier vom Boden aufhob und zu schnell aufstand. Das war die letzte Tragödie. Und eine hat mir natürlich das Baby meiner Schwester vom Hals gerissen. Aber das kann man alles reparieren, und es wird alles repariert.«

»Na prima.«

»Jedenfalls ist die Wohnung wie verwandelt, aber richtig, nicht bloß oberflächlich, sondern mit versteckten neuen Ordnungsnestern, und ich hab mit dem Duschen bis weit in den Nachmittag hinein gewartet, und ich hab *nicht* masturbiert, weil ich wegen der Sünde, mich grundlos krankzumelden, den ganzen Tag über rein und tugendhaft bleiben wollte, und ich hab früh zu Abend gegessen, nur ein paar Carr's Tablewatercracker mit Quark und koscheren süßen roten Paprikascheiben drauf, einfach köstlich, und ich hab den Fernseher *nicht* angeschaltet, dafür aber die Anlage, was in letzter Zeit nicht oft vorgekommen ist. Es ist eine ganz tolle Anlage.«

»So?«

»Ich glaube, ich hab so um die vierzehnhundert Dollar dafür hingelegt«, sagte sie. »Ich habe sie von jemand gekauft, der sich eine noch tollere Anlage angeschafft hat. Es war der helle Wahn. Ich war verknallt in diesen Menschen. Er fand die Thompson Twins gut und die S.O.S.-Band, und, ach, wie hießen die anderen Gruppen noch, die er so gut fand? Eine war die Gap Band. Midnight Star. Und Cameo. Das ist schon einige Zeit her. Er war kein besonders intelligenter Mann, auf gewisse Weise war er sogar ein sehr dämlicher, engstirniger Mann, aber er war *so* davon überzeugt, daß jeder gut finden würde, was er gut fand, wenn er es einem nur vorspielte, es war richtig ansteckend. Und er sah gut aus. Ungefähr vier Monate, solange ich diese Schwäche für ihn hatte, hörte ich mir das Zeug auch wirklich an. Ich hab mich ihm völlig hingegeben. Mein eigener Musikgeschmack hatte seine Entwicklung in der Grundschule mit den Beatles eingestellt, den ganz frühen Beatles – überhaupt fand ich keinen Song gut, der keinen Schluß hatte – weißt du, keinen Schlußakkord –, sondern einfach so ausgeblendet wurde.«

»Aber dann hast du diesen Typen getroffen«, sagte er.

»Genau!« sagte sie. »Alle Songs, die er gut fand, wurden ausgeblendet, die meisten jedenfalls. Und so wurde ich zur Spezialistin in Sachen Ausblendung. Ich kaufte Kassetten. Ich stellte sie immer ganz laut – mit Kopfhörer – und hörte ganz genau hin, versuchte, den exakten Moment zu erwischen, an dem der Mensch im Aufnahmestudio begonnen hatte, meinen Lautstärkeregler runterzudrehen oder was immer er da machte. Manchmal drehte ich den Regler mit genau der gleichen Geschwindigkeit hoch, mit der er – ich meine die Geisterhand des Plattenproduzenten – ihn herunterdrehte, so daß der Ton gleich laut blieb. Dann geriet ich in so eine Trance wie du auf dem Teppich, wo ich dann dachte, wenn ich es immer lauter stelle – und es ist wirklich ein sehr kräftiger Verstärker –, dann würde der Song nie aufhören, er würde einfach unendlich weitergehen. Und so wurde das, was ich zuvor einfach für eine Art künstlerische Schlampigkeit gehalten hatte, für einen Versuch anzudeuten: o yeah, wir sind ein Haufen endlos kreativer Jungs, die die ganze Nacht durchjammern, und der böse blöde Plattenproduzent muß dann eben doch die Lautstärke runterdrehen, damit wir nicht die ganze Platte mit einem einzigen Monstersong füllen – all das wurde für mich statt dessen zu einer Art, einer Art Summe der Hoffnung. Das erste Mal hatte ich dieses Gefühl bei einem Song namens ›Ain't Nobody‹, auf den der Mann, in den ich verknallt war, besonders stand. ›*Ain't nobody, loves me better.*‹ Kennst du den?«

»Du singst gut!« sagte er.
»Gar nicht. Aber so geht der Song, und wenn du dann allmählich an sein Ende kommst, verändert sich deine Hörweise, das heißt, das Wissen darum, daß der Song bald aufhört, gewinnt langsam eine größere Bedeutung als die spezifischen Höhen und Tiefen der Melodie, und obwohl die Sängerin genauso laut singt wie vorher, obwohl sie jetzt sogar alles reinlegt, kämpft sie schon um Gehör, es ist, als hörte man den unausweichlichen Beliebtheitsschwund, das Abrutschen in den Charts und die Karrieredämmerung der Sängerin, trotz der ganzen subtilen Schönheit, die sie aus einem simplen öden Haufen Noten rausholen kann, und noch während sie sich eine letzte hohe Note vornimmt, voller Wagemut, Hoffnung, Leidenschaft und allem, was dieser Mühe wert ist, ist sie verloren, ist ihr Stern schon am Sinken.«
»Oh! Bitte nicht *weinen«*, sagte er. »Dafür bin ich nicht gerüstet ... ich meine, so eine Bandbreite hat mein Trostvermögen nicht.«
Wieder war da das Geräusch von Eiswürfeln. Sie sagte: »Ich mochte ihn eben einfach gern. Eitler Sack. Eines Abends gingen wir tanzen, und ich beging den Fehler, ihm vorzuschlagen, während wir auf der Tanzfläche waren, er möchte vielleicht doch seinen Füller aus der Hemdtasche nehmen und ihn hinten in eine Tasche stecken. Und das war's, er hat mich nie mehr angerufen.«
»Dieser kleine Schaumschläger! Gib mir seine Adresse, den werde *ich* mal ausblenden, dem reiße ich die Arme aus.«
»Nein. Ich hab's überwunden. Und überhaupt wollte ich darüber auch gar nicht reden. Ich meine bloß, ich saß hier nach dem Abendessen in meiner wunderbar ordentlichen Wohnung, und ich sah diesen großen Witz von einer Anlage, und ich schaltete sie an, und der Himmel wurde dunkler, und die ganzen roten und grünen Lichtchen auf dem Receiver waren

wie Bojen im Meer oder so was, und allmählich kriegte ich so ein Gefühl, wie es ja zu erwarten steht, traurig, glücklich, resigniert, geil, eine Kombination aus allem, und plötzlich fand ich, daß ich jetzt lang genug tugendhaft gewesen war und eigentlich doch masturbieren sollte, und ich dachte, halt, Abby, nicht bloß so eine kurzatmige Masturbationssession, heute machen wir ein bißchen was Besonderes, um einen besonderen Tag zu krönen, ja? Also holte ich mir das *Forum*, das ich mir vor einiger Zeit mal in einem Anfall von Mut gekauft hatte. Aber die ganzen Geschichten und die ganzen Briefe hatte ich schon gelesen, es lief einfach nicht. Also machte ich mich daran, die Anzeigen durchzugehen, eigentlich fast zum erstenmal. Und da stand die Überschrift: JEDERZEIT.«

»MACH'S DANN KOMMT'S.«

»Genau. Und ich *mag* das Geräusch der Pausen bei Ferngesprächen – das Kassettenrauschgeräusch. Aber trotzdem wollte ich mit niemand reden, den ich kannte. Und mehr oder weniger deswegen habe ich angerufen. Jetzt habe ich deine Fragen beantwortet, jetzt erzähl du mir was.«

»Möchtest du was Wahres hören oder was Erfundenes?«

»Erst das Wahre, dann das Erfundene«, sagte sie.

»Einmal«, sagte er, »habe ich über Kopfhörer Radio gehört, da war ich ungefähr sechzehn, und der Receiver stand in einem kleinen Zimmer, das vom Wohnzimmer abging, auf dem Boden, ich weiß nicht, warum er auf dem Boden stand, wahrscheinlich, weil mein Vater das Wohnzimmer gerade strich – das muß es gewesen sein –, und das Kopfhörerkabel war ziemlich kurz, aber ich wollte unbedingt tanzen lernen. Es war Winter, vielleicht acht Uhr abends, stockdunkel, ich hatte kein Licht an. Und ich versuchte, diese ganzen Schritte zu lernen, war aber an die Anlage gefesselt, so daß ich mich fast völlig zusammenkrümmte, als wäre ich hinter irgendeinem Vieh her, aber ich war richtig in Ekstase – ich tanzte, schwitzte, geriet außer Atem, ruderte mit den Armen, vollführte kleine Sätze ... einmal wurde ich dann ein bißchen zu erregt und machte mit dem Kopf einen *heftigen* Ruck zur Seite, so daß der Kopfhörer abging und meine Brille mitriß – aber kein Problem, ich stilisierte einfach die Bewegungen des Brilleaufhebens und -aufsetzens und wiederholte sie ein paarmal, baute sie ein. Und plötzlich höre ich in so einem entsetzten Ton: ›Jim, was machst *du* denn da?‹ Meine kleine Schwester hatte mein ganzes Geschnaufe und Gekeuche gehört, das da aus dem Dunkel kam, und dachte natürlich, ich würde ...«

»Na klar.«

»Ich sagte: ›Ich tanze.‹ Und sie ging wieder. Ich tanzte noch eine Weile, aber mit etwas weniger Verve. In dem Jahr hörte ich ständig Radio. Anders als du war ich zu der Zeit in niemand verknallt. Ehrlich gesagt war ich wohl eher in den Tuner selbst verknallt. Ich stellte mir immer vor, die Megaherzstriche seien die Skyline einer Stadt bei Nacht. Die UKW-Striche waren die Gebäude und die MW-Striche ihre Reflexion im Wasser ...«

»Ah«, sagte sie, »aber du wolltest mir doch was Wahres erzählen, nicht was Erfundenes.«

»Ja, aber das Wahre geht doch ins Erfundene über, oder? Und der kleine bewegliche Skalenstab auf unserer Anlage war gelb erleuchtet, und ich wußte, wo jeder einzelne Sender war, und ich drehte schwungvoll am Knopf, und dann glitt der gelbe Stab die Radiolandschaft auf und ab wie ein Taxi einen großen Hauptboulevard, und jeder Sender war eine Kreuzung in einem Viertel mit einer anderen ethnischen Zusammensetzung, und wenn das rote Zeichen aufleuchtete und STEREO sagte, dann hielt ich da eine Weile, oder der Taxifahrer fuhr einfach über die rote Ampel, an der ganzen Geschichte vorbei, während sie aufflackerte und hinter mir verschwand. Und manchmal drehte ich den Senderknopf ganz langsam mit dem Daumen, als würde ich ein Lenkrad mit dem Handballen dirigieren, und fuhr und fuhr, in der Stille der verstummten Gegenden, und plötzlich kam ich dann an den Rand eines Senders, und da war so eine knisternde, überdrehte, grelle Fassung eines Songs, die einen Augenblick lang viel besser klang, als der Song, wie ich wußte, in Wirklichkeit war, wie der Moment bei einer Sonnenfinsternis, wenn man die ganze Korona sieht, und dann gleitet man hinab in das fruchtbare Tal des Senders, und es breitet sich unter einem aus, in Stereo, mit einer ganzen Kette verschwommener Mittelgründe.«

»Das stimmt!«

»Das *stimmt?* Das ist aber schlecht, weil es heißt, daß ich mir immer noch was Erfundenes ausdenken muß, hm?«

»Leider ja.«

»Aber so funktioniert meine Phantasie nicht«, sagte er. »Sie springt nicht einfach auf Knopfdruck an. Wovon soll denn das Erfundene handeln, das ich dir erzähle?«

»Ich denke, es sollte von … meinen Perlen und meinem Silber handeln, schließlich ist das alles für uns ausgebreitet.«

»Na gut«, sagte er. Es folgte eine lange Pause. »Da war ein Typ, der, ähm, seine Gabel reparieren lassen mußte. Nein, ich kann nicht. Tut mir leid. Erzähl du mir mehr.«

»*Du* bist aber dran.«

»Da brauche ich erst noch mehr Vertraulichkeiten von dir. Es muß ein steter Strom von Vertraulichkeiten von dir zu mir fließen und mich aufladen.«

»Na, komm schon«, sagte sie. »Versuch's einfach mal.«

»Ja, aber ich glaube, ich kann das nicht einfach so, wenn man mir einen Auftrag erteilt. Ich bin nicht besonders originell. Ich glaub, ich muß bei der Wahrheit bleiben.«

»Na schön, dann erzähl mir, was die letzte Sache oder das letzte Ereignis war, das dich erregt hat.«
»Der Gedanke an diesen Anruf«, sagte er.
»Davor.«
»Mal überlegen«, sagte er. »Die Walt-Disney-Figur Klingklang. Ich kam gerade aus dem Videoladen und stand vor so einer großen Reklametafel für *Peter Pan*, den Walt-Disney-Trickfilm *Peter Pan*, der gerade neu rausgekommen ist. Daneben stand ein Fernseher, in dem der Film lief.«
»Wann war das?«
»Heute, so ungefähr vor anderthalb Stunden. Ich hatte mir drei Erwachsenenfilme ausgeliehen.«
»Und die siehst du dir noch heute abend an?«
»Vielleicht. Vielleicht auch nicht, ich weiß nicht. Eigentlich wollte ich sie mir ansehen, sobald ich zu Hause war.«
»Auf der Stelle.«
»Richtig.«
»Und Abendessen?«
»Ich hab in einer Pizzeria gegessen.«
»Was?«
»Eine kleine mit Pilzen und Anchovis.«
»Schön. Dann bist du also mit den Kassetten nach Hause gekommen …«
»Ja, und ich hab sie auf den Fernseher gelegt und meine Arbeitssachen ausgezogen und den Bademantel an …«
»Nur den Bademantel?«
»Na ja, drunter trage ich natürlich mein T-Shirt und Unterwäsche.«
»Weiße Unterwäsche?«
»Grau, weiß, irgendwo dazwischen. Wie auch immer, ich kam raus und sah den Stapel Erwachsenenfilme auf dem Fernseher, und die sind in so orangen Schachteln. Der Laden hat braune Schachteln für die normalen Kassetten,

Abenteuer, Komödien, Horror und so weiter, und für die Erwachsenenfilme haben sie eine ganz andere Farbe, eine orange Schachtel. Damit wollen sie Verwechslungen vorbeugen, weil es jetzt so viele Weihnachts- und *Schneewittchen*-Filme für Erwachsene gibt und so. Und von dieser speziellen Sorte Film hatte ich noch keine zwei gesehen, aber selbstverständlich wußte ich trotzdem, was drin war, und ich fand es gut, ohne Wenn und Aber, ist ja wohl klar, ich bin ein begeisterter Pornofan, aber plötzlich sah ich meine primitive Erregung – ich sah mich, wie ich im Schnellvorlauf durch die nervtötenden Stellen ging und versuchte, eine Szene zu finden, die gut war oder wenigstens gut genug, um dazu zu kommen, und dann das Geräusch des Videogeräts beim Schnellvorlauf, dieses Industrierobotergeräusch, und plötzlich dachte ich, nein, nein, auch wenn in dem einen Film Lisa Melendez mitspielt, die ich einfach … hinreißend finde, dachte ich, nein, das will ich jetzt doch nicht gleich sehen. Zum Glück hatte ich mir auch noch ein *Juggs* gekauft, weil ich diese Antireaktionen gegen orange Filme schon öfters hatte. Es gibt eben Zeiten, da will man ein festes Bild.«

»Es gibt ja immer die Pausentaste«, meinte sie.

»Schon, aber dann kriegt man diese weißen Sägezahnrisse quer über den Bildschirm.«

»Doppelt genäht hält besser, wie's so schön heißt. Natürlich ist die Auflösung auf der Magazinseite wohl besser.«

»Allerdings«, sagte er. »Aber das war noch nicht alles. Bitte lach jetzt nicht. Kein Filmstandbild ist so gut wie ein Foto. Ein Foto fängt eine Frau an einem Punkt ein, wo ihre Nannis am Idealpunkt ihrer Ausdruckskraft sind – die Seele ihrer Nannis liegt offen da, das heißt, die See*len* liegen offen da, weil jede ihre eigene Persönlichkeit hat. Brustwarzen auf Standfotos sind so unterschiedlich und so beredt wie die Augen einer Frau, wenigstens beinahe.«

»Nannis?«

»Ja, manchmal mag ich das Wort ›Brüste‹ und die ganzen Slangsynonyme dafür nicht. Schau dir doch nur mal den Erregungsabfall zwischen dem *Playboy*-Magazin und genau denselben Frauen an, wenn sie sich auf dem *Playboy*-Kanal von Pose zu Pose *bewegen*. Zwar kriege ich den *Playboy*-Kanal eigentlich nicht rein, deshalb sehe ich darauf alles durch diese Hahnentritt- und Fischgrätzyklen der Verzerrschaltung, und dann schalte ich immer hin und her zwischen diesem und den beiden Kanälen rechts und links, weil das Bild manchmal unmittelbar nach dem Umschalten überraschend sichtbar wird, und dann hat man da so einen leuchtendgelben Torso und eine volle Nanni mit einem feuerwehrroten Nippel, und dann wackelt es, stockt und bricht zusammen – und mir ist aufgefallen, daß die Verzerrung am wenigsten funktioniert und man alles am besten sieht, wenn sich auf dem Fernsehbild nichts bewegt, das heißt, wenn es ein Fernsehbild *von* einem Magazinbild ist, als würde die Verzerrschaltung genauso von der Kraft feststehender Bilder überwältigt wie ich manchmal. Einmal bin ich bis halb drei morgens aufgeblieben und hab ständig umgeschaltet.«

»Wie auch immer.«

»Ja. Wie auch immer, ich blätterte voller Hoffnung in meinem *Juggs*, aber ich weiß auch nicht – da hatten sie wieder die sexyste Frau an einen Swimmingpool gesetzt, und Frauen am Swimmingpool finde ich einfach unerotisch – das heißt, im allgemeinen finde ich sie unerotisch, denn mir sind in Magazinen weiß Gott schon eine Menge Swimmingpool-Settings untergekommen, aber irgendwas ist mit diesem Öffentlichkeitsding, daß es im Freien ist, an der Sonne – es ist nicht so schlimm wie am Strand, was mich total abtörnt – aber andererseits, wenn ich auf eine einsame Insel verbannt wäre und nichts hätte als ein paar Seiten aus einem Herrenmagazin mit einer nackten Frau auf einer einsamen Insel, mit den gekünstelten Sandnieren auf den Arschbacken und so weiter, dann würde ich wahrscheinlich doch schwach werden und darauf masturbieren ... wie findest du das Wort?«

»›Masturbieren‹? Ich finde es nicht schlimm, aber auch nicht gut.«

»Suchen wir uns ein neues dafür«, sagte er.

»Für mich sage ich manchmal ›mir einen abrubbeln‹ dazu.«

»Okay, das wäre eine Möglichkeit. Wie wär's einfach mit ›fiedeln‹? Sich einen fiedeln? Ohne das ›ab‹ klingt es irgendwie gewagt. Nein, nein, *Schrummeln.*«

»Schrummeln.«

»Das ist es. Ich blättere also im *Juggs,* und obwohl es ein Swimmingpool-Setting war, versuchte ich zu *schrummeln,* und es *gab* da eine Einstellung, wo die Frau mich direkt ansah, auf den Ellbogen auf einem gelben Swimmingpoolfloß, und ihre Nannis hatten den Idealpunkt vollkommener Schönheit erreicht, keine harten Nippel, sondern weiche, runde, duldsame, die bei einem Poolfoto unbedingt sein müssen, denn sobald du in einer Swimmingpoolszenerie harte Nippel siehst, denkst du an *kaltes Wasser* und nicht an Erregung. Im übrigen möchte ich dir versichern, daß ich keine dieser traurigen Gestalten bin, die sich bei den Tiefkühlhühnern im Supermarkt herumdrücken, wo es extrakalt ist, nur um zu sehen, wie die Nippel der Frauen hart werden. Wet-T-Shirt-Wettbewerbe machen mich auch nicht im geringsten an, weil ich dazu eine entsprechende Erregung bei der Frau brauche, und kaltes Wasser ist antisexuell, außer wenn ich mich im Fall des Wet-T-Shirt-Wettbewerbs davon überzeugen kann, daß die Frau den Schock des kalten Wassers, die Kicherigkeit und das Gepruste dazu benutzt, etwas möglich zu machen, das sonst nicht möglich wäre und das sie trotzdem erregend findet: Ich meine, wenn sie wirklich ihre Brüste zeigen will, wenn sie stolz darauf ist und trotzdem weiß, daß sie nicht so eine ist, die losrennt und Stripperin wird oder so was, und der Kaltwasserguß sie so weit davon ablenkt, daß sie das alles am Ende für einen unschuldigen Jux hält, *dann* können mich Bilder von einem Wet-T-Shirt-Wettbewerb anmachen. Verstehst du?«

»Ich kann mir denken, wie das läuft. Du schaust dir also die Frau im *Juggs* an.«

»Ja, und sie sah mich direkt an, so einnehmend, mit so einem klaren, freudig amüsierten Blick, und ihre Ellbogen gruben sich tief ins Kissen des gelben Floßes, so daß es aussah, als würde es gleich platzen, und ich konnte mir beinahe vorstellen, dazu zu schrummeln, aber dann, nein, zuviel daran stimmte nicht – der Fotograf hatte ihre Haare zu Zöpfen geflochten und mit so einem dicken lilapinken Polyestergarn zusammengebunden, und irgendwie fand ich das so schrecklich, dieses uralte Männerding, daß sie so tun müssen, als seien dreißigjährige Frauen kleine Mädchen, indem sie ihnen diese Ikone des Mädchenhaften, Zöpfe, aufzwingen, und wann, sag mir, wann hast du das letztemal ein echtes kleines Mädchen mit Zöpfen gesehen? Schon mal ganz zu schweigen davon, daß kleine Mädchen abtörnen. Da hast du diese schöne, aufgeweckte, zauberhafte Frau, mindestens siebenundzwanzig, und ich konnte nichts als diesen Vollidioten von Fotografen sehen, wie er ihr das Polyestergarn gibt und sagt: ›Und jetzt bind dir mal das lila Ding da in die Haare.‹ Und in dem Moment hatte ich das Bedürfnis, mit einer richtigen Frau zu reden, keine wie auch immer gearteten Bilder mehr, kein Schnellvorlauf, keine Magazinfotos. Und dann war da die Anzeige.«

»Aber du hast bei solchen Nummern schon öfter angerufen, oder?« fragte sie.

»Ein paarmal, aber ohne großen Erfolg. Und bei dieser

Nummer hier – 2VOX – hab ich, glaube ich, noch nie angerufen.«

»Was meinst du mit ›Erfolg‹?«

»Keine Frau, bei der es irgendwie gefunkt hätte. Das heißt, ehrlich gesagt, eigentlich überhaupt wenig Frauen, Punkt, bloß die, die der Telefonservice dafür bezahlt, daß sie mechanischen Sex-Smalltalk machen und gelegentlich mal stöhnen. Meistens sind da bloß Männer, die sagen: ›Hey, irgendwelche Frauen da?‹ Aber ganz selten ruft auch eine richtige Frau an. Und wenigstens besteht dabei, im Gegensatz zu den Bildern besteht dabei wenigstens entfernt die Möglichkeit, daß es klick macht. Vielleicht ist es anmaßend, wenn ich sage, daß es bei uns, bei dir und mir, klick gemacht hat, aber die Möglichkeit besteht doch.«

»Ja.«

»In gewisser Hinsicht ist es wie beim Radio. Weißt du, daß ich eigentlich noch nie in ein Geschäft gegangen bin und mir eine Platte gekauft habe? Deshalb hab ich wahrscheinlich nie das Ausblenden schätzen gelernt, wie du es beschreibst, denn im Radio geht ein Song in den nächsten über. Aber mir scheint, daß man beim Hören von Popmusik wirklich das Gefühl des Radioglücks braucht, denn schließlich geht's dabei ja immer darum, daß jemand unter den ganzen Myriaden von Menschen auf der Welt diesen einen anderen netten Menschen trifft, oder wenigstens ein paar akzeptable. Und wenn du die Platte oder die Kassette kaufst, dann hast du die *Kontrolle* darüber, wann du es hören kannst, wo du doch willst, daß es wie ein Glücksfall ist, wie Schicksal: die Skala auf und ab sausen, auf der Suche nach dem Song, den du hören willst, in der Hoffnung, daß ein Sender ihn spielt – und die Freude, wenn er sich schließlich auf dem Plattenteller dreht, ist so ungeheuer. Du hörst ihn nicht, du belauschst ihn.«

»Andererseits«, sagte sie, »wenn dir die Kassette selber gehört, dann zeigst du, daß du zur Selbsterkenntnis fähig bist: du weißt, was du gut findest, du weißt, wie du dich glücklich machen kannst, du schwimmst nicht in dieser Flut von zufälligen Ereignissen, in der passiven Hoffnung, daß der Diskjockey es hinkriegt. Wenn du ein kleines Kind bist und draußen auf dem Balkon in der Sonne stehst, dann denkst du vielleicht: Mannomann, das kommt aber unerwartet gut. Aber später denkst du, ich weiß, ich empfinde ein besonderes Glücksgefühl, wenn ich auf den Balkon gehe und mich auf den Stuhl setze, und dieses Glücksgefühl möchte ich jetzt gleich erfahren.«

»Na gut, und ich hab also die Nummer gewählt, weil die Freuden, für die ich mich entschieden hatte, mir nichts brachten und diese Hoffnung auf Glück da war, daß ich, daß da ein Gespräch stattfinden könnte ...«

»Du hast noch immer nicht erzählt, was es mit dieser Klingklang von Disney auf sich hatte, da im Videoladen.«

»Also, in der Szene, die ich da gesehen habe, übrigens die erste aus diesem Disney-Film, die ich überhaupt gesehen habe, und du mußt bedenken, daß ich da in dem Filmladen mit meinen drei orangen Kassetten und meinem Herrenmagazin in der Aktentasche ein bißchen am Schweben bin, in der Szene jedenfalls flitzt Klingklang munter herum, das Xylophon macht bunte Tönchen, und kleine Funkelsternchen bezeichnen ihren Flug, und du denkst, na ja, typisches Märchending, hmhm. Und sie ist ganz *winzig*, sie ist eine winzige Vorstädterin, ungefähr zehn Zentimeter groß. So eine zerbrechliche, magische, niedliche Disney-Frau. Doch dann passiert's. Mitten in der Luft hält sie inne, und sie sieht an sich herunter, und sie hat recht kleine Brüste –«

»Ich dachte, du fändest das Wort nicht gut.«

»Stimmt, aber manchmal klingt es richtig. Eigentlich ist es

meistens das richtige Wort. Jedenfalls hat sie ganz kleine Brüste, aber ganz *breite* kleine Hüften und *breite* kleine Schenkel, und sie hat so eine winzig kleine Kluft an, die zerrissen oder ausgezackt ist und sie gerade so bedeckt, und sie sieht an sich runter, ein süßes kleines schnutiges Gesicht, und sie legt die Hände auf die Hüften, wie um ihren Umfang abzuschätzen, und dann schüttelt sie traurig den Kopf – zu breit, zu breit. *Oh*, hat mich das aufgegeilt! Der kleine Kobold mit *breiten Hüften*. Und im nächsten Moment verheddert sie sich in einer Kommodenschublade in einem Knäuel Nähzeug und versucht, durchs Schlüsselloch hinauszufliegen, aber – denkste, ihre Hüften sind zu breit, sie bleibt drin stecken!«

»Klingt messerscharf.«

»War es auch.«

»Erinnerst du dich an *Blondinen bevorzugt*, wo Marilyn Monroe versucht, sich auf einem Schiff durch ein Bullauge zu quetschen, aber ihre Hüften zu breit sind?«

»Nein. Muß ich mir mal ausleihen.«

»Wär witzig, wenn Klingklang die gute Marilyn inspiriert hätte«, sagte sie. »Weißt du, ich fand den *Peter Pan* von Disney auch irgendwie sexy.«

»Na ja – schon J. M. Barrie war eben ein Schokoladenonkel, und etwas von dieser Aura des Verbotenen schleicht sich halt in jede neue Version ein.«

»Das Mädchen schwebt im Nachthemd herum«, sagte sie. »Das hat mich schon ziemlich interessiert. Und sie ist *zu alt*, um in einem Zimmer mit den Kleineren zu wohnen – daran erinnere ich mich auch noch. Ich muß so ungefähr zwölf gewesen sein. Ich hab den Film mit meiner Freundin Pamela gesehen, die dann, glaube ich, lesbisch geworden ist, meine Güte. Wir bauten immer ein Zelt in ihrem Zimmer und aßen Salzzeug und lasen zusammen in der medizinischen Enzyklopädie. Da sah man die gepunktete Linie, wo der Chirurg Knorpel aus dem Ohr schnitt, wenn man sich operieren ließ, damit die Ohren weniger abstanden. Und am Ende jedes Eintrags hieß es immer, es war so ein Frage-Antwort-Schema, da hieß es immer: ›Wann können die ehelichen Beziehungen wieder aufgenommen werden?‹ Und die Antwort lautete immer: in vier bis sechs Wochen. Egal, wo die gepunkteten Linien waren, die ehelichen Beziehungen konnten offenbar stets nach vier bis sechs Wochen wiederaufgenommen werden. Ich las Pamela die Artikel immer laut vor. Und einmal las sie mir die ganze Nacht durch einen ganzen Liebesroman vor. Irgendwann mittendrin schlief ich ein und wachte später wieder auf – Pamela war ein bißchen heiser, aber sie las immer noch. Und einmal, vielleicht war es in derselben Nacht, hab ich ihr eine sexuelle Phantasie erzählt, die ich ein paarmal gehabt hatte. Ich bin da in einem Haus, wo man mir sagt, ich soll mich ganz ausziehen und in die Röhre steigen.«

»Entschuldige, wohin steigen?«

»In eine Röhre, eine lange Röhre«, sagte sie. »Ich gleite hinein, die Füße zuerst, und ich fange an, die sehr lange Röhre hinabzurutschen, auf einer Art langsam fließendem Ölfilm. Bestimmt erinnerst du dich an diese Wasserrutschen, die im Garten aufgestellt wurden und das Gras kaputtmachten? Auf meiner ging es nicht so schnell, viel langsamer, aber ohne Reibung und in einer leuchtenden Röhre. Wie ich so dahinglitt, kam da ein Stück vor mir so ein Paar Hände in die Röhre, wedelte blind herum, versuchte, etwas zu ertasten, und dann streiften meine Füße darunter entlang, und es versuchte, meine Knöchel zu packen, doch die Finger trieften vor Öl, und wie ich weiterrutschte, glitten die Hände meine Beine hoch, sie packten ziemlich fest zu, aber ohne Widerstand wegen des Öls, und dann drückten sie zu, als mein Bauch darunter geriet, und dann drehten die Hände sich irgendwie herum, um meine Brüste zu umfassen, die beiden Daumen berührten einander fast, und dann glitten sie ganz langsam über meine Brüste, drückten sie nach oben, und glaub mir, in dieser Phantasie hatte ich sehr große schwere Brüste, es dauerte lange, bis die Hände darübergeglitten waren.«

»Wow! Was meinte die gute Pamela, als du ihr das erzählt hast?«

»Ich beendete die Schilderung und fragte sie, ob sie ähnliche Gedanken hätte, und sie sagte ganz schockiert ›Nein!‹ Sie sagte: ›Nein! Erzähl mir noch eine.‹ Glaubst du, meine Röhre hat sie womöglich zur Lesbe gemacht?«

»Na, mich hätte sie jedenfalls zur Lesbe gemacht. Aber jetzt – kannst du mich mal über eine Sache aufklären? Hast du das Licht in dem Zimmer, in dem du bist, der Kombination Wohnzimmer/Eßzimmer, hast du das Licht jetzt im Moment an oder aus?«

»Ich habe es an. Es ist eine Tischlampe. Wenn du möchtest, kann ich sie ausschalten.«

»Das wäre vielleicht, das würde vielleicht …«

»Paß auf.« Es ertönte ein Klicken.

»Jetzt schimmert dein Silber im Mondlicht, ja?« sagte er.

»Ich sehe es nicht.«

»Ist dir schon mal dieser kleine Zeitpunkt in Filmen aufgefallen, aber wahrscheinlich kommt das mehr im Fernsehen vor, wenn jemand schwermütige Gedanken hat oder auch friedvolle Gedanken, Großaufnahme des Gesichts, und dann streckt sie die Hand aus und macht die Nachttischlampe aus, klick, aber natürlich ist das ja ein Filmset mit massenweise komplizierter Beleuchtung, also muß sie den kleinen Schalter genau in dem Moment betätigen, in dem größere Stromflüsse abgestellt werden, *kaschunk*, und dann ist da das Problem, daß Kinofilmmaterial im Dunkeln nicht funktioniert, also muß ein recht hoher Lichtlevel vorhanden sein, der aber den Eindruck von Dunkelheit vermittelt, und daher müssen in dem Moment, in dem die großen Glühlampenimitate ausgeschaltet werden, die Mondschein- oder Straßenlampenimitate draußen vor dem Fenster angehen, und trotzdem gibt's dabei oft ein Problem, es gibt oft eine winzige Verzögerung von einer Tausendstel Sekunde, während die Glühfäden der Mondscheinlampe sich aufheizen und ihre volle Leistung erreichen, und deshalb kann man bei diesem Übergang das zweite Lichtset sehen, das über Bett und Wände fällt und ›dunkles friedliches Zimmer‹ vermitteln soll. Ist dir das schon mal aufgefallen?«

»Nein«, sagte sie. »Aber es klingt sehr interessant, und ich versprech dir, wenn ich das nächstemal fernsehe, dann achte ich darauf.«

»Tu das«, sagte er. »Unterdessen wird es dich freuen zu hören, daß das echte Straßenlicht vor meinem Fenster anfängt anzugehen. Es ist ein ganz erstaunlicher Effekt. Es geht nicht auf einmal an, es ist völlig anders als das, was ich dir gerade geschildert habe. Es geht ganz ganz allmählich an, das dauert ungefähr zwanzig Minuten. Es beginnt mit einer tieforangen Phase. Natürlich hab ich bei meinem hektischen Tagesablauf nur *ganz selten* Zeit zuzuschauen. Aber wenn ich es mir anschaue, dann ist es wirklich richtig schön. Es geschieht so allmählich, daß man sich nicht sicher ist, ob das Licht nun angeht und ein wenig heller scheint oder ob der Himmel dunkler geworden ist – natürlich passiert beides, aber man kann nicht sagen, welches das andere überholt, und dann kommt der Augenblick, von jetzt an in etwa fünf Minuten, da hat die Straßenlampe genau die gleiche Farbe wie der Himmel, ich meine, genau das gleiche Grün-Violett-Gelb oder so ähnlich, so daß es aussieht, als wäre mitten in dem Baum auf der anderen Straßenseite ein *Loch*, da in den

Ästen, wo der Himmel durchscheint, der ja in Wirklichkeit die Lampe auf meiner Straßenseite ist.«

Eine Pause trat ein.

»Hör mal«, sagte sie. »Das wird langsam teuer, ein Dollar die Minute oder was das kostet.«

»Fünfundneunzig Cents die halbe Minute, glaube ich.«

»Dann gib mir deine Nummer, und ich ruf dich zurück«, sagte sie.

»In Ordnung. Aber...«

»Ja?«

»Aber dann mußt du wieder Licht machen, um dir meine Nummer aufzuschreiben«, sagte er.

»Wo denkst du hin? Ich habe ein gutes Zahlengedächtnis.«

»O ja, bestimmt ist es viel besser als meins. Aber wenn dir nun in diesem einen Einzelfall die Nummer entfällt?«

»Na gut, um sicherzugehen, mache ich Licht und schreibe sie auf.«

»Aber wenn du sie nun falsch aufschreibst, eben weil das so ein ungewöhnlicher Anlaß ist, und du zwei Zahlen vertauschst und es dir zum erstenmal passiert?«

»Sexuelle Legasthenie.«

»Genau! Oder was ist, wenn du auflegst und dir noch eine Cola Light holst und dann beschließt, nein, das ist ja verruckt, ich will ihn nicht zurückrufen? Woher soll ich wissen, daß du dann doch nicht mehr anrufst?«

»Ich ruf dich zurück«, sagte sie. »Es macht mir *Spaß*. Ich rufe zurück.«

»Okay, aber was ist, wenn du doch zurückrufst, aber wegen der Unterbrechung, auch wenn es nur eine Minute ist, in der wir nicht verbunden sind, was ist, wenn sich das Schicksal wandelt und wir auf einmal befangen sind und die Intimität, die uns davor offenbar so leichtgefallen ist, wenn wir die dann nicht mehr so ganz wiederherstellen können?«

»Schon gut, du hast mich überzeugt. Gib mir deine Nummer nicht.«

»Ich finde wirklich, zwei Dollar die Minute sind *billig* dafür. Ich brauche das. Dafür würde ich zwanzig Dollar die Minute ausgeben. Und ein Zeitlimit gibt's bei diesem Anschluß auch nicht – jedenfalls steht in meiner Anzeige in Großbuchstaben KEIN ZEITLIMIT.«

»Okay«, sagte sie.

Josie Lloyd und Emlyn Rees

Amy oder Etwas stimmt mit mir nicht

◐ Gott.
Das kann doch wohl nicht wahr sein.
Es ist schlicht und einfach unmöglich, daß sich ein Mensch derart elend fühlt.
Ich höre ein seltsames Pfeifen, was möglicherweise bedeutet, daß ich noch atme (ein wahres Wunder, da ich letzte Nacht circa viertausend Fluppen geraucht habe). Allerdings drängt sich mir der unangenehme Verdacht auf, daß ich eine Gehirnblutung erleide, wenn ich nicht bald mal aufstehe.
Was leichter gesagt als getan ist. Über Nacht habe ich Gelenke aus Wackelpudding bekommen. Mit einer einzigen eleganten Bewegung gelingt es mir, so über meine weggeschleuderten Nimm-mich-Stiefel zu stolpern, daß ich mir den Zeh kräftig am Heizungsrohr stoße und, als ich schmerzerfüllt herumhopse, das Gleichgewicht verliere, kopfüber durch meinen Türvorhang aus Plastikperlen stürze und anschließend laut scheppernd über die im Wohnzimmer stehende Truhe stolpere.
Daraufhin herrscht einen Augenblick lang Ruhe. Ich spüre die leichte Morgenbrise an meinem Hintern, da sich mein uraltes RELAX-T-Shirt beim Fallen nach oben verschoben hat. Ich liege quasi nackt und bloß auf dem verfilzten Teppich.
Und dann passiert es.
Ich höre eine leere Flasche rollen, und schon fällt der offen-

sichtliche Grund für meinen teuflischen Kater von der Kiste und mir auf den Kopf.

Als ich die Whiskyflasche sehe, stöhne ich auf, und langsam tauchen die grauenhaften Ereignisse der vergangenen Nacht durch den Nebel aus Schmerz wieder in meinem Bewußtsein auf.

Ich muß mich übergeben.

Als ich mich wieder vom Abfluß erhebe, um Luft zu holen, betrachte ich im Spiegel des Badezimmerschränkchens den Schaden. Es sieht ziemlich finster mit mir aus.

Amy Crosbie aus dem Apartment D, Pemberton Villas, Shepherd's Bush, ist verschwunden. Na schön. Aber nun mal raus mit der Sprache: Wer hat das Warzenschwein ins Bad gelassen? Wer war das?

Wie konnte ich mich so komplett von dem schick frisierten und mit Wonderbra bestückten Girl, das gestern abend um halb neun das Haus verlassen hat, in diese Grateful-Dead-Doppelgängerin verwandeln? Ich presse die Handflächen gegen meinen Kopf, um die letzte Kreation meines Kissenfriseurs plattzumachen, und strecke mir die Zunge raus. Sie ist grün.

Als Optimistin zähle ich zuerst die positiven Punkte auf:

1. Schlimmer kann es nicht werden (ich geb's zu, das steht eigentlich immer ganz oben auf meiner Liste der positiven Dinge).
2. Wenigstens ist Jack nicht geblieben und erspart mir die Demütigung, daß er mich in diesem Zustand sieht.
3. ?

Nummer drei fällt mir nicht ein, weil Nummer zwei auch gleichzeitig ganz oben auf der Negativliste steht. Ich stöhne verzweifelt.

Jack ist nicht geblieben.

Der einzige akzeptable Mann, dem ich seit Monaten begegnet bin, hat sich verpfiffen. Hat sich im ersten Morgengrauen dahingeschlichen, wo die echten Kerle wohnen, ohne mir auch nur ein letztes Küßchen zu geben. Und eigentlich kann ich es ihm nicht verdenken. Ich habe mich gründlich blamiert.

Das ist zu niederschmetternd für mich, um es ganz allein zu verarbeiten. Ich rufe H an, meine beste Freundin.

H: (verschlafen) Hmmm?

Ich: (kurze Pause, damit sie auch weiß, daß ich es bin) Uaachhhhhh! (In diese Begrüßung lege ich soviel kehliges, vom Kotzen verstärktes Elend, wie nur möglich.)

H: Uachh-uachh-uachh? Oder einfach nur uachh?

Ich: Uuaaaaaaaaaaaaaaaaaaaaaaaaaaaaaaaaaaaachh!

H: Bin schon unterwegs.

Ich liebe H. Sie versteht mich.

Zwanzig Minuten später quetscht H ihr Rad in den Fahrräderstapel meines schmalen gemeinschaftlichen Hausflurs. Sie sieht widerwärtig gesund aus nach einer RNZH (Ruhigen Nacht Zu Hause) und wahrscheinlich jeder Menge HBG (Höchst Befriedigenden Geschlechtsverkehrs) mit Gav (ihrem aktuellen Typ). Sie gibt mir einen Kuß und verkündet, ich stänke wie eine Brauerei und hätte orangene Zähne.

Ich grunze, bin aber sehr mit mir zufrieden, weil ich es die drei Treppen runter bis zur Haustür geschafft habe; ein Zeichen für meine Rückkehr in die menschliche Gesellschaft. Da habe ich ganze Arbeit geleistet.

Bisher habe ich drei Alka-Seltzer geschluckt und zwei Tassen schwarzen Kaffee getrunken, jede mit einem Teelöffel braunem Rohrzucker (schrecklich, ich weiß, aber dies ist eine ernsthafte Krise), und ich habe mich gezwungen, nicht weniger als vier sprudelnde Vitamin-C-Tabletten einzunehmen. Damit habe ich viertausend Prozent der empfohlenen

Tagesmenge intus und bin mir zwar immer noch nicht ganz sicher, glaube aber schon, jetzt reden zu können.
In der Küche hievt H sich auf die Anrichte, während ich den Wasserkessel aufsetze.
»Dann hast du wohl keinen an Land gezogen«, stellt sie trocken fest. »Was ist passiert?«
Ich merke ihr die Enttäuschung an, da sie immerhin gestern abend als meine persönliche Garderobenberaterin fungiert hatte. Nur auf ihr hochheiliges Versprechen hin, daß ich ganz bestimmt einen an Land ziehen würde, hatte ich mich überreden lassen, das schwarze Kleid anzuziehen, das fast als breiter Gürtel durchgehen könnte, *plus* Wonderbra *und* Nimmmich-Stiefel (die ich übrigens als Scherz gekauft hatte und nie wirklich tragen wollte). Ich steh mehr auf Jeans und ausgelatschte Turnschuhe, aber dagegen hatte H ihr Veto eingelegt. Sie ließ mich sogar bei ihr zu Hause antanzen, bevor ich auf die Party ging, damit sie mein Potential einschätzen konnte. Von Gav bekam ich einen lauten Pfiff und einen starken Wodka-Tonic, während H mir sensationelle neun von zehn Punkten gab (zehn von zehn sind meinem Hochzeitstag vorbehalten) und mich dann sanft in die Nacht schob, auf daß ich meine Verführungskünste an Matt erprobe.
Das klingt zwar alles ein wenig dramatisch, ich weiß, aber H kennt mein schreckliches Geheimnis. Ein Geheimnis, aus dem in letzter Zeit eine Art Krise wurde. Mein Gott, ich mag gar nicht daran denken, aber es stimmt … ich hatte seit über einem halben Jahr keinen Sex mehr.
Genaugenommen macht mich das wohl zur Jungfrau; schließlich muß mein Hymen mittlerweile wieder zugewachsen sein. Und ganz egal, zu was mich das macht, für eine gesunde Zweiundzwanzigjährige ist das kein normaler Zustand. Wodurch ich zwangsläufig zu dem Schluß gelange, daß ETWAS MIT MIR NICHT STIMMT.

H sieht das nicht so. Sie glaubt, es sei nur eine Frage der Zeit. Doch selbst sie hält es für unabdingbar, daß ich mir einen Freund suche, seit sie mit Gav die ungemein wichtige dreimonatige Reifungsphase für Beziehungen hinter sich gebracht hat, die Pille nimmt und ihn nunmehr ihren »Partner« nennt. In scheinbar unbedeutender, aber psychologisch gesehen grundlegender Hinsicht hat *uns* das auseinandergebracht. Daraus folgt, daß H es sich zum Ziel gesetzt hat, daß ich zunächst mal wieder flachgelegt werde und mich anschließend in einer H-und-Gav-mäßigen Beziehung häuslich einrichte.

Hätte nichts dagegen.

H, nicht ich, geriet völlig aus dem Häuschen, als ich erwähnte, Chloe habe mich gebeten, zu Matts Geburtstagsparty zu kommen. Ja, daß Matt ausdrücklich meine Anwesenheit erfragt hatte, obwohl er mir erst einmal begegnet war. (Bei dieser Gelegenheit wäre ich beinahe in Ohnmacht gefallen.) Vermutlich sah H die Einladung als Oase der Hoffnung in der staubtrockenen Wüste meines Singledaseins, und ich ließ dummerweise zu, daß ihre Begeisterung auf mich abfärbte.

Jetzt sind wir also bei der Manöverkritik, und ich habe das Gefühl, mich für das, was schiefgelaufen ist, rechtfertigen zu müssen. Wahrheitsgemäß.

Erst einmal schwäche ich den Schlag ein wenig ab. »Irgendwie hab ich schon einen an Land gezogen«, sagte ich, während sie mir ihre Marlboro Lights rüberschiebt. Ich weiß, ich weiß sehr wohl, daß ich vor zwanzig Minuten hoch und heilig geschworen habe, nie wieder zu rauchen, aber Selbstzucht war noch nie meine Stärke. Obwohl ich zwei Oktaven tiefer als sonst rede und das Gefühl habe, bis ins Mark vergiftet zu sein, nehme ich mir eine Kippe.

»Wen, Matt?« fragt H und schält sich aus ihrem Top. Drunter trägt sie ein fetziges neues Unterhemd.

»Nein, Matt nicht, auch wenn er wirklich umwerfend ist. Aber der hatte kein Interesse. Ich glaube, er war zu besoffen.«

»Wen dann?«

Ich reiche ihr die Zigaretten zurück, und sie nimmt sich auch eine. Ich halte ihr ein angezündetes Streichholz hin. »Seinen Mitbewohner.« Ich zünde mir meine Zigarette an, bevor ich mit der Gabel die Teebeutel ausquetsche. »Jack.«

Von der bloßen Erwähnung seines Namens wird mir vor Scham ganz schwindlig.

»Einzelheiten, bitte«, sagt H, lehnt sich zurück und legt die Hände um ihren Teebecher.

Ich informiere sie über den Abend: die Leute im BarKing, das Gelage, das Flirten, das Tanzen, der Aufbruch, der lange Weg bis zu mir nach Hause, die ungezählten Zigaretten, das enge Nebeneinandersitzen auf dem Fußboden, und schließlich DER PLAUSCH. Jack und ich haben so ziemlich über alles geredet, von unserem jeweiligen Sexualleben abgesehen, wir haben uns den Whisky hinter die Binde gegossen und uns wie alte Kumpel neben das Sofa geflätzt. Ich hatte das Gefühl, als könnten uns niemals die Gesprächsthemen ausgehen, soviel gab es zu bequatschen. Als dann das bisher ausgeklammerte Thema aufkam, hatten wir die Flasche beinahe geleert, und ich war mittlerweile jenseits von Gut und Böse – körperlich wie emotional.

»Also: Wer ist zur Zeit der Glückliche in deinem Leben?« hatte Jack gefragt und mir dabei Whisky nachgeschenkt.

Ich hatte mit dem Kerzenwachs gespielt, als auf einmal, ich glotzte gerade in die flackernde Flamme, der Whisky seine Wirkung tat. Von einem Augenblick zum anderen war ich unglaublich betrunken und verspürte überwältigendes Selbstmitleid. »Niemand«, flüsterte ich.

Jack berührte meine Hand und sah mir in die Augen. »Hoppla. Hab ich da einen wunden Punkt erwischt?«

»Nein. Eigentlich nicht. Doch, ich schätze schon. Es ist bloß ...«
»Was?«
»Gar nichts.«
Aber das Selbstmitleid gewann die Oberhand. Ich spürte, wie eine Träne aus meinem Auge lief und mir in den Schoß tropfte.
Jack schob mir die Haare aus dem Gesicht. »Hey, hey. Na komm, so schlimm kann es doch wohl nicht sein?« sagte er tröstend.
»O Jack«, schluchzte ich, während mir Tränen, Rotz und Mascara übers Gesicht liefen. »Ich glaube, irgendwas stimmt mit mir nicht.«
»Was soll das heißen?«
»Ich hatte schon ewig keinen Sex mehr. Ich krieg einfach keine Typen ab. Ich glaube, sie finden mich nicht attraktiv.«
Jack lachte leise und streichelte mich am Hals. »Sei doch nicht albern. Du bist sehr attraktiv.«
»Matt findet das nicht.«
»Matt!« Jacks Finger machten an meinem Haaransatz halt.
»Das ist ein typischer Fall. Erst lädt er mich zu seiner Fete ein, und als ich hinkomme, bin ich praktisch Luft für ihn.«
Jack setzte sich auf. Er wirkte verblüfft. »Du stehst auf Matt?«
Ich nickte stumm. »Aber was hab ich davon?« Ich schniefte und wischte mir die Nase an meinem Rockzipfel ab. »Er wird nie mit mir schlafen. Damit muß ich mich einfach abfinden. Keiner will mit mir ins Bett. Nicht mal du, oder?«
Mehr bringe ich nicht über die Lippen. H und ich haben es bis ins Wohnzimmer geschafft, und jetzt hockt jede an einem Ende des Sofas und glotzt die andere an. Beschämt vergrabe ich meinen Kopf zwischen den Armen. Sie tätschelt mir aufmunternd das Knie.

»Ich glaube, du nimmst das viel zu ernst«, verkündet sie ihr Urteil. »Na schön, vielleicht hast du ihm angst gemacht, aber das ist schließlich kein Weltuntergang. Wahrscheinlich hat er sich auf irgendeine verquere Art und Weise sogar geschmeichelt gefühlt.«

Hat sie nicht zugehört? Begreift sie denn nicht, in welchen neuentdeckten Abgründen der Demütigung ich gegenwärtig ohne Sauerstoffgerät herumtauche? Das ist schlimmer als damals, als ich versuchte, Boris zu verführen, den attraktiven deutschen Fotografen an der Uni. In der Überzeugung, daß die Chemie zwischen uns stimmte, und halbtot vor Geilheit, erschien ich eines Abends in schwarzer Reizwäsche und rieb meine Wade am Türpfosten seines Zimmers. Ich war schon halb in seinem Bett, zeigte ihm meinen besonders sexy Schmollmund und zog gerade meinen BH-Träger den Arm hinunter, als er seine Zeitschrift weglegte und mir verriet, er sei schwul.

Aber die Sache mit Jack ist eindeutig schlimmer.

»H!« jammere ich. »Er hat sich *nicht* geschmeichelt gefühlt.«

»Vermutlich hat er befürchtet, daß du nicht ... du weißt schon ... willst.«

»Er hat mir aber jede Menge Zeichen gegeben, bevor ich erwähnte, ich sei auf die Party gegangen, um Matt zu verführen«, fauche ich.

»Warum hast du's ihm dann gesagt?« fragte H.

Guter Einwand.

Ich stehe auf und schreite ... na ja: schlurfe über den halben Quadratmeter freien Teppich neben dem Fenster. »Ich weiß auch nicht. Ich war besoffen und rührselig, und da ist es mir halt so rausgerutscht.« Ich verschränke die Arme. »Das Dumme ist, ich mag ihn«, überlege ich laut. »Er war der erste Typ seit Menschengedenken, mit dem ich reden konnte. Und er konnte gut tanzen. Und *süß* ist er auch. Was haben

wir gelacht, bis ...« Ich fasse mir beidhändig an den Kopf. »O Gott, ich bin so ein Trampel.«
Das überhört H geflissentlich. »Er ruft dich an, jede Wette.«
»Das kann er gar nicht. Er ist abgehauen, ohne meine Nummer aufzuschreiben.«
»Aber er weiß, wo du wohnst. Es gibt eine Telefonauskunft.«
»Du verstehst das nicht.«
»Hör zu. Ihr beide habt gemeinsam eine Flasche Whisky leergemacht. Und das eine oder andere gesagt. Na und? Es ist nichts dabei, wenn man ein wenig Verletzlichkeit zu erkennen gibt.«
Verletzlich ist das eine. Das geht in Ordnung, solange du es bei harmlosen Offenbarungen von der Sorte beläßt, daß du ab und an deinen Teddy mit ins Bett nimmst oder daß *Top Gun* immer noch einer deiner Lieblingsfilme ist. Jemandem, den du eben erst kennengelernt hast (und auf den du echt stehst) zu erzählen, daß du die verzweifeltste, liebesbedürftigste und sexhungrigste Frau dieses Planeten bist, ist etwas anderes.
»Du hast sie nicht alle, wenn du glaubst, daß er anruft. Das tut er nicht. Ich weiß es einfach«, schmolle ich.
In diesem Augenblick klingelt das Telefon.
Wir glotzen es beide an, und H zieht die Augenbrauen hoch, als wolle sie »Ach ja?« sagen.
»Was soll ich sagen?« Ich gerate in Panik.
»Weiß ich auch nicht, Hauptsache, du gehst ran!«
In meinem verkaterten Zustand habe ich nicht nur zugegeben, daß ich mir vorstellen könnte, daß H recht hat und es doch einen Gott gibt – ich habe außerdem zu lange gezögert. Als ich den Hörer abnehme, springt der Anrufbeantworter an. Eine quäkend-winselnde Kakophonie ertönt, woraufhin der Anrufer auflegt. Ungläubig betrachte ich den Hörer, dann klopfte ich mir damit gegen die Stirn.

»Ruf 1471 an«, schlägt H aufgeregt vor, setzt sich auf und schlägt die Beine übereinander.
Ich wähle.
»Es tut uns leid, wir haben die Nummer des Anrufers nicht. Es tut uns leid, wir haben ...«
Ich knalle den Hörer auf. »Mist!«
Eine Weile grübeln wir stumm vor uns hin.
»Das war er, jede Wette«, sagt H und umarmt ihr Kissen.
Ich weiß zwar, daß sie sich irrt, darf aber keine Möglichkeit außer acht lassen. »Okay, nur mal rein hypothetisch – nicht vergessen, ich sagte hypothetisch –, also, nur mal angenommen, daß er es war. Wie erkläre ich ihm dann, daß ich mich geirrt habe und gar nicht auf Matt stehe, sondern *ihn* haben will?«
»Wenn er zurückruft, und das wird er, erwähne die letzte Nacht mit keinem Wort. Sei fröhlich und aufgeräumt. Sag, du hast einen Filmriß und kannst dich nicht mehr erinnern, daß er gegangen ist.«
»Spitzenidee!«
»Was du sagst, ist mir egal. Er hat angerufen, will also was von dir. Was beweist, daß fünf Minuten mieses Benehmen nicht acht Stunden erstklassiges Girliegetue ausradieren können.«
H schafft es, daß ich mich besser fühle. Darum hat sie die Anstellung als meine beste Freundin bekommen.
Zögernd gebe ich zu, daß es Hoffnung gibt. Daß ich Jack einen Anruf wert sein könnte, daß ich seinen Anruf verdient habe, und ich nehme mir ganz fest vor, daß ich cool bleiben werde, wenn (nichts falls) er wieder anruft.
KUHL: kuhl.
Fünf Minuten später klingelt das Telefon erneut. H drückt mir sämtliche verfügbaren Daumen, und ich verdrehte demonstrativ die Augen. Mir ist durchaus bewußt, daß ich mei-

ne sinnlichste Stimme eingeschaltet habe, als ich den Hörer abnehme und betont beiläufig »Hi« schnurre.
»Schatz, bist du das? Gott sei Dank ist dieser gräßliche Anrufbeantworter ausgeschaltet.«
Es ist meine Mutter. Mein dünnhäutiger Heißluftballon der Hoffnung platzt.
H drückt mitfühlend meinen Arm, als ich den Kopf schüttele. Ich halte ihr den Hörer hin, damit sie das bekannte mütterliche Gebrabbel mithören kann. Da mich diese Antiklimax so mitgenommen hat, merke ich erst zu spät, daß ich mich einverstanden erklärt habe, mit ihr einen Einkaufsbummel zu unternehmen. Ich lege auf und massiere mir die Schläfen.
»Was machst du heute?« frage ich.
H sieht mich von der Seite an. »Jedenfalls nicht mit deiner Mutter einkaufen gehen, wenn du das meinst.«
Ich verschränke die Hände zu einer demütigen Bittgeste. »Bitte! Bitte, bitte! Allein schaff ich's nicht.«
»Du mußt aber. Das bringt dich bestimmt auf andere Gedanken.«

Es bringt mich nicht auf andere Gedanken. Alles auf dieser Welt erinnert mich an Jack. Meine Mutter kommt jetzt aus Barking. Barking ... BarKing – wo wir uns kennengelernt haben. Alles klar! Und in Notting Hill Gate hängt ein Plakat mit Leonard Rossiter drauf. Rossiter! Es gibt kein Entkommen. Zwischen Shepherd's Bush und Lancaster Gate reift in mir die Überzeugung, daß mit Jack noch nicht alles verloren sein muß. Zwischen Lancaster Gate und Marble Arch habe ich mir eingeredet, daß Jack ein Herz hat und nicht einfach vergessen haben kann, wie gut es zwischen uns lief, bevor ich Matt erwähnte. Zwischen Marble Arch und Bond Street weiß ich mit absoluter Sicherheit, daß wir füreinander bestimmt sind. Zwischen Bond Street und Oxford Street gestehe ich mir ein, der Grund dafür ist, daß Jack durchaus mein Idealmann sein könnte.

Also wirklich, man braucht nur mal die wichtigsten Eckdaten zu betrachten. Gute Körpergröße (über einsachtzig), Augen wie große Teiche aus geschmolzener Schokolade, klasse Humor, diese niedliche Narbe über der Augenbraue, wo Matt ihn angeschossen hat (das arme Hasi). Schicke Kleidung – das T-Shirt eindeutig von Paul Smith, hat also offenbar Kohle. Wohnt in einem umgebauten Pub – wenn das nicht cool ist! (Und der Garten ist groß genug, um im Sommer ganz locker mal was zu grillen.) Und das Beste? Er ist Künstler. Eine wahre, echte, verbürgte kreative Erfolgsgeschichte.

WOW.

Ich bin mir durchaus der Tatsache bewußt, daß ich wie eine depressive Kuh auf dem U-Bahnsteig vor mich hin träume, aber in Gedanken ganz woanders bin und Selbstgespräche führe. Jack und ich haben unendlich viele Gemeinsamkeiten. Also gut, was meine Arbeit angeht, habe ich gelogen (Zeitarbeitskraft ist ja auch nicht gerade beeindruckend), aber in der Oberstufe habe ich Kunstgeschichte gewählt, *hätte* also theoretisch wirklich bei Sotheby's arbeiten können. Und wir mögen beide indisches Essen zum Mitnehmen, wir haben beide schon eine über zwei Jahre dauernde Beziehung hinter uns. Wir passen also *perfekt* zueinander.

Er hat mir von Zoe, seiner Ex, erzählt, aber ich habe mich über meinen Ex-Freund Andy ziemlich bedeckt gehalten. Die guten Sachen hab ich ihm erzählt – daß Andy älter war als ich (dreißig), ein stinkreicher Finanzmakler, und daß wir beide eine Zeitlang in einem Penthouse in Islington zusammenlebten. Natürlich erwähnte ich nicht, daß Andy der größte pedantische, passiv-aggressive verkniffene Drecksack weit und breit ist und unsere Beziehung folglich eine totale

Katastrophe war. Andy und ich hatten nur eins gemeinsam: Wir waren beide in ihn verliebt.

Ich habe H geschworen, daß sich so was nie wiederholen wird. Auch nicht mit Jack, weil Jack ja sowieso ganz anders ist. Ich nehme zwei Stufen auf einmal und erreiche die Oxford Street. Mein Herz pocht vergnügt. Ob *das* schon das erste Flattern der Liebe ist?

Mum wartet auf mich im Coffee Shop von Dickens & Jones (das hat was mit Tradition zu tun). Sie hat mir schon ein Rosinenbrötchen und eine Blechkanne Tee bestellt. Ich lasse mir die Enttäuschung nicht anmerken. Verkatert wie ich bin, hatte ich von vier Litern Coke und einer Speckstulle phantasiert. Irgendwie muß es auch so gehen.

»Hast du mittlerweile alles eingeräumt?« fragt sie, während ich mich auf den Plastikstuhl fallen lasse.

»Äh, hm, na ja, fast.«

Das ist gelogen. Ich bin vor vier Wochen eingezogen und immer noch nicht mit Auspacken fertig.

Mum kramt in ihrer Einkaufstasche und zieht einen Block mit Spiralheftung heraus. »Hier habe ich aufgeschrieben, was du noch alles brauchst. Ich dachte mir, wir kaufen mal eben die eine oder andere Kleinigkeit.«

Das ist zwar ein ausgesprochen nettes Angebot, aber ich bin *absolut* nicht in Stimmung. Auf Mums Liste von Kleinigkeiten stehen garantiert Dinge wie ein plüschiger rosa Toilettendeckelbezug samt passendem WC-Vorleger.

»Ich hab alles, ehrlich«, behaupte ich fröhlich. »Alles picobello. Ist wirklich sehr gemütlich.«

Enttäuscht legt sie ihren Notizblock auf den Resopaltisch. »Tja, na, dann besorgen wir dir eben was Hübsches zum Anziehen. Du wirst keinen netten jungen Mann kennenlernen, wenn du darauf bestehst, in diesen Klamotten herumzulatschen.«

Ha, ist ja köstlich! Sie sieht auch nicht gerade wie ein Topmodel aus. Schließlich hat sie eins dieser vielseitig verwendbaren T-Shirts an, das auch als Strandtasche, Abendkleid oder Hütchen einsetzbar ist, je nachdem, wie man es faltet und verklettet. Letztes Jahr hat sie mir eins zu Weihnachten geschenkt, und jetzt ist sie wie vom Donner gerührt, als ich ihr gestehe, daß es unglücklicherweise beim Umzug abhanden gekommen ist. Irgendwann kann ich sie nicht länger hinhalten. Wir gehen einkaufen.

Drei Stunden und zwanzig Minuten später haben wir es bis zu Marks & Sparks geschafft, und die Stimmung ist am Tiefpunkt. Ich verwandle mich im Eiltempo in die bockige Vierzehnjährige längst vergangener Zeiten.

»Nein, ich will keine grüne Bluse aus Samtimitat – zur Arbeit trage ich T-Shirts. Nein, nein, Mum, leg den Morgenrock aus Velours wieder hin, wir haben Sommer, es ist zu warm.«

Schließlich läßt sie sich breitschlagen, mit ins Warehouse zu kommen, wo sie ob der lauten Musik zusammenzuckt. Ich probiere ein Trägerkleid an und komme aus der Umkleidekabine gehopst.

»Es sieht ein wenig unförmig aus, Liebes«, sagt sie.

»Das soll so sein«, fauche ich zurück.

Mum schnappt sich das Preisschild und holt einmal geräuschvoll Luft. »Aber es sind doch nur zwei Stoffteile!«

In diesem Moment verläßt mich auch der letzte Rest Humor.

»Du hast absolut keinen Geschmack! Mir gefällt es!« schreie ich, stürme zurück in die Umkleidekabine und ziehe mit einem Ruck den Vorhang zu.

Als ich wieder angezogen bin, wartet sie draußen.

»Ich wollte doch nur helfen«, sagt sie beleidigt. »Da brauchst du nicht gleich grob zu werden.«

»Tut mir leid«, sage ich mit einem Seufzer und hake mich bei ihr unter. »Na komm, wir trinken was.«

Der Pub ist ihr zu verraucht. Ich finde ihn toll. Ich lechze nach einer Zigarette, doch es wäre tödlich, jetzt eine anzuzünden und ihren Zorn heraufzubeschwören. Vermutlich weiß sie, daß ich rauche, aber ich sage trotzdem nichts, feige Kreatur, die ich nun mal bin.

Wir setzen uns in eine Ecke, ich mache ein Fenster auf und muß sie erst mit einem Gin-Tonic stärken, ehe sie sich endlich von der Seele redet, was sie bedrückt.

»Schatz, ich mache mir halt solche Sorgen um dich. Beruflich hast du überhaupt keine Perspektive, und daß du da ganz allein wohnst, ist einfach unnatürlich. Also wirklich, warum ziehst du nicht eine ordentliche Laufbahn in Betracht? Du könntest jederzeit eine Ausbildung zur Steuerberaterin oder so nachholen. Barbara Tysons Tochter die Straße rauf geht es ausgesprochen gut, sie bekommt ein dickes Gehalt, und ...«

Ich schalte ab. Das hab ich schon hundertmal gehört. Ich will keine »Laufbahn«, und ehe ich meinen Fuß in eine Steuerberatungsfirma setze, arbeite ich lieber im Schlachthof. Ich finde es unverschämt, daß sie mich für eine Versagerin hält, weil ich nichts tue, womit sie vor ihren Nachbarinnen angeben kann.

Für wen hält sie sich eigentlich? Nicht in einer Million Jahre würde ich mein Leben gegen ihres eintauschen. Dieses ganze Kleinbürgerdasein mit Ausflugen zu B & Q und Slimmers World und einem netten kleinen Nischenjob in der örtlichen Verwaltung. In meinen Augen ist das keine Erfolgsstory, und ich will mir auch nicht den Arsch aufreißen und Tag und Nacht irgendwelche Zahlen aufaddieren.

Allerdings ist mir klar, daß ich so gereizt bin, weil sie in gewisser Weise auch noch recht hat. Ich habe einfach nichts zustande gebracht und bin selbst ganz entsetzt, wie zynisch mich die vergangenen drei Jahre gemacht haben. Als ich das Studium beendet hatte, war alles anders. *Ich* war anders. Ich strotzte nur so vor Enthusiasmus und war bereit, eine glänzende Karriere zu beginnen. Ich wollte in der Modebranche arbeiten. Wo ich anfing, war mir egal, ich brauchte nur meine Chance. Doch die bekam ich nie, und nachdem ich ein halbes Jahr lang meinen Lebenslauf wie Sauerbier angepriesen und praktisch um eine Arbeit, irgendeine Arbeit, gebettelt hatte, warf ich das Handtuch.

Und nun schlage ich mich als Zeitarbeitskraft durch. Normale Bürozeiten und kein Streß, bis ich herausgefunden habe, was ich als nächstes tun will. »Als Zeitarbeitskraft läuft es sehr gut«, sage ich neckisch und verwirre sie mit meinen einstudierten Floskeln. »Die Jobs sind interessant, und so bekommt man *sehr gut* mit, welche Möglichkeiten es so gibt. Wenn es mir irgendwo gefällt, kann ich jederzeit eine feste Stellung annehmen – falls ich das überhaupt will«, fügte ich hinzu. »Momentan habe ich eine ganze Reihe Optionen.«

So wie ich das sage, klingt es überzeugend und sogar spannend. Sie nickt, sichtlich beruhigt. Daß sie das geschluckt hat, nehme ich ihr echt übel. Jeder, aber wirklich jeder, weiß schließlich, daß Zeitarbeitsjobs eine Sackgasse sind. Es ist wahrscheinlicher, daß ich als erste Astronautin auf dem Mars lande, als daß ich im Zuge eines Aushilfsjobs eine auch nur ansatzweise interessante Laufbahn einschlagen kann. Doch das ist *mein* Trott, und ich hab mich darin eingerichtet, danke der Nachfrage.

»Da ist noch etwas«, sagt Mum schüchtern und fummelt an ihrer Serviette herum.

Jetzt kommt's. Der wahre Grund für ihren Besuch.

»Also, ich war in deinem Alter verheiratet und dachte ans Kinderkriegen. Und da hab ich mich halt gefragt …«

»Jaaa?«

»Nun ja, ich weiß, wie gut du dich mit Helen verstehst, und

falls du mir etwas sagen möchtest, über euch beide ... also ... dann würde ich mich bemühen, es zu verstehen.«
Ich glaub's einfach nicht! Meine eigene Mutter hält mich für lesbisch.
Super.
Ich unterbreche ihre verqueren Gedankengänge, bevor sie meinem Ruf irreparablen Schaden zufügt. »Mum, du mußt dir keine Sorgen machen.« Ich atme tief durch und kreuze meine Finger in der Hoffnung, dadurch wieder auszugleichen, daß ich das Schicksal keß herausforderte. »Ich habe jemanden kennengelernt. Einen Mann«, betone ich.
Ich kann beinahe hören, wie meine Mutter innerlich jubiliert.
»Es ist noch ganz am Anfang«, murmele ich, irritiert von der strahlenden Miene, die sie prompt aufsetzt. »Ich möchte also in diesem Stadium nicht zuviel verraten.«
»O Schatz«, sagt sie mit erstickter Stimme. »Das ist ganz großartig, so eine Erleichterung. Mir kam schon der Gedanke ...«
»Ich weiß, welcher Gedanke dir kam«, sage ich durch zusammengebissene Zähne.
Endlich fällt ihr mein drohender Unterton auf. »Natürlich bist du ein wenig empfindlich. Es ist so aufregend, wenn man sich verliebt.«
Ich kippe meinen Gin-Tonic runter und klinke mich aus. Dieses Geständnis werde ich noch bereuen, soviel ist klar.

Ich hasse Sonntage. Ich verabscheue sie und kann sie nicht ausstehen. Man kann nichts unternehmen, außer sich im Fernsehen *Die Waltons* und *EastEnders* anzusehen. Und wenn man solo ist, langweilt man sich nebenbei zu Tode.
Jeder weiß, wenn man einen Partner hat, sind Sonntage voll-

kommen anders. Paare reservieren den Sonntag für fröhliche, gemütliche Stunden zu zweit.
Ich hasse sie alle.
Bestimmt sind sie jetzt gerade im Café Flo, halten hinter den Zeitungen Händchen und strahlen nach ihren entspannten Morgennummern. Oder sie unternehmen Spritztouren mit ihren Cabrios, lachen zusammen und sehen cool aus. Oder, schlimmer noch, sie amüsieren sich auf dem Land, mit jeder Menge Alkohol und befreundeten Paaren, oder sie lümmeln sich einfach auf dem Sofa herum und sehen sich Videos an. Und garantiert hält das jeder einzelne von denen für selbstverständlich. Scheißvolk.
Ich schmolle. Es ist 13 Uhr 30, und Jack hat nicht angerufen. Den ganzen Vormittag habe ich mir vorgestellt, wie er mich zum Essen einlädt, vielleicht gefolgt von einem Spaziergang durch den Park, und danach ins Kino? Ich habe das alles so detailliert ausgearbeitet, daß ich allmählich selbst glaube, daß es passieren wird. Aber es wird nicht passieren. Ich habe direkten Sichtkontakt zum Telefon, und es bleibt stumm. Ich habe bereits überprüft, ob es auch korrekt eingestöpselt ist, und sogar beim Amt angerufen, um auszuschließen, daß es irgendwelche Leitungsprobleme gibt.
Ich liege auf der Couch, die Wange ins Kissen gedrückt, und glotze den Flecken im Teppich an. Ich kann niemanden anrufen, denn vielleicht ruft er ja gerade dann an, und ich kann auch nichts essen, denn womöglich will er mich ja zum Dinner einladen. Aus reiner Langeweile habe ich mir schon drei schweißtreibende Orgasmen verschafft, bin aber immer noch voll unerfüllter Lust. Ich habe sogar versucht, telepathische Wellen auszusenden. Bringt nichts. Es ist ein herrlicher Tag, und ich hänge im Haus herum. Eine Gefangene meiner Hoffnung.
Als H anruft, kriege ich einen Mordsschreck.

»Nichts Neues?«
»Nein.«
»Wir gehen rüber in den Pub. Kommst du mit?«
»Nein. Ich weiß nicht. Ich muß noch was erledigen«, weiche ich aus.
»Was denn? Es ist Sonntag!«
»Irgendwas halt«, antworte ich trotzig.
H seufzt. »Du wartest, daß er anruft, stimmt's? Das wird dir ganz bestimmt nicht helfen. Er ruft an, wenn er anruft. Das Telefon zu beobachten ist zwecklos, dabei drehst du nur durch.«
Ich finde es unerträglich, daß sie mich so gut kennt.
»Das weiß ich. Ich hab zu tun. Ich gehe ins Fitneßstudio«, bluffe ich.
»Was?«
»Ins Fitneßstudio, du weißt schon – zum Training.«
»Also schön, mach was du willst. Du weißt, wo wir sind.«
»Danke sehr.«
»Durchgedreht«, murmelt sie.
Ich strecke die Zunge in Richtung Telefon aus. Ich habe keineswegs vor, ins Studio zu gehen. Ich werde lieber einen Spaziergang machen. Allein.
Das war eine gute Idee. Shepherd's Bush ist zwar keine besonders aufbauende Gegend, aber immerhin relativ pärchenfrei, und die Alkis und Junkies fallen mir nicht weiter auf, da ich vollauf damit beschäftigt bin, mir selbst gehörig die Leviten zu lesen. Nachdem ich ein paarmal die Grünfläche umrundet habe, bin ich richtig high vom Kohlenmonoxid und habe eine Strategie entwickelt.
Sie ist zwar ziemlich kompliziert, läuft aber im Grunde auf folgendes hinaus: Bestimmt weiß Jack, daß ich auf ihn stehe. Läßt man die letzte Phase unserer Begegnung außen vor, hätte es nicht besser laufen können, er weiß also bestimmt, daß ich ihn wiedersehen will. Doch Jack ist ein coo-

ler Typ und hat viel zu tun. Er ist Künstler. Wahrscheinlich ist er sehr beschäftigt. Was nicht heißt, daß er nicht an mich denkt, ich stehe bloß einfach noch nicht auf seinem Sonntagszeitplan. Und außerdem ruft er mich, weil er so cool ist, vermutlich ohnehin nicht vor Montag an. Spätestens Dienstag. Und wahrscheinlich muß er sich auch noch um Matt kümmern. Meinetwegen hat ihn sein bester Kumpel an seinem eigenen Geburtstag links liegengelassen. Folglich heißt die Devise nicht, zu Hause hocken und Trübsal blasen, sondern: bereit sein.

Bereit sein ist Macht.

Ich beschließe, nicht in den Pub zu gehen, weil das ein reines Ablenkungsmanöver wäre. Statt dessen marschiere ich zu Boots in Notting Hill und widme mich der Einkaufstherapie. Das ist äußerst angenehm. Ich finde Boots großartig. Es ist meine Lieblingsladenkette, vielleicht abgesehen von Hamleys. Ich kaufe Mädchenspielzeug: Badezeugs von Badedas, teures Shampoo und Pflegespülung mit Gratishaaröl, eine Vorratspackung Nagelfeilen, drei Fläschchen Nagellack, eine Pinzette, einen Luffaschwamm, Schlammpackung, einen neuen Lippenstift, eine Schachtel bunte Kosmetiktücher (die müssen immer griffbereit neben dem Bett stehen), Oil of Olaz, Enthaarungswachs, Bräunungscreme und eine Packung mit vierundzwanzig gefühlsechten Kondomen. Bestens.

Zu Hause räume ich ein wenig auf und bin mit dem Ergebnis verdammt zufrieden. Nicht, daß ich so ehrgeizig wäre, Teile der Strukturtapete runterzureißen oder den Riß in der Küchenwand mit Moltofil zu stopfen, aber immerhin stelle ich meine Bücher in die windschiefen Regale und hänge das gerahmte Foto von mir und H auf unserer Thailandreise an die Wand. Damals waren wir ungebundene Weiber auf Reisen, und wir haben uns königlich amüsiert. Auf dem Bild sehen wir beide dünn und braun aus, und wir sitzen Rücken an Rücken da und lachen uns scheckig. Das war der Urlaub, in dem wir drei Wochen lang Inselhüpfen wollten, aber an einem einzigen Strand hängenblieben. H hat zwei Nummern geschoben und jede Menge rumgeknutscht, und ich hab mich in drei Typen gleichzeitig verknallt. Rattengeil!

Ich sortiere die schwarze Mülltüte mit einzelnen Strümpfen und Pullovern aus, die seit Menschengedenken an der Wohnungstür herumhing, und bin überrascht, wie schnell die Zeit vergeht. Es gefällt mir, eine Frau mit einer Aufgabe zu sein.

Ich lasse die Wanne ganz voll laufen und betrachte meinen Körper im Flurspiegel. Nackt seh ich gar nicht so übel aus, wenn ich mich allein betrachte. An einem guten Tag bin ich eine kurvenreiche Kleidergröße elfeinhalb.

Aber wie sehe ich durch Jacks Augen betrachtet aus? Sagen wir mal so: Wenn ich einen öffentlichen Striptease hinlege, würden die Leute ihr Geld zurückhaben wollen.

Es ist Zeit, Diät zu machen.

Kaum habe ich dies beschlossen, durchfährt einem Blitzschlag gleich ein nagender Hungerschmerz meinen Magen, und vor meinem inneren Auge sehe ich plötzlich nur noch Bilder leckerer Kalorienbomben, die ich am liebsten *auf der Stelle* in mich hineinstopfen würde. Ich muß in die Wanne, um auf andere Gedanken zu kommen. Dann liege ich im Dampf, habe die Schlammpackung aufgelegt und stelle mir vor, wie anders ich in einer Woche aussehen werde.

Den ganzen Abend knabbere ich tapfer Roggen-Crisps und lese ein *Powerfrauen* betiteltes Buch, das mir jemand zum letzten Geburtstag geschenkt hat. Sehr interessant.

Am Montag bin ich noch vor dem Weckerklingeln wach, eine Premiere. So ein Morgen kann ausgesprochen erholsam sein, wenn man um sieben Uhr früh aufsteht. Die Vögel singen, und ich höre zur Abwechslung mal Radio 4, was zu meinem neuen Vorsatz paßt, stets up to date zu sein. Ich finde es wichtig, mitzubekommen, was auf der Welt so vor sich geht. Nach meiner zweiten Tasse Tee angle ich *Powerfrauen* unter dem Bett hervor und beziehe vor dem Badezimmerspiegel Stellung. Mal so richtig was fürs Ego tun. »Ich bin ein einzigartiger, mitfühlender und liebender Mensch«, lese ich laut vor. Ich betrachte mein Spiegelbild, um zu sehen, ob es das gehört hat.

»Ich bin eine Powerfrau. Ich kann die Welt verändern, in der ich lebe.« Wieder sehe ich hoch.

»Ich sehe gut aus, fühle mich gut. Ich mag mich … Und heute wird Jack anrufen«, füge ich sicherheitshalber hinzu, ehe ich das Buch zuklappe und mir die Zähne putze.

Ich ziehe die Badezimmerwaage hervor und wiege mich. Ich bin ein Pfund schwerer als gestern. Wie ist das möglich? Ich habe über zwölf Stunden lang nichts gegessen; eigentlich müßte ich sechs Kilo leichter sein.

Ich gucke wieder in den Spiegel. »Ich sehe gut aus. Ich fühle mich gut. Ich mag mich«, sage ich drohend.

Elaine von der Zeitarbeitsfirma Top Temps hat mir einen Job bei Boothroyd, Carter and May verschafft, einer verschnarchten Unternehmensberatung am Portland Square. Janet, ihre Empfangssekretärin, macht Urlaub, und ich springe für sie ein. Wie toll.

Ich stehe im Aufzug und bin irgendwie gedrückter Stimmung. Ich mag nicht glauben, daß ich schon wieder als Aushilfe arbeite. Wann suche ich mir endlich einen richtigen Beruf, frage ich mich. Ich beneide Menschen, die präzise Karrierevorstellungen haben. Menschen, die sagen: »Ich werde mal Arzt.« Und das auch durchziehen. Ich kann nur sagen: »Ich werde mal …«

Eine Woche lang eine gelangweilte Empfangssekretärin, genau das.

Für den ersten Tag in einem neuen Job habe ich fünf Prioritäten:

1. Finde die Durchwahl deines Arbeitsplatzes heraus und rufe H von dem Apparat an
2. spüre im PC Computerspiele auf; finde Klo und Küche
3. finde heraus, wer dafür zuständig ist, deinen Stundenzettel zu unterschreiben, und mache demjenigen noch während der ersten Stunde nach Dienstantritt ungefragt eine Tasse Kaffee
4. finde Namen und Personenbeschreibung des Oberbosses heraus, um Peinlichkeiten zu vermeiden
5. bleibe unter keinen Umständen länger als bis 17.30 Uhr und mache immer eine Mittagspause

Für meinen Stundenzettel ist Ms. Audrey Payne zuständig. Nach der ersten Begegnung taufe ich sie Essigtitte. Anscheinend mag sie mich nicht besonders, aber wie es aussieht, mag sie niemanden, und Humor ist für sie eine gänzlich unbekannte Lebensform. Ich mache ihr einen Kaffee, und wenn sie bei mir vorbeigeht, klappere ich jedesmal mit den PC-Tasten und mache einen auf tüchtig.
Um 11.30 Uhr ruft Elaine an. »Wie ich höre, kommen Sie gut zurecht.«
Wieder hab ich sie reingelegt! Raus mit meinem Exemplar von *Hello!* und der Nagelfeile. Klar ist es ein Klischee, *Hello!* zu lesen, ich weiß, aber für eine Aushilfe ist das Blatt unentbehrlich. Bestimmt heißt es *Hello!*, weil es als Gesprächsanbahner dient. Ich bin noch in keinem Büro jemandem begegnet, den es nicht insgeheim reizt, das Heft durchzublättern, wenn er eins sieht. Wenn man als Zeitarbeitskraft den Kolleginnen dieses (meines Erachtens gesunde) Bedürfnis nach Eskapismus gönnt, hat man eine Freundin fürs Leben. *Hello!* Es funktioniert jedesmal.

Mittags verbringe ich eine Stunde am Portland Square, sitze auf meinen Händen und beobachtete die Tauben. Zwar habe ich in weniger als einer Minute ein kalorienarmes Hähnchensandwich von Tesco Metro in mich hineingeschlungen, rede mir aber ein, daß es lecker war, und nein, ich bin *nicht* mehr hungrig. Ich erkenne eine Frau aus dem Büro, die auf meine Bank zugeht, und muß hektisch in meiner Tasche herumkramen, um Kontakt zu vermeiden. Ich habe nicht die Absicht, mit ihr zu reden und die Frage zu beantworten, warum ich bloß Zeitarbeitskraft bin. Ich halte es für wünschenswert, eine gewisse Distanz zu den anderen zu wahren, sobald man weiter als einen knappen Meter von der Empfangstheke im Büro entfernt ist. Sich auf andere einzulassen, zieht immer nur Ärger nach sich, und ich habe herausgefunden, daß ich mich am besten von allen anderen fernhalte. Es bedeutet, daß ich nie Abschiedskarten für mir unbekannte Leute unterschreiben, mich an Klatsch und Tratsch über öden Bürokram beteiligen oder nach der Arbeit noch im Pub mit einer Gruppe von Leuten herumstehen muß, die über die Geschäftsleitung herziehen.

Ab 2.15 Uhr verspeist mein Magen aus reiner Frustration meine Leber. In der Küche finde ich eine Packung Cornflakes und esse fünf Handvoll, ehe ich sie mit einem Eimer Tee runterspüle.

Zwischen 2.30 und 4.15 Uhr spiele ich am Computer Solitaire, ohne unterbrochen zu werden, quatsche eine halbe Stunde lang mit H über das Leben einer Powerfrau, während ich ein paar Cornflakes von meinem Pulli klaube, spiele mit den Büroklammern auf meinem Schreibtisch, tippe einen Adressenaufkleber für die Essigtitte, frankiere die Post, und ehe ich's mich versehe, ist Feierabend. Alles in allem ein einigermaßen streßfreier Tag.

Bis ich heimkomme und entdecke, daß keine Anrufe auf

dem Gerät sind. Ich murmele beim Duschen aufmunternde Affirmationen vor mich hin und gucke dann *Brookside.*
Hilft nichts. Gegen Mitternacht fühle ich mich ein wenig zittrig. Es ist zwar schön und gut, eine Powerfrau zu sein und die Kontrolle über mein eigenes Leben zu haben, aber sterbenslangweilig ist es auch.

Es ist Dienstag, und ich bin immer noch ruhig. Abgemagert, aber ruhig.
Den größten Teil des Tages spiele ich mit der Idee, ins Fitneßstudio zu gehen. Natürlich verfällt mein Körper in zittrige Zuckungen, sobald die Chancen, daß ich ihn wirklich trainiere, auf der Skala von »wohl kaum« auf »schon möglich« steigen. Am Nachmittag habe ich vorzeitig Arthritis bekommen und fühle mich, als wäre eine Lungenentzündung im Anmarsch. Aber ich kenne meinen Körper und seine Tricks. Er vergißt, daß ich jetzt eine Powerfrau bin.
Gegen 19.00 Uhr trudele ich im Studio ein. Es ist knallvoll, und ich komme mir ein wenig wie ein Fremdkörper vor. Was will ich hier?
Das ist eindeutig nicht mein angestammter Lebensraum.
Ich trage farbbekleckerte Leggings, meine Turnschuhe aus der Schule, circa Jahrgang 1984, von denen ich hoffte, daß sie retromaßig und cool aussehen (was sie nicht tun), ein vom Waschen graues T-Shirt und zwei verschiedene Socken. Cindy Crawford würde blaß vor Neid.
Ich quetsche mich an den supertrainierten Typen mit den Gewichten vorbei zu dem Schrank in der Ecke und durchwühle ihn auf der Suche nach meinem Programm vom Fitneß-Einführungskurs. Ich wische den Staub runter und nehme weisungsgemäß auf einem Trainingsfahrrad Platz.
Es dauert nur zwei Minuten, bis ich ein knallroter Schweißklumpen bin. Ich steige ab und versuche mein Glück auf

dem Laufband. Das Mädchen neben mir ist an einen Walkman der neuesten Generation angeschlossen und hat eine makellose Reebock-Montur an. Sie schwitzt nicht, also muß es sich um eine leichte Übung handeln.
Ich lasse mich von ihrem sonderbaren Blick nicht entmutigen, erhöhe die Geschwindigkeit und versuche, sie einzuholen, doch meine Beine wollen nicht schnell genug, und ich fliege hinten vom Band. Ohne ihr Kichern zu beachten, rappele ich mich wieder auf, springe auf das Plastikgehäuse und verlangsame das Laufband auf Schrittgeschwindigkeit.
Gehen ist gut. Schrittgeschwindigkeit ist prima.
Ich konzentriere mich voll auf den Kalorienzähler, der offenbar kaputt ist. Nach zwanzig Minuten habe ich zweiundvierzig Kalorien verbrannt. Das sind etwa drei Cornflakes.
Ich mache mir ernste Sorgen um meine Fitneß. Als ich endlich den Stepper besteige, sagt mir mein Herz, ich sollte besser allmählich mal Schluß machen. Ich nehme mir fest vor, von nun an täglich ins Studio zu gehen. Wenn ich das mache, langsam einsteige und mich anfangs nicht übernehme, werde ich wohl bald wieder in Form kommen. Es hat ja wohl keinen Zweck, sich frühzeitig zu verschleißen, oder?
Nach einem Blick auf mein Programm probiere ich's mit den Zuggewichten, aber die Maschine scheint defekt zu sein. Jedenfalls bewegt sich nichts. Erschöpft lasse ich mich auf die Matte fallen, um ein paar Sit-ups zu machen. Ich schaffe nur fünf, tröste mich aber mit dem Gedanken, daß ich eigentlich auch gar keinen waschbrettflachen Bauch haben will. Flache Bäuche sind *total* achtzigerjahremäßig.
Um 19.35 Uhr bin ich im Umkleideraum, die feuchten Haare pappen mir am Gesicht. Ich fühle mich nicht besonders gut, und das sieht man mir auch an. Unter großen Mühen bücke ich mich und löse die Schnürsenkel meiner Turnschuhe.
»Amy?«

Langsam schaue ich hoch. Mein Blick wandert über passende Shopper-Socken, kräftige gebräunte Beine, eine schicke Radlerhose, die nackte Taille und von einem Elle-Top modisch umschlossene Brüste, bis er schließlich an einem Lächeln wie aus der Werbung für einen Kieferorthopäden hängenbleibt.
Der klassische Alptraum.
Es ist Chloe.
»Alles in Ordnung mit dir?« fragt sie.
»Logo, alles klar«, sage ich und schiebe mir die klatschnassen Haare aus dem Gesicht. »Und wie geht's dir so?«
»Super. Hast du dich neulich abends bei Matts Party gut amüsiert?«
Ich kriege einen leichten Panikanfall. Bestimmt weiß sie von mir und Jack. Ich nicke mechanisch. Hallo? Wo ist meine Persönlichkeit?
»Du bist doch mit Jack gegangen, stimmt's?«
»Ist nichts passiert«, sage ich rasch.
»Da hab ich aber was ganz anderes gehört.« Sie blinzelt mir neckisch zu.
Ich räuspere mich. »Was hat er gesagt?«
Gott sei Dank bin ich schon so rot im Gesicht, daß sie nicht merkt, wie ich noch röter werde.
»Nicht viel. Als er nach Hause kam, war er ziemlich knülle. Am besten beachtest du ihn nicht weiter. Ehrlich gesagt, ist er ziemlich ätzend.«
»Wirklich?«
»Er ist *gräßlich*. Neulich hat er meine Nachbarin Cathy abgeschleppt und sie hinterher vor die Tür gesetzt, ohne ihr auch nur 'ne Tasse Tee anzubieten. Und er baggert alle Aktmodelle an, die er malt. Wir ziehen ihn dauernd auf, aber du kennst ja solche Typen …«
»Klar. Das hab ich mir schon irgendwie gedacht.« Ich unter-

drücke den Drang, sie zu würgen, aber vielleicht hat sie meinem Tonfall schon entnommen, daß sie sich besser zurückhalten sollte.
»Natürlich könnte ich's dir nicht verdenken, wenn du mit ihm … du weißt schon. Er ist ziemlich süß.«
»Du kennst ihn ja offenbar recht gut«, nuschele ich.
»Schon seit Jahren. Wir waren alle auf derselben Schule.«
»Na klar, das hat er mir gesagt. Hatte ich ganz vergessen.«
Das war gelogen. Noch bei vorgehaltener Waffe könnte ich jedes einzelne seiner Worte wiederholen.
»Im Grunde ist er in Ordnung. Immer gut drauf. Du solltest öfter mal mit uns um die Häuser ziehen.« Chloe strahlt mich an.
Haß überkommt mich.
»Aber gerne. Ich hatte neulich echt Spaß. Eigentlich wollte ich Matt anrufen und mich bedanken, aber ich hab seine Nummer nicht.«
Genialer Schachzug, meine Liebe. Genial.
Chloe macht ihre Tasche auf und holt einen dicken Terminplaner heraus. Ich gaffe, während sie eine lavendelfarbene Seite rausreißt und mit ihrem altmodischen, aber zweifellos teuren Füllfederhalter Matts Telefonnummer daraufschreibt. Sie reicht mir den Zettel.
»Danke dir«, sage ich, bemüht, nicht zu verdutzt zu klingen, während ich ihn sorgfältig zusammenfalte.
Sie lächelt mir zu, beugt sich vor und küßt mich auf die dampfende Wange. »Spitze. Bis bald dann.«
Sie ist schon fast aus der Tür, als sie sich noch einmal umdreht. »Ach, übrigens hab ich Jack deine Nummer gegeben. Hoffentlich hast du nichts dagegen.«
Um diese Information zu verdauen, brauche ich eine Packung Chips und drei große Stella mit H. Wir kauen jede nur denkbare Bedeutungsvariante durch. Ich stelle mir vor,

daß Chloe mich warnen will, weil sie mich mag und nicht möchte, daß ich leide, oder daß sie versucht, Jacks Attraktivität zu steigern, indem sie ihn zum Wüstling stilisiert. Davon will H nichts wissen, aber sie kann Chloe auch nicht besonders gut leiden. Sie sagt, Chloe wolle mich vorsätzlich aufwiegeln, weil sie die Männer in ihrer Clique für sich behalten wolle, und womöglich sei sie ja selber hinter Jack her. Chloe ist einmal mit dem Bruder von Hs Freund gegangen und war zu dem offenbar ziemlich ätzend. Vor etwa einem Jahr, als die Beziehung gerade zu Ende ging, traf ich sie auf einer Party, wo sie einen über den Durst getrunken und sich an meiner Schulter ausgeweint hat. Dann bin ich ihr wieder auf der Hochzeit von Hs Bruder begegnet, und seither halten wir mehr oder weniger locker Kontakt. Ich mag sie, teile aber Hs Ansicht, daß sie mit Jungs besser kann als mit Mädchen. So ist das nun mal.

»Aber«, sage ich, »falls das stimmt, warum hat sie mich gefragt, ob ich nicht mal was mit ihnen unternehmen würde, und warum hat sie Jack meine Nummer gegeben?«

H zuckt die Achseln und schüttelt den Kopf. »Keine Ahnung. Ich trau ihr jedenfalls nicht. Aber das kann dir egal sein, du hast ja jetzt seine Nummer.«

Ich verschweige H, daß ich am Morgen eine Stunde lang mit einem netten Mann von der Auskunft die Adressen sämtlicher Galerien in der Londoner Innenstadt herausgefunden habe und Jack mit nur noch ein paar Stunden Lauferei mittlerweile problemlos selbst hätte aufspüren können.

»Ja, und er kennt seit Tagen meine Nummer, aber hat er auch nur ein einziges Mal angerufen? Mist.«

H nippt nachdenklich an ihrem Bier. »Weißt du auch genau, daß du ihn wirklich willst? Klingt nicht so, als wäre er besonders vertrauenswürdig.«

»Er hat noch nicht die richtige Frau gefunden, das ist alles«, sage ich lächelnd, ehe mir ein erschreckender Gedanke durch den Kopf schießt. »Was ist, wenn Chloe Jack verrät, daß sie mich gesehen hat und ich aussah wie das blanke Elend?«

»Nicht auszudenken!«

»Aber als ich ihm gestand, daß ich auf Matt stehe, hat er mir geglaubt, mich vielleicht abgeschrieben, und jetzt kann er mich nicht ausstehen.« Ich lasse einen Monolog vom Stapel, in dem es von Selbstzweifeln und guten Gründen für sein Schweigen nur so wimmelt, bis H mich zum Schweigen bringt. Sie steht auf, ihr leeres Glas in der Hand.

»Das Ganze geht mir echt auf die Titten«, warnt sie mich.

Über dem nächsten großen Bier verteilt H praktische Ratschläge: An meiner Stelle würde sie Jack anrufen und selbst die Lage klären. Aber sie ist nicht ich, sondern viel mutiger. Ich antworte, falls er wirklich Kontakt aufnehmen wolle, würde er's auch tun. Ich müsse nur warten. H sagt, ich sei eine Defätistin, aber die hat gut reden, sie hat ja Gav.

Als ich nach Hause komme, bin ich besoffen und ertrinke in Selbstmitleid. Jack hat immer noch nicht angerufen, obwohl Chloe ihm mittlerweile irgend etwas gesagt haben muß. Ich rufe ihn jedenfalls nicht an. Er ist an der Reihe, weil er meine Nummer als erster bekommen hat. Ihn anzurufen, wäre uncool, da kann H erzählen, was sie will.

Ich lege mich mit den *Powerfrauen* ins Bett und penne sofort ein.

Am Mittwoch wache ich auf und kann mich nicht bewegen. Jeder Muskel in meinem Körper steht unter Schock. Erst glaube ich, ich hätte einen schlimmen Autounfall gehabt, bis mir das Fitneßstudio einfällt. Ich habe noch nicht einmal die Augen aufgeschlagen, und schon ist der ganze Tag irgendwie im Eimer.

Theoretisch sollte mein Morgen routinemäßig folgendermaßen ablaufen:

7.00: Wecker klingelt. Drücke auf Schlummertaste

7.20: Wecker klingelt noch mal. Drücke wieder auf Schlummertaste

7.40: Steige beim dritten Klingeln aus dem Bett. Wasche mir das Gesicht, setze Wasserkessel auf. Lasse mir ein Bad ein

7.45: Trinke Tee. Sage positives Blabla auf. Steige ins Bad

8.10: Tauche mit gewaschenen und pflegegespülten Haaren aus dem Bad auf

8.15: Föhne Haare und versuche, ihnen Form zu geben (immer eine Katastrophe)

8.25: Öffne Kleiderschrank. Stelle Outfit zusammen und kleide mich an (Wahlweise mit Bügeln)

8.30: Nehme Schale Frühstücksflocken oder einen Toast zu mir (je nach Milchlage)

8.35: Überprüfe erneut, ob ich ordnungsgemäß gekleidet bin. Putze Zähne. Stelle alles für mögliche Besorgungen zusammen, z. B. chemische Reinigung, Schuhmacher usw. Schminke mich

8.40: Überprüfe zweimal Inhalt meiner Handtasche. Mache Schlüssel ausfindig

8.45: Verlasse Wohnung

Heute werde ich um 8.45 Uhr wach. Das ist kein guter Anfang.

Wieso wache ich, wenn ich verschlafe, immer genau um die Uhrzeit auf, zu der ich eigentlich das Haus verlassen müßte? Unheimlich.

Die Essigtitte hält mir einen Vortrag zum Thema Pünktlichkeit, und ich beschließe, sie zu vergiften. Ich stelle Anrufe zu den falschen Leuten durch und baue den ganzen Tag lang in jeder Hinsicht Mist. Mittags tröste ich mich mit einem Schinken-Salat-Tomaten-Sandwich, Extraportion Mayonnaise. Ich sehe keinen Sinn mehr darin, dünn zu sein.

Nachmittags probe ich Gespräche mit Jack.

Ich: Hallo?

Jack: Hi Amy, hier spricht Jack.

Ich: (Verwirrt) Wer?

Jack: Du weißt schon, von neulich. Ich hatte echt meinen Spaß. Du warst umwerfend. Ehrlich, eine so intelligente, sexy Frau wie du ist mir noch nie …

Nein, streich das. So wird es nie im Leben laufen.

Ich: Hallo?

Jack: Hi Babe, hier spricht Jack.

Ich: (Supercool) Hi, wie geht's?

Jack: Ich fühl mich so einsam ohne dich …

Igitt! Ich muß gleich kotzen.

So geht es endlos weiter. Ich habe alle Möglichkeiten durch, außer den Telefonaten, wo ich ihn anrufe. Doch gegen Ende des Nachmittags habe ich mich so daran gewöhnt, mit ihm zu reden, daß ich weiß, er wird anrufen. Bestimmt kann ein Mensch nicht dermaßen intensiv an einen anderen Menschen denken, ohne daß der gewisse Schwingungen empfängt. Oder?

Als ich nach Hause komme, ist nur eine Nachricht auf dem Anrufbeantworter. Sie stammt von H, die mich auffordert, sie anzurufen, sobald ich Jack angerufen habe.

Nun gibt es kein Zurück mehr. Ich muntere mich auf, indem ich ein paar Seiten *Powerfrauen* durchblättere. »Überlasse deine Macht nicht anderen … Frauen, die bekommen, was sie wollen, gehen immer in die *Initiative* …« Etc.

Ich starre auf die Filofaxseite mit Jacks Telefonnummer drauf. Tu's einfach. Tu's. Na los, nimm den Hörer ab.

Jacks Telefon klingelt viermal. Ich presse den Hörer an mein

Ohr. Meine Knöchel sind weiß. Ich fühle mich so ausgeliefert. Ich rufe bei ihm zu Hause an!
Dann schaltet sich der Anrufbeantworter ein. Ich höre Matts Stimme.
»Hi, Matt und Jack sind zur Zeit nicht da. Bitte hinterlasse nach dem Piepton eine Nachricht, und wir rufen zurück. Piep.«
Und dann geschieht etwas Seltsames. Aus heiterem Himmel verkeilt sich ein Backenhörnchen in meiner Speiseröhre.
»Hi, hier ist …«, setze ich an. Dann nichts mehr. So sehr hat mich das aus meinem Mund kommende Geräusch erschreckt. Ich versuche es noch mal. »Hier ist Amy. Äh.« Wieder Schweigen, dann der Piepton.
Ich habe eigenmäulig die schlimmste Nachricht *aller Zeiten* auf einem Anrufbeantworter hinterlassen. Aller Zeiten. In der Geschichte der Welt. Und ich kann nichts dagegen machen. Ich lege den Hörer auf, als hätte er mir einen elektrischen Schlag versetzt, und schlenkere mit den Händen. Ich verbrenne.
Ich reiße das Telefon aus der Wand, schalte den Anrufbeantworter ab, reiße das Fenster auf und schmeiße die *Powerfrauen* in den Garten des Nachbarhauses.

Donnerstag: Super-GAU.
Auf der Arbeit bin ich katalonisch. Mir ist klargeworden, daß mein Problem nicht auf den Zwischenfall mit Jacks Anrufbeantworter beschränkt, sondern viel größer ist. Es hat sich ausgedehnt und umfaßt nun mein gesamtes Leben. Ahnungslos tritt nun Geoff in diese private Krise.
Geoff ist Berater bei Boothroyd, Carter and May und lungert schon die ganze Woche im Empfangsbereich herum. Der Grund: Er ist der Paria des Büros. Er läßt sich nur als Lusche beschreiben. Nichts an ihm ist auch nur ansatzweise attrak-

tiv. Er hat eine Brille mit rechteckigen Gläsern, einen Ansatz zur Stirnglatze und Körpergeruch.

Psychisch bin ich in einem dermaßen desolaten Zustand, daß ich einwillige, als Geoff mich zum Essen einlädt. *Ich verabrede mich mit Geoff!*

Er nimmt mich mit in ein italienisches Restaurant und bestellt Spaghetti, mit denen er sich den Schlips bekleckert. Er ist hypernervös und unterwürfig, da er sich so geschmeichelt fühlt, weil ich mit ihm ausgehe. Das geht mir auf den Geist, zumal ich schon den ganzen Tag über irgendwie von der Rolle bin. Als das Gespräch ein wenig ins Stocken gerät, stochere ich stumm in meinen Lasagne herum.

»Besonders glücklich wirkst du nicht«, stellt Geoff fest.

Hundert Punkte für den Einstein da drüben.

Ich zucke die Schultern. »Geht so.«

»Woran denkst du gerade?« will er (dämlich wie er ist) wissen.

Also sage ich's ihm.

Ich lege los.

Ich sage ihm, daß meiner Ansicht nach Menschen nur diejenigen anderen Menschen anziehen, die sie nun mal anziehen *können*. So fand beispielsweise Richard Burton Elizabeth Taylor anziehend, weil sie mehr oder weniger gleich attraktiv waren. Und Geoff findet mich attraktiv. Das kann nur heißen, daß ich mich auf derselben Attraktivitätsebene wie Geoff befinde. Was, ehrlich gesagt, ein Grund für mich ist, mir die Kugel zu geben.

Keine Ahnung, was über mich gekommen ist. Nie zuvor habe ich etwas so Gemeines zu einem beinahe Fremden gesagt. Wir glotzen einander eine Weile an, und dann lächele ich unsicher, aber Geoff sieht ernsthaft verstört aus. Mit zitternden Fingern zieht er etwas Geld aus seinem Portemonnaie, wirft es auf den Tisch und macht sich aus dem Staub.

Da glücklicherweise niemand mit Geoff redet, kann er mich

bei keinem anschwärzen, es gibt also kein Showdown im Büro. Dennoch versinke ich den ganzen Nachmittag über in Reue. Zu Hause nehme ich all meinen Mut zusammen und stöpsele das Telefon wieder ein.

Sofort ruft meine Mutter an.

»Liebes. Was macht dein reizender neuer Freund? Ich kann's kaum erwarten ...«

»Er ist weder reizend noch meiner!« brülle ich.

Ich erleide eine Art Persönlichkeitskollaps.

Jack ruft immer noch nicht an. H kommt vorbei, und wir kriegen Krach, als ich ihr nicht erlaube, mich meiner finsteren Laune zu entreißen. Sie behauptet, ich sei ein Jammerlappen, und es gäbe keinen Grund, meine schlechte Laune an allen anderen Leuten auszulassen. Da ist was dran, aber Argumente erreichen mich nicht mehr.

»Du begreifst das nicht«, sage ich gehässig. »Du weißt ja nicht, wie das ist, wenn man schon vor der ersten Verabredung den Laufpaß kriegt.«

Sie versucht es auf die harte Tour. »Das hat nichts mit Jack zu tun«, sagt sie aufreizend ruhig. »Du bist einfach bloß durchgedreht, und schuld sind deine Zeitarbeitsjobs. Ich hab's kommen sehen.«

»Manche Leute haben nun mal ein Scheißleben und einen Scheißjob, na und? Das ist mein Schicksal. Ich kann nichts dafür«, blaffe ich sie an. »Was ich auch anpacke, ich bin halt ein Versager.«

Darauf läßt sie sich nicht ein. »Blödsinn. Du versuchst es ja gar nicht erst. Man könnte meinen, du hättest dich aufgegeben. Du weißt genau, daß du in die Modebranche und dort auch noch hoch hinaus willst, bist aber zu feige.«

»Halt doch die Klappe! Das ist Schnee von gestern. Es ist sowieso zu spät.«

»Es ist nicht zu spät, du bist einfach bloß bockig.«

»Ach, und woher willst du das wissen? Du mit deinem schicken Job beim Fernsehen, und zu Hause wartet Gav auf dich. Was weißt du schon vom Leben in der Sackgasse?« frage ich, habe mich aber nicht mehr unter Kontrolle, und meine Stimme fängt an zu zittern.

»Einen Freund zu haben, wird nicht deine sämtlichen Probleme lösen, Amy.«

»Vielen Dank auch, Claire Rayner«, sage ich mit erstickter Stimme. »Vielleicht ist es keine Lösung, aber es wäre ein verdammt guter Anfang, du hast nämlich keine Ahnung, wie zuwider mir dieses Alleinsein ist. Sich mit diesem ganzen ... Scheiß rumzuschlagen«, fauche ich, als mir die Tränen kommen. »Aber falls du es nicht bemerkt hast, ich kriege keinen mehr ab. Nicht mal Geoff krieg ich ab, weil er hinter die Wahrheit gekommen ist – nämlich daß ich ein schrecklicher Mensch bin und richtungslos dahintreibe ... und ... und ... mit dreißig am Ende bin, eine verbitterte, verkorkste Versagerin und ... und ... ich werde als Ju-hu-hu-hu-hungfrau sterben.«

H nimmt mich energisch in den Arm, reißt die Packung bunte Kosmetiktücher auf, macht mir eine Tasse Kräutertee und bringt mich ins Bett. Sie versichert mir, am Morgen werde alles gut sein.

Genau. Die können mich alle mal! Kein Gejammer mehr. Mir reicht's. Für die Warterei darauf, daß dieser Sack anruft, hab ich viel zuviel Energie vergeudet. Ein mickriger kleiner Anruf hätte gereicht, aber nein, er ist ja bloß ein egoistisches *Arschloch!* Jedenfalls werd ich meine Zeit nicht mehr mit dem vertun. Der wird mich nicht noch weiter quälen. Diese Woche habe ich drei Kilo ab- und wieder zugenommen, mich mit allen zerstritten, einschließlich H, und wozu das Ganze? Für nichts und wieder nichts.

Das war's dann. Jack Rossiter hat sich endgültig aus meinem Leben verabschiedet. Also wirklich, weiß er denn nicht, wer ich bin? Eigentlich müßte er um eine Verabredung betteln, meine Telefonleitungen heißlaufen lassen, meine Bude in einen verdammten Blumenladen verwandeln. Also, wißt ihr was? Verpissen soll er sich. Seine beschissenen Schlampen, seine schicken Klamotten *und* seinen Kunstmüll nehmen und sich das ganze Zeug sonstwohin stecken.
Meine Güte, bin ich heute morgen geladen. Ich bin Tarzan; wer braucht schon eine verhuschte Jane? Jetzt bin ich doch eine Powerfrau.
Ich brauche keine Männer. Männer mit ihren miefigen Genitalien, ekligen Zehennägeln und ihrem snobistischen Hi-Fi-Getue. Wer braucht die überhaupt? Ich nicht. Ach was.
Ich stehe auf der Türschwelle und hole tief Luft. Ha! Diese Scheißtypen können mich alle mal. Heute ist der letzte Tag meines Zeitarbeitsjobs und JETZT FÄNGT DAS LEBEN ERST RICHTIG AN.
Leider rutsche ich auf der Treppe aus und reiße mir eine Laufmasche in meine Strumpfhose.
Doch ich lasse mich nicht unterkriegen, und ich glaube, man merkt mir meine neue Einstellung an. In der U-Bahn gehen mir die Leute aus dem Weg, und im Büro erstirbt den Kollegen die Begrüßung auf den Lippen. Mit brutaler Effizienz bringe ich den Tag hinter mich. Ich räume sogar den Schrank mit Büromaterial auf, was die Essigtitte immerhin beeindruckt.
Punkt 17.30 Uhr gebe ich ihr meinen Stundenzettel. Das ist der Augenblick meiner Tätigkeit als Zeitarbeitskraft, den ich gewöhnlich am meisten verabscheue. Die Leute stellen sich dermaßen an, wenn es darum geht, den Zettel zu unterschreiben, mäkeln an der Stundenzahl herum und geben einem das Gefühl, man sei eine Art Häftling auf Bewährung.

Essigtitte mustert mich von oben bis unten, während ich neben ihrem Schreibtisch Haltung annehme.
»Danke sehr, Anna, für Ihren Einsatz«, sagt sie. »Ich muß schon sagen, Sie waren heute, äh, ausgesprochen eifrig.«
»Ich heiße Amy. Gern geschehen.«
»Nun, nächste Woche brauchen wir Sie nicht mehr. Janet kommt aus dem Urlaub zurück, aber wenn sich etwas ergibt, melden wir uns.«
Das meint sie nicht ernst, und mir soll's recht sein. Nichts wie weg hier.
Ich begebe mich zum Büro der Zeitarbeitsfirma Top Temps. Elaine gibt Freitagabend immer eine Party für alle Mitarbeiter, vor der man sich nicht drücken kann, wenn man seinen Stundenzettel abgibt. Das soll einem das Gefühl vermitteln, Teil einer großen glücklichen Familie zu sein und nicht etwa beinahe arbeitsloser Abschaum. In Wirklichkeit sind diese Partys nichts als peinlich. Zeitarbeitskräfte haben keinen erkennbaren Respekt vor sich selbst, geschweige denn voreinander.
In den Büroräumen herrscht tropische Hitze. Eine Platte mit vor sich hin gammelnden Sandwiches am Empfang, ein paar Flaschen Limo und ein Weinkanister mit Blue Nun. Dem hat Elaine schon kräftig zugesprochen; ihre Pandaaugen kommen von dem verschmierten Eyeliner.
»Bleib doch, na los, bleib noch auf'n Drink«, nuschelt sie und schmeißt meinen Stundenzettel in ihre Ablage.
Ich lehne ab und teile ihr mit, daß ich gehe. Sie sagt, sie werde mich nächste Woche wegen eines neuen Jobs anrufen.
Vom Telefon in Elaines Büro aus hinterlasse ich eine Nachricht aufs Hs Handy. Ich sage ihr, keine Widerrede, heute abend lassen wir die Sau raus.
Daß es kracht.
Auf dem Weg die Treppe rauf in meine Wohnung summe ich

vor mich hin, voller Vorfreude darauf, daß wir Mädels zusammen einen draufmachen. Ich werde mich sinnlos besaufen. Mehr als sinnlos. Das hab ich verdient. Vielleicht genehmige ich mir sogar ein paar schnucklige Typen, falls welche aufkreuzen. Absolut gar nichts kann mich aufhalten. Ich habe alles unter Kontrolle.

Ich stecke den Schlüssel ins Schloß. Den Anrufbeantworter werde ich keines Blickes würdigen. Ich würde ihm nicht einmal die Befriedigung gönnen, zu wissen, daß er mich interessiert. Denn das tut er nicht, ganz ehrlich. Selbst wenn zehn Nachrichten von Jack-Dummfick-Rossiter drauf wären, ich würde sie alle ungehört löschen. Und falls er noch mal anriefe, würde ich ihm sagen, er kann mich mal.

Kaum mache ich die Tür auf, klingelt das Telefon. Super toll, das ist bestimmt H, die Pläne schmieden will.

Ich stürze mich aufs Telefon.

»Hallo«, piepse ich.

Einen Augenblick lang bleibt alles still.

»Hi, Amy, hier ist Jack. Ich hab mich nur gefragt, was du heute abend so machst?«

Und da weiß ich, daß es ganz schlimm ist. So richtig, richtig schlimm. Daß ich jetzt innerhalb weniger Sekunden zwei Jahrzehnte harter Arbeit der Frauenbewegung zunichte machen werde. Ich bin einfach so was von glücklich, seine Stimme zu hören. Ich bin so erbärmlich dankbar, daß er endlich angerufen hat, daß ich mich selbst viel begeisterter, als ich vorhatte, sagen höre: »Nichts. Warum?«

Sabine Deitmer

Der Eisberg

Sie studierte im siebten Semester Psychologie und war so cool, daß jedem Mann, der sich ihr näherte, das Lächeln einfror. Sie war cool und blond und schön. Zu allem Überfluß war sie auch noch schlau. Von den Studenten am Institut wurde sie nur der Eisberg genannt.

Auf jeder Psychologenfete sorgte sie für Spannung. Sobald sie den Saal betrat, rotteten sich die Jungs in einer Ecke zusammen und eröffneten die Wetten. Würde es diesmal einer der Kerls, die sie anbaggerten, bei ihr schaffen?

Bisher war es noch keinem gelungen, sie abzuschleppen.

Vielleicht schaffte es ja der Sonnyboy aus Ohio. Der stand an der Theke und trank sich mit Wodka und Orangensaft Mut an. Oder der Statistikprof. Er pirschte sich gerade, eine Hand lässig in der Tasche seines italienischen Sakkos vergraben, an sie heran. Oder Olaf? Seit er in Atlanta Bronze abgestaubt hatte, standen bei ihm die tollsten Mädels Schlange.

Die Wetten wurden beim Stand von 1:3 geschlossen. Wettsieger war Olaf. Einem, der in seiner Bude eine Medaille über dem Bett hängen hatte, trauten die Jungens zu, die coolste Lady zu knacken.

Sie täuschten sich. Am Ende des Abends erhielt jeder den Wetteinsatz zurück. Der Eisberg schmolz nicht. Es gab nur ein paar Kerls mehr, die sich beim Anpirschen in kaltem Gewässer Frostbeulen geholt hatten.

Der Eisberg hieß in Wirklichkeit Anne und war eine ganz

normale junge Frau. Sicher, sie sah gut aus, war cool, hatte den knackigsten Arsch am Institut und einen IQ, der weit über dem Durchschnitt lag. Sie kam im Studium zügig voran, hatte jede Menge Freundinnen und war meistens gut drauf. Das einzige, was ihr auf die Stimmung schlug, waren die hirnlosen Kerls, die ihr vor die Füße liefen.

Was sollte frau schon von einem Typen halten, der sie zur Weizenernte nach Ohio verschleppen will, obwohl er sie gar nicht kennt? Oder einem Professor in Pensionsnähe, der sich anschleimt, um ihr im Anschluß an das Statistikseminar privat und unentgeltlich Tips für die Klausur zu verraten? Ganz zu schweigen von einem Schwarzenegger-Verschnitt, der von Medaillen über seinem Bett schwafelt und damit angibt, wie geil die Mädels das finden.

Für solche Typen knipste Anne die Eisschleudern an, klappte die Augendeckel kurz zu, in Windeseile wieder auf und schoß sie dann ab: gefrorene Blicke aus hellem Gletscherblau. Das wirkte. Die Kerls zogen den Kopf ein und tauchten ab. Ins Meer der abgeschmetterten Lover.

Anne war vierundzwanzig und hatte noch nie mit einem Mann geschlafen. Sie war noch keinem begegnet, mit dem es sich gelohnt hätte. Felix – mit dem sie zu Schulzeiten in einem schrottreifen Kombi herumgefummelt hatte – wollte mehr als nur fummlen und war schnell zu Annes Freundin Nicole gewechselt.

Als Nicole schwanger wurde, hatte sich Felix nach Berlin abgesetzt. und Anne war froh, daß er Nicole und nicht sie geschwängert hatte.

So waren die Kerls. Es traf Anne nicht unvorbereitet. Sie hatte nicht umsonst drei Brüder gehabt.

Anne sah keinen Grund, sich von Typen wie Felix das Leben vermiesen zu lassen. Zumal er sich beim Petting nicht gerade begnadet aufgeführt hatte. Den ersten Orgasmus hat-

te sich Anne nach Anleitung aus einem Aufklärungsbuch selbst verschafft.
In Anne reifte der Verdacht, daß Männer in Sachen Sex maßlos überschätzt wurden. Vom fehlenden Talent einmal abgesehen und der mangelnden Bereitschaft, sich in den Körper einer Frau einzuarbeiten – die Schrecken einer ungewollten Schwangerschaft völlig aus dem Spiel lassend – ein Mann war rein sexuell gesehen einfach nur beschränkt einsatzfähig. Im Gegensatz zur Frau, die es, wie Anne erfreut feststellte, mit etwas Geschick und Übung auf eine stattliche Anzahl von Höhepunkten hintereinander brachte.
Wieso trotz diesem Stand der Dinge ihre lustigsten Freundinnen mit den langweiligsten Typen rummachten, war Anne ein Rätsel.
Sie beschloß, der Sache auf den Grund zu gehen.
Anne sichtete die Fachliteratur und besorgte sich die gängigen Ratgeber zum Thema. Sie las über die »Signale der Liebe«, »Sekunden des Glücks«, die »Anatomie der Liebe« und »Warum Paare sich finden und binden«.
Die Sache wurde nicht weniger rätselhaft. Im Gegenteil.
Anne entschloß sich, ihre Forschungen im eigenen Bekanntenkreis fortzusetzen. Sie befragte nicht nur ihre Freundinnen, sondern auch deren männliche Partner. Dabei bemühte sie sich um ein wissenschaftlich korrektes Vorgehen. Anne verkniff sich die Frage: »Verdammt noch mal, jetzt sag mir endlich, warum du dich mit diesem Langweiler zusammengetan hast«, sondern erkundigte sich neutral. »Wo habt ihr euch kennengelernt, wie habt ihr euch kennengelernt, wann wußtest du, daß es mehr als ein One-Night-Stand war?«
Was sie zu hören bekam, war mit einem IQ, der als Eintrittskarte für jeden Klub der Superhirne reichte, schwer zu fassen. Alle Befragten faselten etwas von Donner, Blitzschlag,

Wolkenbruch, einem Hammer, der sie getroffen habe, und ähnlichem Blödsinn. Dazu grinsten sie dümmlich.
Anne fragte sich, in welchen Film sie hier geraten war. Wie konnten vernunftbegabte Wesen nur so wirres und unlogisches Zeug von sich geben?
Auch dieses irrwitzige Phänomen des Sichverknallens mußte sich mit dem Verstand begreifen lassen. Davon war Anne überzeugt. Sie nahm sich vor, an dem Thema ernsthaft weiterzuarbeiten.
Drei Tage später gab sie im Vorzimmer von Frau Professor Puttmann den Vorschlag für ihre Diplomarbeit ab. Der Arbeitstitel lautete: »Wenn zwei sich verlieben. Ein Kurzschluß im Gehirn?«
Der Assistent von Frau Professor, ein Turnschuhträger mit Nickelbrille, hüstelte nervös, als sie ins Zimmer kam. Anne betrachtete fasziniert seine Ohren. Sie verfärbten sich von sanftem Rosa zu einem flammenden Rot. Er gestand Anne, daß sie ihm zum erstenmal auf der Psychologenfete im Frühjahr letzten Jahres aufgefallen war. Ihr Anblick, hüstelte er hinter vorgehaltener Hand, habe ihn so beeindruckt, daß er von Hitze- und Kältewellen geschüttelt worden sei. Seither sei ihm klar, daß Anne die Frau war, auf die er seit Jahren wartete.
Anne sah auf seine Ohren, die das satte Rot von Tomatenketchup angenommen hatten, und lächelte nachsichtig. Sie verwies auf die Grippewelle am Institut. Nicht sie, sondern die Viren hätten ihm eingeheizt. Dies sei genau die Art von Mißverständnis, die sie zu Beginn der meisten Beziehungen vermutete. Mit ihrer Diplomarbeit wolle sie zur Beseitigung solcher und ähnlicher Mißverständnisse beitragen.
Er nahm die Unterlagen mit ihrem Themenvorschlag dezent hüstelnd entgegen. Dann wurde er von einem Hustenanfall geschüttelt. Er prustete und röchelte, sein Gesicht lief rot an,

und seine Augen tränten. Von einer Sekunde auf die andere war es vorbei. Er schnappte nach Luft und fragte Anne, ob sie nicht Lust habe, mit ihm ins Theater zu gehen. Das Stück habe hervorragende Kritiken.
Anne lehnte höflich ab mit dem Hinweis, daß ihre Abende zukünftig mit Feldforschung für ihre Diplomarbeit mehr als ausgefüllt seien.
Das war nicht einmal gelogen. Im Laufe des nächsten halben Jahres besuchte Anne unermüdlich Diskos, Kneipen, Cafés und Sportklubs und hielt die Augen offen, um zu sehen, was sich zwischen den Geschlechtern tat. Sie drückte sich an Wände, die Spuren auf ihrer Kleidung hinterließen, ruinierte ihre besten Leggings an Café-Korbstühlen und riß mehr als einmal den Aufhänger von ihrem Trenchcoat ab, wenn sie wieder einmal vor einem aufdringlichen Typen flüchten mußte.
Der Einsatz lohnte.
Nachdem sie mehr als hundert Frauen und Männer beim ersten Aufeinandertreffen beobachtet hatte, wußte Anne, warum die lustigsten Frauen sich mit den langweiligsten Männern abgaben.
Sie hatten einfach keine Chance. Es ging zu schnell. Die Natur erlaubte nicht, bei der Partnerwahl den Verstand einzuschalten.
Der irrwitzige und irrlogische Moment des Verliebens spielte sich innerhalb von ein paar hundert Millisekunden ab. Dauer des Ganzen: ein halber Wimpernschlag.
Eine Frau geht in einen Sportklub, sieht einen Typen, der drischt mit einem Schläger auf einen Ball, vier andere hauen ebenfalls auf einen Ball, aber sie sieht nur ihn. Ihr Herz rast, sie weiß, dieser oder keiner. In Bruchteilen von Sekunden hat sie entschieden: Der ist es, den will ich.
Warum er? Warum ausgerechnet dieser Hüne, der mit so ei-

nem verbissenen Ausdruck im Gesicht auf den Ball eindrischt?
Was sieht sie, das ihr Herz rasen läßt?
Ist es die rote Satinhose mit den weißen Streifen, unter der sich seine Pobacken wölben? Ist es der dichte blonde Flaum, der die Haut bedeckt, sind es die Arme mit den kräftigen Sehnen, die blauen Augen oder die rotweißgeringelten Socken?
Was immer es war, es war nicht vernünftig. Ein Blick, der in Bruchteilen von Sekunden über die Zukunft von zwei Menschen entschied. Anne war entsetzt.
Ein einziger Blick.
Lichtpunkte auf der Netzhaut des Auges, von den Nervenzellen in atemberaubender Geschwindigkeit an das Gehirn weitergeleitet, zu den Schaltstellen im Mittel- und Zwischenhirn, wo sie gespeichert und mit vorliegenden Daten verglichen wurden. Ein riesiger Filter, der sortierte, mit bereits gespeicherten Bildern, Wünschen und Erfahrungen verglich und darüber entschied, ob der Kandidat oder die Kandidatin paßte. In einem so rasanten Tempo, daß der Verstand nicht die Spur einer Chance hatte.
Anne maß die Aktivität des Filters anhand von elektrischen Wellen. Je langsamer und synchroner die Wellen, um so stärker die Ablehnung eines Kandidaten oder einer Kandidatin.
Je schneller und asynchroner, desto gefährlicher.
Bei Zuneigung herrscht Großalarm im Zwischenhirn.
Die Pupillen weiten sich, das vegetative Nervensystem aktiviert die Nebenniere, die Hormonproduktion wird angekurbelt, das Herz schlägt schneller, der Blutdruck steigt, Zucker und Fett werden freigesetzt, die Muskeln sind für Höchstleistungen bereit, das Lustzentrum setzt eine körpereigene Droge frei.
Anne war geschockt. Das pure Chaos. Anarchie der Hormo-

ne. Archaische Reizmuster, die für das Leben im Urwald und nicht für das Leben im Großstadtdschungel taugten. Kein Wunder, daß Menschen, die sich auf eine solche Weise fanden, Probleme bekamen.
Hier hatte sie die Lösung ihres Rätsels. Das Auswahlsystem zwischen Mann und Frau war so, daß sich kein vernunftbegabtes Wesen davon etwas versprechen konnte.
Anne gab grimmig ihre Tabellen in den Computer ein. Die Sache war einfach unvernünftig. Eine Beleidigung des menschlichen Verstands. Ihr würde so etwas nicht passieren. Egal, wie, wann, wo ein Bild auf ihrer Netzhaut dieses Chaos auslösen würde. Sie würde sofort an die frische Luft rennen und zur Stabilisierung des Kreislaufs eine Stunde laufen.
Als Anne ihre fertige Arbeit in das Vorzimmer von Frau Professor Puttmann trug, empfing sie kein Turnschuhträger mit Nickelbrille, sondern eine junge Frau, die Anne noch nie am Institut gesehen hatte.
Es traf sie völlig unerwartet. Sie hielt die Diplomarbeit fest umklammert, ihre Knie waren aus Gummi, und ein Vogel flatterte in ihrem Magen.
»Die Frau Professor spricht gerade mit dem Dekan«, flüsterte eine rauchige Stimme, die aus vollen Lippen zu ihr drang. Ungeschminkte Lippen in einem Gesicht mit wachen grauen Augen und einer Nase, in deren Wand ein grüner Halbmond saß.
Annes Herz klopfte. Sie hörte das Blut in ihren Ohren rauschen.
»Setzen Sie sich doch«, sagte die junge Frau hinter dem Schreibtisch und wies auf einen Stuhl. »Es dauert bestimmt noch.«
Anne starrte sie ungläubig an, die hennagefärbten Haare, die nackten Arme mit den Sommersprossen. Die oder keine,

funkte es aus einer Stelle tief in ihrem Stammhirn. Sie ist es. Auf sie hast du dein Leben lang gewartet.

So war das also. Anne lächelte die junge Frau an.

Es war gar kein Blitzschlag, kein Chaos. Keine Unordnung. Kein Getöse. Es war leise und sanft, rein und klar. Als ob die Welt einen Moment lang den Atem anhielte. Und genau in diesem Moment aus einem samtblauen Sternenhimmel eine Sternschnuppe fiele. Leicht und schwerelos. Von unwiderstehlicher Leuchtkraft.

Anne starrte auf die junge Frau, und auch sie lächelte, als ob alles ganz leicht und einfach wäre.

Es hätte Anne nicht gewundert, wenn der Schreibtisch sich vom Boden gehoben hätte und das Bücherregal, der Stuhl, auf dem sie saß.

Tu was, funkte es in Annes Kopf. Wenn du jetzt nichts tust, wird es nie was.

»Ich möchte mit Ihnen Sternschnuppen sammeln«, hörte sich Anne sagen.

»Sternschnuppen sammeln?« Die Frau hinter dem Schreibtisch kicherte. »Sie gehen aber ran.«

Nick Hornby

Durchwachsen

Laura geht am frühen Montagmorgen, nur mit einer Reisetasche und einer Plastiktüte. Es ist richtig ernüchternd zu sehen, wie wenig sie mitnimmt, eine Frau, die so an ihren Sachen hängt, an ihren Teekannen, ihren Büchern, ihren Kunstdrucken und der kleinen Skulptur, die sie in Indien gekauft hat: Ich blicke auf die Tasche und denke, mein Gott, daran sieht man, wie sehr sie dich satt hat.
Wir umarmen uns an der Wohnungstür, und sie weint ein bißchen.
»Ich weiß wirklich nicht, was ich hier tue«, sagt sie.
»Das sehe ich«, meine ich halb scherzend, halb im Ernst.
»Du mußt jetzt nicht gehen. Du kannst bleiben, solange du willst.«
»Danke. Aber wir haben den schweren Teil jetzt hinter uns. Ich kann genausogut, verstehst du ...«
»Gut, dann bleib wenigstens für heut nacht.«
Aber sie verzieht nur das Gesicht und greift nach der Türklinke. Es ist ein unbeholfener Abgang. Sie hat keine Hand frei, versucht aber dennoch, die Tür aufzumachen und schafft es nicht. Also mache ich das für sie, aber ich stehe im Weg und muß ins Treppenhaus treten, um sie vorbeizulassen, und sie muß die Tür offenhalten, weil ich keinen Schlüssel habe, und dann muß ich mich wieder hinter sie schieben, um die Tür aufzuhalten, ehe sie zufallen kann. Und das wär's dann. Ich muß mit Reue gestehen, daß sich ein großartiges Gefühl einstellt, eine Mischung aus Befrei-

ung und nervöser Anspannung, es fängt bei den Zehen an und durchflutet mich in einer großen Welle. Ich habe das schon früher erlebt und weiß, daß es nicht viel zu bedeuten hat – zum Beispiel bedeutet es komischerweise nicht, daß ich die nächsten paar Wochen überglücklich sein werde. Aber mir ist klar, daß ich das Beste daraus machen sollte, solange es vorhält.

Und so feiere ich meine Rückkehr ins Königreich der Singles: Ich setze mich in meinen Sessel, in den, der hierbleiben wird und pule Stückchen aus der Füllung der Lehne, ich zünde mir eine Zigarette an, obwohl ich so früh noch gar keine Lust darauf habe, einfach weil es mir jetzt freisteht, in der Wohnung zu rauchen, wann immer ich will, ohne daß es Krach gibt. Ich frage mich, ob ich die nächste Frau, mit der ich schlafen werde, bereits getroffen habe, oder ob sie mir noch unbekannt ist. Ich überlege mir, wie sie aussehen mag, und ob wir es hier tun werden oder bei ihr, und wie es dort aussehen wird. Ich beschließe, mir das Chess-Logo an die Wohnzimmerwand malen zu lassen. (Da gab es einen Laden in Camden, in dem sie alle – Chess, Stax, Motown, Trojan – neben dem Eingang mit einer Schablone aufs Mauerwerk aufgemalt waren, und das sah phantastisch aus. Vielleicht kann ich den Typen auftreiben, der das gemacht hat, und ihn bitten, hier eine kleinere Version anzubringen.)

Ich fühle mich okay. Ich fühle mich gut. Ich gehe zur Arbeit. Mein Laden heißt Championship Vinyl. Ich führe Punk, Blues, Soul und R & B, ein bißchen Ska, Indie-Kram, Sixties-Pop – alles für den seriösen Plattensammler, wie die ironisch altmodische Schrift im Schaufenster erklärt. Der Laden liegt in einer ruhigen Seitenstraße in Holloway, eine gutgewählte Lage, um ein absolutes Minimum an Laufkundschaft anzuziehen. Eigentlich gibt es nicht den geringsten Grund, hierherzukommen, es sei denn, man wohnt hier, und die Leute, die hier wohnen, sind anscheinend nicht übermäßig an meiner Stiff-Little-Fingers-Weißpressung (fünfundzwanzig Eier für euch – ich habe 1986 siebzehn dafür bezahlt) oder meiner Mono-Pressung von *Blonde On Blonde* interessiert.

Meinen Schnitt mache ich dank der Leute, die sich samstags extra hierherbemühen – junge Männer, und nur junge Männer, mit John-Lennon-Brillen, Lederjacken und den Armen voll mit quadratischen Einkaufstüten –, und dank des Mailorderversands: Ich inseriere im Kleinanzeigenteil der Hochglanz-Rockmagazine und bekomme Post von jungen Männern, und nur jungen Männern, aus Manchester, Glasgow und Ottawa, jungen Männern, die offenbar unverhältnismäßig viel Zeit darauf verwenden, nach vergriffenen Smith-Singles oder Frank-Zappa-LPs mit der Aufschrift »ORIGINAL, KEINE NACHPRESSUNG« zu suchen. Eigentlich dürften die gar nicht frei rumlaufen.

Ich komme zu spät zur Arbeit, und als ich eintreffe, lehnt Dick bereits an der Tür und liest in einem Buch. Er ist einunddreißig und hat langes, fettiges schwarzes Haar. Er trägt ein Sonic-Youth-T-Shirt, eine Lederjacke, die tapfer versucht, sich den Anschein zu geben, als habe sie schon bessere Zeiten gesehen, obwohl er sie erst vor einem Jahr gekauft hat, und einen Walkman mit einem Paar lächerlich großer Kopfhörer, die nicht nur seine Ohren, sondern auch sein halbes Gesicht verdecken. Das Buch ist ein Paperback einer Lou-Reed-Biographie. Die Einkaufstüte an seinen Füßen, die tatsächlich schon bessere Zeiten gesehen hat, wirbt für ein tierisch angesagtes amerikanisches Independent-Label. Er hat sie unter größten Mühen ergattert und wird ausgesprochen nervös, wenn wir ihr zu nahe kommen. Er benutzt sie, um Kassetten herumzuschleppen, er hat das meiste schon gehört, was an Musik im Laden steht, und bringt lieber neues Zeug zur Arbeit mit – Tapes von Freunden, Bootlegs, die er per Post bestellt hat –, als seine Zeit damit zu verschwenden, sich irgendwas ein zweites Mal anzuhören. (»Hast du Lust, mit in den Pub zum Essen zu gehen, Dick?« fragen ihn Barry oder ich ein paarmal die Woche. Dann schaut er bedauernd auf seinen kleinen Stapel Kassetten und seufzt: »Würde ich wahnsinnig gern, aber ich muß das alles noch durchhören.«)

»Morgen, Richard.«

Er fummelt nervös an seinen gigantischen Kopfhörern, einer bleibt an seinem Ohr kleben, der andere rutscht über ein Auge.

»Oh, hi. Hi, Rob.«

»'tschuldigung, ich bin zu spät.«

»Kein Problem.«

»Schönes Wochenende gehabt?«

Ich schließe den Laden auf, während er seinen Kram zusammensucht.

»Fein, ja, okay. Ich hab das erste Liquorice-Comfits-Album in Camden entdeckt. Das auf Testament of Youth. Ist hier nie veröffentlicht worden. Nur als Japan-Import.«

»Spitze.« Ich habe keine Ahnung, wovon zum Henker er spricht.

»Ich nehm's dir auf.«

»Danke.«

»Weil du gesagt hast, dir würde ihre erste gefallen. *Pop, Girls, etc.* Die mit Hattie Jacques auf dem Cover. Allerdings hast du das Cover nicht gesehen. Du hattest nur das Tape, das ich dir gemacht hab'.«

Ich bin mir sicher, daß er mir ein Liquorice-Comfits-Tape gemacht hat, und ich bin sicher, auch gesagt zu haben, es gefiele mir. Meine Wohnung ist voll von Tapes, die Dick mir gemacht hat, die meisten habe ich mir nie angehört.

»Wie geht's dir überhaupt? Dein Wochenende? Gut? Nicht gut?«

Ich kann mir nicht vorstellen, was für ein Gespräch wir führen würden, wenn ich Dick von meinem Wochenende erzählen würde. Er zerfiele wahrscheinlich zu Staub, wenn ich ihm erzählen würde, daß Laura ausgezogen ist. Dick versteht sich nicht besonders auf solche Sachen. Ich nehme sogar an, falls ich ihm jemals etwas entfernt privater Natur anvertrauen sollte – daß ich z. B. eine Mutter und einen Vater habe, oder daß ich mal zur Schule gegangen bin, als ich jünger war –, würde er schlicht erröten, ins Stammeln geraten und mich dann fragen, ob ich das neue Lemonheads-Album gehört hätte.

»So lala. Durchwachsen.«

Er nickt. Das war offensichtlich die korrekte Antwort.

Der Laden riecht nach abgestandenem Rauch, Feuchtigkeit, Plastikschutzhüllen und ist eng, schmuddelig, schmutzig und vollgestopft, zum Teil, weil ich das so wollte – Plattenläden müssen so aussehen, und nur Phil-Collins-Fans geben sich mit solchen ab, die so sauber und proper wie ein Reihenhaus aussehen –, zum Teil, weil ich es nicht schaffe, ihn sauberzumachen oder zu renovieren.

Rechts und links stehen Grabbelkisten, und ein paar zusätzliche am Fenster. CDs und Kassetten in Glasvitrinen an der Wand, und das ist es im großen und ganzen auch schon. Der Platz reicht gerade so, vorausgesetzt, es kommt keine Kundschaft, also reicht der Platz an den meisten Tagen gerade so. Das Lager hinten ist größer als der Verkaufsraum, aber wir haben eigentlich keinen Lagerbestand, nur ein paar Stapel Secondhandplatten, die niemand auszeichnen will, also dient der Lagerraum hauptsächlich dazu, darin herumzualbern. Ehrlich gesagt, ich kann den Laden nicht mehr sehen. Manchmal habe ich Angst, ich könnte ausrasten, das Elvis-

Costello-Mobile von der Decke reißen, die »Country-Interpreten A–K«-Kiste auf die Straße schmeißen und abhauen, um einen Job im Virgin Megastore anzunehmen und nie zurückzukehren.

Dick legt eine Platte auf, irgendein psychedelisches West-Coast-Teil, und kocht uns Kaffee, während ich die Post durchsehe, und dann trinken wir Kaffee, dann versucht er ein paar Platten in die aus allen Nähten platzenden, knarrenden Plattenkisten zu zwängen, während ich ein paar Mailorderpakete packe, dann werfe ich einen Blick auf das Kreuzworträtsel im *Guardian*, während er in irgendeinem amerikanischen Rockmagazin liest, dann wirft er einen Blick aufs Kreuzworträtsel im *Guardian*, während ich das amerikanische Magazin lese, und ehe wir uns versehen, bin ich mit dem Kaffeekochen dran. Gegen halb elf wankt ein irischer Säufer namens Johnny herein. Er kommt uns etwa dreimal die Woche besuchen, und seine Besuche sind zu choreographierten und festgelegten Ritualen geworden, die weder er noch ich ändern wollen. In einer feindseligen und tückischen Welt sind wir füreinander verläßliche Größen, an die wir uns klammern.

»Verpiß dich, Johnny«, erkläre ich ihm.

»Mein Geld ist dir also nichts wert?« meint er.

»Du hast kein Geld. Und wir haben nichts, was du kaufen möchtest.«

Das ist sein Einsatz, um zu einem begeisterten Vortrag über Danas »All Kinds Of Everything« anzuheben, was wiederum mein Einsatz ist, hinter der Ladentheke vorzukommen und ihn zurück zur Tür zu expedieren, was sein Einsatz ist, sich auf eine der Plattenkisten zu stürzen, was mein Einsatz ist, die Tür mit der einen Hand zu öffnen, mit der anderen seinen Griff von der Kiste zu lösen und ihn rauszuschubsen. Wir haben diesen Bewegungsablauf vor ein paar Jahren entwickelt, beherrschen ihn also jetzt aus dem Effeff.

Johnny ist unser einziger Vormittagskunde. Dies ist kein Job für Überambitionierte.
Barry taucht erst nach dem Mittag auf, was nicht ungewöhnlich ist. Sowohl Dick als auch Barry sind als Teilzeitkräfte angestellt worden, jeder für drei Tage, aber kurz nachdem ich sie angeheuert hatte, fingen beide an, jeden Tag zu kommen, auch samstags. Ich wußte nicht, was ich dagegen machen sollte – wenn sie wirklich nicht wußten wohin und nichts anderes zu tun hatten, wollte ich kein Salz in die Wunden streuen, versteht ihr, womöglich löst das irgendeine seelische Krise aus –, also erhöhte ich ihren Lohn etwas und beließ es dabei. Barry verstand die Gehaltszulage als Aufforderung, seine Arbeitszeit zu verkürzen, also gab ich ihm danach keine mehr. Das war vor vier Jahren, und er hat nie ein Wort darüber verloren.
Er kommt, einen Clash-Riff summend, in den Laden. Eigentlich ist »summen« das falsche Wort: Er macht dieses Gitarrengeräusch, das alle kleinen Jungs machen, das, bei dem man die Lippen schürzt, die Zähne zusammenpreßt und »DA-DA!« macht. Barry ist dreiunddreißig Jahre alt.
»Alles senkrecht, Jungs? He, Dick, was läuft da für 'ne Musik, Mann? Stinkt zum Himmel.« Er verzieht das Gesicht und hält sich die Nase zu. »Puuh.«
Barry schüchtert Dick ein. So sehr, daß Dick kaum ein Wort sagt, wenn Barry im Laden ist. Ich mische mich nur ein, wenn Barry wirklich verletzend wird, also schaue ich einfach zu, wie Dick nach der Hi-Fi-Anlage auf dem Regal über der Ladentheke langt und die Kassette ausmacht.
»Weg mit der Scheiße. Du bist wie ein kleines Kind, Dick. Die ganze Zeit muß man auf dich aufpassen. Ich weiß allerdings nicht, warum ausgerechnet ich das immer tun muß. Rob, hast du nicht mitgekriegt, was er da laufen läßt? Was soll das, Mann?«

Er redet pausenlos, und fast alles, was er sagt, ist Geschwafel. Er redet viel über Musik, aber auch viel über Bücher (Terry Pratchett und alles andere, in dem Monster, Planeten usw. vorkommen), Filme und Frauen. Pop, Girls, etc., wie es bei den Liquorice Comfits heißt. Aber seine Erzählungen sind bloße Auflistungen: Wenn er einen guten Film gesehen hat, wird er nicht den Plot erzählen oder seinen Eindruck schildern, sondern runterrasseln, wo der Film in seiner Jahresbestenliste rangiert, in seiner Bestenliste aller Zeiten, seiner Bestenliste des Jahrzehnts – er denkt und spricht in Zehnern und Fünfern, und deswegen tun Dick und ich das auch. Und er läßt uns auch noch die ganze Zeit Listen schreiben: »Okay, Jungs. Die fünf besten Dustin-Hoffman-Filme.« Oder Gitarrensoli, oder Platten von blinden Musikern oder Serien von Gerry und Sylvia Anderson. (»Ich fass' es nicht, daß du Captain Scarlet auf Nummer eins hast, Dick. Der Typ war *unsterblich!* Was soll der Käse?«) oder Süßigkeiten, die es im Glas gibt (»Wenn einer von euch Rhabarber mit Vanillecreme unter den besten fünf hat, kündige ich.«).

Barry steckt eine Hand in die Tasche seiner Lederjacke, holt ein Tape hervor, steckt es in die Anlage und dreht die Lautstärke auf. Innerhalb von Sekunden wackelt der Laden zum Basslauf von »Walking On Sunshine« von Katrina and the Waves. Es ist Februar. Es ist kalt. Es ist naß. Laura ist weg. Ich will »Walking On Sunshine« nicht hören. Irgendwie paßt es nicht zu meiner Stimmung.

»Mach es aus, Barry.« Ich muß es brüllen wie ein Rettungsbootkapitän in tosender See.

»Lauter geht's nicht.«

»Ich sagte nicht ›lauter‹, du Arschgesicht, ich sagte ›aus‹.«

Er lacht und geht durch ins Lager, die Bläsersätze mitbrüllend:

»DA DA! Da da da da da-da da-da-da-da.« Ich mache es selbst aus, und Barry kommt zurück in den Laden.
»Was machst du da?«
»Ich will ›Walking On Sunshine‹ nicht hören.«
»Das ist mein neues Tape. Mein Montagmorgen-Tape. Ich hab's extra letzte Nacht aufgenommen.«
»Tja, wir haben verdammt noch mal schon Montagnachmittag. Du hättest früher aus dem Bett kommen sollen.«
»Und am Morgen hätte ich es spielen dürfen, was?«
»Nein. Aber so hab' ich wenigstens eine Ausrede.«
»Willst du nichts, was dich aufheitert? Was etwas Wärme in deine morschen, nicht mehr ganz jungen Knochen bringt?«
»Ne.«
»Was willst du denn hören, wenn du scheiße drauf bist?«
»Ich weiß nicht. Auf jeden Fall nicht ›Walking On Sunshine‹.«
»Okay, ich spul's vor.«
»Was kommt als nächstes?«
»›Little Latin Lupe Lu‹.«
Ich stöhne auf.
»Mitch Ryder and the Detroit Wheels?« fragte Dick.
»Nein. Die Righteous Brothers.« Man kann die Wachsamkeit in Barrys Stimme hören. Offensichtlich kennt er die Mitch-Ryder-Version überhaupt nicht.
»Oh. Oh, schön. Vergiß es.« Dick würde Barry nie ins Gesicht sagen, daß er ihn für ahnungslos hält, aber es ist klar, was er denkt.
»Was?« fragt Barry aufgebracht.
»Nichts.«
»Nein, sag schon. Was ist falsch an den Righteous Brothers?«
»Nichts. Ich ziehe die andere nur vor«, meint Dick versöhnlich.
»Scheißdreck.«

»Was ist daran Scheißdreck, eine Vorliebe zu äußern?« frage ich.
Dick zuckt die Achseln und lächelt.
»Was? Was? Was soll das selbstgefällige Lächeln?«
»Laß ihn in Ruhe, Barry. Ist doch egal. Wir hören uns sowieso nicht dein beschissenes ›Little Latin Lupe Lu‹ an, also laß es.«
»Seit wann herrscht in diesem Laden faschistische Terrorherrschaft?«
»Seit du das grauenhafte Tape angeschleppt hast.«
»Ich hab nur versucht, dich aufzuheitern. Mehr nicht. Tut mir furchtbar leid. Leg doch irgendwelche alte, trostlose Stinkermusik auf, mir doch egal.«
»Alte, trostlose Stinkermusik will ich auch nicht. Ich will bloß was, was ich ignorieren kann.«
»Großartig. Das ist das Tolle daran, in einem Plattenladen zu arbeiten, was? Sachen zu spielen, die man nicht hören will. Ich dachte, dieses Tape könnte einen Diskussionsanstoß geben, verstehst du? Ich wollte euch nach euren fünf Lieblingsplatten für einen verregneten Montagmorgen fragen und so, aber ihr müßt ja alles versauen.«
»Wir machen's nächsten Montag.«
»Was soll das jetzt?«
Und so weiter und so weiter, wahrscheinlich für den Rest meines Berufslebens. Ich würde gerne eine Liste der besten fünf Platten machen, die einen überhaupt nichts empfinden lassen, damit würden Dick und Barry mir eine Freude machen. Ich für meinen Teil werde mir die Beatles anhören, wenn ich nach Hause komme. *Abbey Road* wahrscheinlich, allerdings werde ich den CD-Player so programmieren, daß er »Something« überspringt. Die Beatles, das waren für mich Kaugummi-Sammelbilder und *Help* in der Samstagvormittag-Vorstellung, Spielzeuggitarren aus Plastik und auf Klas-

senfahrten aus vollem Hals »Yellow Submarine« in der hintersten Reihe des Busses zu singen. Sie gehören zu mir, nicht zu mir und Laura oder mir und Charlie oder mir und Alison Ashworth, und wenn sie schon Gefühle in mir wecken, dann wenigstens keine schlechten.

*

Ich hatte mir Sorgen gemacht, wie es wohl wäre, abends zurück in die Wohnung zu kommen, aber es läßt sich aushalten: Das trügerische Gefühl des Wohlbefindens, das ich seit dem Morgen hatte, hält noch vor. Und überhaupt wird es nicht ewig so sein wie jetzt, wo all ihre Sachen noch herumliegen. Sie wird sie bald wegschaffen und die Mary-Celeste-Atmosphäre in den Räumen – das halbgelesene Julian-Barnes-Taschenbuch auf dem Nachttisch und die Schlüpfer im Wäschekorb – wird sich in nichts auflösen. (Frauenwäsche war eine schreckliche Enttäuschung für mich, als ich aufhörte, alleine zu leben. Ich habe mich nie richtig von dem Schock erholt, den es mir versetzte, als ich entdeckte, daß Frauen es so machen wie wir: Sie heben sich ihre beste Garnitur für die Nächte auf, in denen sie mit irgendwem ins Bett gehen wollen. Wenn man mit einer Frau zusammenlebt, tauchen plötzlich diese verblichenen, eingelaufenen, schäbigen Billigfetzen auf allen Heizkörpern im Haus auf. Deine lüsternen Schuljungenträume vom Erwachsensein aus der Zeit, in der es für dich nur noch exotische Wäsche geben wird, in Ewigkeit, Amen … diese Träume zerfallen zu Staub.)
Ich beseitige die stummen Zeugen der Dramen der letzten Nacht – das Gästeoberbett auf dem Sofa, die zerknüllten Papiertaschentücher, die Kaffeebecher mit den Zigarettenkippen, die in den kalten, mit schmierigem Film überzogenen Resten schwimmen, dann lege ich die Beatles auf, und nach-

dem ich mir *Abbey Road* und die ersten Nummern von *Revolver* angehört habe, öffne ich die Flasche Weißwein, die Laura letzte Woche mitgebracht hat, setze mich hin und schaue mir die kompletten *Brookside*-Folgen an, die ich mir aufgenommen habe.

In der gleichen geheimnisvollen Weise, in der Nonnen irgendwann gleichzeitig ihre Tage bekommen, haben Lauras Mum und meine Mum irgendwann ihre wöchentlichen Anrufe synchronisiert. Meine ruft als erste an.

»Hallo, Schatz. Ich bin's.«

»Hi.«

»Alles in Ordnung?«

»Ach, das Übliche.«

»Wie läuft der Laden?«

»So lala. Mal so, mal so.« Mal so, mal so wäre großartig. Mal so, mal so würde bedeuten, daß manche Tage besser als andere wären, daß mal mehr, mal weniger Kundschaft gekommen wäre. So war es nun nicht, ehrlich gesagt.

»Dein Dad und ich machen uns große Sorgen wegen dieser Konjunkturkrise.«

»Tja, ja. Du hast so was erwähnt.«

»Du hast Glück, daß Laura so gut verdient. Wenn sie nicht wäre, könnte keiner von uns so ruhig schlafen.«

Sie ist weg, Mum. Sie hat mich den Wölfen zum Fraß vorgeworfen. Die Schlampe hat sich verpißt und mich allein gelassen ... Ne. Kann ich nicht bringen. Ich glaube, jetzt ist nicht der Moment für Hiobsbotschaften.

»Sie hat weiß Gott genug um die Ohren, auch ohne einen Laden voll verrückter alter Pop-Platten.«

Wie soll man beschreiben, wie Menschen, die vor 1940 geboren sind, das Wort »Pop« aussprechen? Ich mußte mir gut zwei Jahrzehnte lang dieses höhnische, einsilbige Aufstoßen meiner Eltern anhören, zusehen, wie sie mit vorgerecktem

Kopf und idiotischem Gesichtsausdruck (weil Popfans ja solche Idioten sind) das Wort ausspuckten.

»... Ich wundere mich, daß sie dich nicht dazu bringt, alles zu verkaufen und dir einen vernünftigen Job zu suchen. Es ist ein Wunder, daß sie das so lange mitgemacht hat. Ich hätte dich schon vor Jahren verlassen, um voranzukommen.«

Halt dich zurück, Rob. Laß dir von ihr nicht auf die Nerven gehen. Schnapp nicht nach diesem Köder. Laß ... ach, scheiß drauf.

»Tja, sie hat mich gerade verlassen, um voranzukommen. Das müßte dich eigentlich freuen.«

»Wo ist sie hingegangen?«

»Ich hab verdammt noch mal keine Ahnung. Sie ist einfach ... weg. Ausgezogen. Verschwunden.«

Darauf folgt ein langes, langes Schweigen. Das Schweigen ist sogar so lang, daß ich mir einen kompletten Streit zwischen Jimmy und Jackie Corkhill ansehen kann, ohne mehr als ein gequältes Stöhnen aus dem Hörer zu vernehmen.

»Hallo. Jemand da?«

Und *nun* höre ich etwas – das leise Weinen meiner Mutter. Was ist das mit den Müttern? Was geht hier ab? Als Erwachsener weiß man, daß man mit fortschreitendem Alter mehr und mehr Zeit drauf verwenden muß, sich um den Menschen zu kümmern, der sich vorher um einen selbst kümmerte, das ist nur fair, aber meine Mum und ich haben die Rollen getauscht, als ich etwa neun war. Alles, was mir in den letzten Jahrzehnten an Schlechtem widerfahren ist – Nachsitzen, schlechte Zeugnisse, links liegengelassen zu werden, vom College zu fliegen, Trennungen von Freundinnen –, ging so aus wie das hier, damit, daß Mum sichtbar oder hörbar am Boden zerstört war. Es wäre für uns beide besser gewesen, ich wäre mit fünfzehn nach Australien ausgewandert und hätte einmal die Woche angerufen, um von einer Reihe fiktiver großer Fortschritte zu berichten. Für die meisten Fünfzehnjährigen wäre es hart, alleine am anderen Ende der Welt zu leben, ohne Geld, ohne Freunde, ohne Familie, Job und Ausbildung, aber nicht für mich. Im Vergleich dazu, sich Woche um Woche diesen Mist anzuhören, wäre es ein Fliegenschiß gewesen.

Es ist ... tja, es ist *nicht fair.* Echt nicht fair. Es ist noch nie fair gewesen. Seit ich von zu Hause weg bin, hat sie nichts anderes getan, als zu jammern, sich zu sorgen und mir Ausschnitte aus der Lokalzeitung zu schicken, die von den bescheidenen Erfolgen ehemaliger Schulfreunde berichten. Ist das ein liebendes Elternhaus? Wenn ihr mich fragt, nicht. Ich wünsche mir Sympathie, Verständnis, Rat und Geld, und das nicht unbedingt in dieser Reihenfolge, aber den Menschen in Canning Close sind diese Vorstellungen fremd.

»Mir geht's gut, falls es das ist, was dir Kummer macht.«

Ich weiß, daß es nicht das ist, was ihr Kummer macht.

»Du weißt, daß es nicht das ist, was mir Kummer macht.«

»Na schön, das sollte es aber verdammt noch mal sein, oder? Oder? Mum, ich bin gerade verlassen worden. Ich fühl' mich nicht so toll.« Und so schlecht auch nicht – die Beatles, eine halbe Flasche Chardonnay und *Brookside* haben ihre Wirkung getan – aber das werde ich ihr nicht erzählen. »Ich hab' auch ohne dich genug am Hals.«

»Ich wußte, daß das passieren würde.«

»Schön, wenn du gewußt hast, daß das passieren würde, warum bist du dann so betroffen?«

»Und was *machst* du nun, Rob?«

»Ich trinke den Rest einer Flasche Wein vor der Glotze aus. Dann gehe ich ins Bett. Dann stehe ich wieder auf und gehe zur Arbeit.«

»Und anschließend?«

»Ein nettes Mädchen kennenlernen und Kinder kriegen.«

Das ist die passende Antwort.
»Wenn es nur so einfach wäre.«
»Ist es, versprochen. Wenn wir uns das nächstemal sprechen, werde ich das geregelt haben.«
Sie lächelt beinahe. Ich kann es hören. Ich sehe ein kleines Licht am Ende des langen, dunklen Telefontunnels.
»Was hat Laura gesagt? Weißt du, warum sie gegangen ist?«
»Nicht genau.«
»Nun, ich schon.«
Das alarmiert mich kurzzeitig, bis ich begreife, worauf sie hinaus will.
»Es hat nichts mit dem Heiraten zu tun, Mum, falls du das meinst.«
»Das sagst *du*. Ich würde gern mal ihre Meinung dazu hören.«
Reg dich ab. Laß sie nicht ... werd bloß nicht ... ach, scheiß drauf.
»Wie oft noch, um Himmels willen, Mum? Laura *wollte* nicht heiraten. Sie ist keine von denen, um es etwas platt zu sagen. Das ist es nicht, worum es gerade geht.«
»Ich weiß nicht, worum es gerade geht. Außer, daß du ein Mädchen kennenlernst, ihr zieht zusammen, sie verläßt dich. Du lernst ein neues Mädchen kennen, ihr zieht zusammen, sie verläßt dich.«
Volltreffer, muß ich zugeben.
»Halt den Mund, Mum.«
Mrs. Lydon ruft ein paar Minuten später an.
»Hallo, Rob. Janet hier.«
»Hallo, Mrs. L.«
»Wie geht's?«
»Prima. Und selber?«
»Prima, danke.«
»Und Ken?«

Lauras Dad geht es nicht gut – er hat's am Herzen und mußte sich vorzeitig pensionieren lassen.
»Nicht schlecht. Mal so, mal so. Du weißt schon. Ist Laura da?«
Interessant. Sie hat nicht zu Hause angerufen. Ein mögliches Indiz für Schuldgefühle?
»Leider nein. Sie ist bei Liz. Soll ich ihr sagen, daß sie Sie anruft?«
»Wenn sie nicht zu spät zurückkommt.«
»Kein Problem.«
Und das ist wahrscheinlich das letztemal, daß wir miteinander sprechen. »Kein Problem«: die allerletzten Worte zu jemandem, dem ich recht nahegestanden habe, bevor unsere Lebenswege sich trennten. Verrückt, was? Man verbringt Weihnachten bei Menschen, man macht sich Sorgen wegen ihrer Operationen, umarmt und küßt sie, schenkt ihnen Blumen, man sieht sie in ihren Bademänteln … und dann, peng, das war's. Aus und vorbei. Und früher oder später wird es eine andere Mum geben, ein anderes Weihnachten, andere Krampfadern. Sie sind alle gleich. Nur die Adressen und die Farben der Bademäntel ändern sich.

*

Ich bin hinten im Laden und versuche ein bißchen aufzuräumen, als ich zufällig ein Gespräch zwischen Barry und einem Kunden mithöre – der Stimme nach zu urteilen männlich, schon älter und sicher in keiner Hinsicht irgendwie hip.
»Ich suche nach einer Platte für meine Tochter. Zu ihrem Geburtstag. ›I Just Called To Say I Love You‹. Haben Sie die?«
»Na klar«, sagt Barry. »Sicher haben wir die.«
Ich weiß mit Sicherheit, daß die einzige Platte von Stevie

Wonder, die wir derzeit haben, »Don't Drive Drunk« ist. Wir haben sie seit ewigen Zeiten und nie jemandem andrehen können, nicht mal für sechzig Pence. Was hat er vor?
Ich gehe nach vorne, um nachzusehen, was los ist. Barry steht da und strahlt den Typ an, der wirkt ein wenig nervös.
»Könnte ich sie dann wohl haben?« Er lächelt schwach vor Erleichterung, wie ein kleiner Junge, der im letzten Moment noch daran gedacht hat, »bitte« zu sagen.
»Nein, bedaure, das können Sie nicht.«
Der Kunde, älter als ich ursprünglich annahm, mit einer Schiebermütze und einem schmutzigen beigen Regenmantel bekleidet, steht da wie angewurzelt. Man kann förmlich sehen, was in ihm vorgeht: Ich wollte von Anfang an nicht in diese laute, düstere Höhle, und jetzt werde ich zur Schnecke gemacht.
»Warum nicht?«
»Wie bitte?« Barry spielt laut Neil Young, und Neil hat gerade den Verstärker angeworfen.
»Warum nicht?«
»Weil es sentimentaler, geschmackloser Schrott ist, deswegen. Sehen wir aus wie ein Laden, der Dreck wie ›I Just Called To Say I Love You‹ verkauft, hä? Und jetzt raus mit Ihnen, stehlen Sie uns nicht unsere Zeit.«
Der ältere Kerl dreht sich um und geht raus, und Barry kichert fröhlich vor sich hin.
»Vielen lieben Dank, Barry.«
»Was liegt an?«
»Du hast gerade einen verdammten Kunden verscheucht, das liegt an.«
»Was er wollte, hatten wir nicht. Ich hab' mir nur einen Spaß gemacht, und dich hat das keinen Pfennig gekostet.«
»Darum geht's nicht.«
»Ach, worum geht's dann?«

»Es geht darum, daß ich nicht möchte, daß du je wieder mit einem, der hier reinkommt, so umspringst.«

»Warum nicht? Meinst du, der alte Trottel wäre Stammkunde geworden?«

»Nein, aber … hör zu, Barry, der Laden läuft nicht so besonders. Ich weiß, daß wir bislang jeden verarscht haben, der irgendwas haben wollte, was wir nicht mögen, aber damit muß Schluß sein.«

»Schwachsinn. Hätten wir die Platte gehabt, hätte ich sie ihm verkauft, und du wärst jetzt fünfzig Pence oder ein Pfund reicher und würdest ihn nie wiedersehen. Tolles Geschäft.«

»Was hatte er dir überhaupt getan?«

»Du weißt, was er mir getan hat. Er hat mich mit seinem grauenhaften Geschmack beleidigt.«

»Es war nicht mal sein grauenhafter Geschmack. Es war der seiner Tochter.«

»Du wirst weich auf deine alten Tage, Rob. Es gab mal eine Zeit, da hättest du ihn aus dem Laden und die Straße runtergejagt.«

Er hat recht, es gab so eine Zeit. Sie scheint lange zurückzuliegen. Soviel Zorn bringe ich einfach nicht mehr auf.

Dienstag abend ordne ich meine Plattensammlung neu. Ich tue das oft in Zeiten emotionaler Belastung. Es gibt Menschen, die das für eine ziemliche blöde Art halten, seinen Abend zu verbringen, aber ich zähle nicht zu ihnen. Das ist mein Leben, und es ist schön, darin zu waten, mit den Armen hineintauchen und es berühren zu können.

Als Laura hier wohnte, hatte ich die Platten alphabetisch geordnet, vorher hatte ich sie in chronologischer Ordnung, angefangen mit Robert Johnson bis zu, keine Ahnung, Wham! oder irgendwas Afrikanischem, oder was ich mir sonst so anhörte, als Laura und ich uns kennenlernten. Heute abend aber schwebt mir etwas anderes vor, und ich versuche mich zu erinnern, in welcher Reihenfolge ich die Platten gekauft habe: Auf diese Weise hoffe ich, meine Autobiographie schreiben zu können, ohne auch nur einen Stift in die Hand nehmen zu müssen. Ich ziehe die Platten aus den Regalen, stapele sie überall im Wohnzimmer auf dem Boden, suche *Revolver* und fange an, und als ich fertig bin, durchströmt mich ein ganz neues Selbstgefühl, denn das ist schließlich das, was mich ausmacht. Ich finde es schön, sehen zu können, wie ich in fünfundzwanzig Schritten von Deep Purple zu Howling Wolf gelangt bin. Die Erinnerung daran, während der gesamten Zeit eines erzwungenen Zölibats »Sexual Healing« gehört zu haben, quält mich nicht länger, und die Erinnerung daran, daß ich in der Schule einen Rockclub gegründet hatte, damit ich und meine Kumpel aus der Abschlußklasse uns treffen und über *Ziggy Stardust* oder *Tommy* sprechen konnten, bringt mich nicht mehr in Verlegenheit.

Aber was mir wirklich gefällt, ist das Gefühl der Sicherheit, das ich durch mein neues Ordnungssystem gewinne. Ich habe mich komplizierter gemacht, als ich eigentlich bin. Ich habe ein paar tausend Schallplatten, und man müßte schon ich selbst oder mindestens Doktor der Flemingologie sein, um irgendeine wiederzufinden. Wenn ich, sagen wir, *Blue* von Joni Mitchell spielen möchte, muß ich mich daran erinnern, daß ich sie im Herbst 1983 für jemanden gekauft habe und es mir dann aus Gründen, auf die ich hier wirklich nicht eingehen möchte, anders überlegte. Tja, ihr wißt von all dem nichts und wärt aufgeschmissen, nicht wahr? Ihr müßtet mich bitten, sie für euch auszugraben, und aus irgendeinem Grund finde ich das ungeheuer beruhigend.

Etwas Verrücktes passiert am Mittwoch. Johnny kommt rein, singt »All Kinds Of Everything«, versucht sich eine Handvoll Plattencover zu grabschen. Und wir führen gerade unser kleines Ladenballett auf, als er sich mir entwindet, hochschaut und fragt: »Bist du verheiratet?«
»Bin ich nicht, Johnny. Du?«
Er lacht in meine Achselhöhle, ein furchterregendes, irres Glucksen, das nach Alkohol, Tabak und Erbrochenem riecht und in einer Schleimeruption endet.
»Denkst du, ich würde so beschissen dastehen, wenn ich eine Frau hätte?«
Ich antworte nicht – ich konzentriere mich ganz darauf, ihn mit einem Tango zum Ausgang zu tanzen –, aber Johnnys nackte und triste Selbsteinschätzung weckt Barrys Aufmerksamkeit – vielleicht ist er immer noch sauer, weil ich ihm gestern den Marsch geblasen habe – und er lehnt sich über die Ladentheke. »Das würde auch nichts nutzen, Johnny. Rob hat eine wunderbare Frau zu Hause, und schau ihn dir an. Er sieht furchtbar aus. Schlechter Haarschnitt. Pickel. Scheußlicher Pullover. Grauenhafte Socken. Der einzige Unterschied zwischen dir und ihm ist, daß du nicht jede Woche die Miete für einen Laden zahlen mußt.«
So was muß ich mir von Barry dauernd anhören. Heute allerdings kann ich es nicht ertragen, und ich werfe ihm einen Blick zu, der ihn zum Schweigen bringen soll, von ihm aber als Aufforderung, mich weiter zu ärgern, interpretiert wird.
»Rob, ich will nur dein Bestes. Das ist der mieseste Pullover, den ich je gesehen habe. Ich habe noch nie so einen miesen Pullover an irgendwem gesehen, mit dem ich zu tun habe. Er ist eine Schande für die Menschheit. Den würde noch nicht mal David Coleman in ›A Question of Sport‹ tragen. John Noakes würde ihn wegen Geschmacksverirrung fest-

nehmen lassen. Val Doonican würde einen Blick darauf werfen und ...«

Ich schleudere Johnny raus auf den Bürgersteig, knalle die Tür zu, rase durch den Laden, packe Barry am Aufschlag seiner braunen Wildlederjacke und erkläre ihm, daß ich ihn umbringen werde, wenn ich mir jemals im Leben wieder auch nur ein Wort dieses leeren, erbärmlichen, hirnlosen Geschwafels anhören muß. Als ich ihn loslasse, zittere ich vor Wut.

Dick kommt aus dem Lager und hüpft auf und ab.

»He, Jungs«, flüstert er. »He.«

»Was bist du, ein bescheuerter Irrer?« fragt mich Barry. »Wenn die Jacke zerrissen ist, Freundchen, wirst du das teuer bezahlen.« Genau das sagt er, »teuer bezahlen«. Großer Gott. Und dann stürmt er aus dem Laden.

Ich gehe ins Lager und setze mich auf die Stehleiter, und Dick drückt sich im Eingang herum.

»Bist du in Ordnung?«

»Klar. Tut mir leid.« Ich wähle den direkten Weg. »Es ist nämlich so, Dick, ich habe keine wunderbare Frau zu Hause. Sie ist weg. Und falls wir Barry je wiedersehen, könntest du ihm das vielleicht sagen.«

»Sicher mach' ich das, Rob. Kein Problem. Überhaupt kein Problem. Ich erzähl's ihm, sobald ich ihn sehe«, erklärt Dick.

Ich sage gar nichts. Ich nicke nur.

»Ich muß ... ich muß ihm sowieso noch was sagen, also gar kein Problem. Ich erzähl' im einfach von, du weißt schon, Laura, wenn ich ihm das andere erzähle«, erklärt Dick.

»Prima.«

»Natürlich erzähle ich ihm deine Angelegenheit zuerst, bevor ich meine erzähle. Meine ist nicht so wichtig, nur über jemand, der morgen abend mit Harry Lauder spielt. Also erzähle ich es ihm vorher. Gute Nachricht und schlechte Nachricht, in der Art«, erklärt Dick.

Er lacht nervös. »Oder besser, schlechte Nachricht und gute Nachricht, denn er mag diesen Jemand, der da im Harry Lauder auftritt.« Ein entsetzter Ausdruck huscht über sein Gesicht. »Ich meine, er mochte auch Laura, so hab' ich das nicht gemeint. Und er mag dich. Ich meinte nur …«

Ich erkläre ihm, daß ich weiß, was er gemeint hat, und bitte ihn, mir eine Tasse Kaffee zu machen.

»Sicher. Klar. Hör mal, Rob. Möchtest du … darüber reden, oder so?«

Einen Moment lang bin ich fast versucht, es zu tun: Ein intimes Gespräch mit Dick wäre ein einmaliges Erlebnis. Aber dann sage ich ihm, es gäbe nichts zu reden, und einen Moment lang glaube ich, er würde mir um den Hals fallen.

*

Wir drei gehen ins Harry Lauder. Mit Barry ist alles klar. Dick erklärte ihm die Sachlage, als er in den Laden zurückkam, und beide geben sich die größte Mühe, sich um mich zu kümmern. Barry hat mir ein umfangreich kommentiertes Compilation-Tape gemacht, und Dick formuliert jetzt jede Frage vier- oder fünfmal um, statt der üblichen zwei- oder dreimal. Und sie haben mehr oder weniger darauf bestanden, daß ich zu diesem Gig mitkomme.

Das Lauder ist ein riesengroßer Pub mit einer so hohen Decke, daß sich der Zigarettenqualm wie eine Zeichentrickwolke über den Köpfen ballt. Es ist schäbig und zugig, aus den Sitzbänken hat man die Füllungen gerissen, das Personal ist mürrisch, das Stammpublikum ist entweder furchterregend oder bewußtlos, die Toiletten sind feucht und stinkig, am Abend gibt's nichts zu essen, der Wein ist lachhaft schlecht, das Bitter hat zuviel Kohlensäure und ist viel zu kalt. Mit anderen Worten, ein stinknormaler Pub im Londoner Norden. Wir kommen nicht so oft hierhin, obwohl er gleich die Straße runter ist, aber die Bands, die hier gewöhnlich spielen, gehören zu der Sorte katastrophaler Zweitliga-Punkbands, die man auf keinen Fall sehen möchte, und wenn man die Hälfte seines Einkommens dafür geben müßte. Manchmal aber, wie zum Beispiel heute abend, haben sie einen obskuren amerikanischen Folk- oder Countrykünstler, dessen gesamte Fangemeinde im VW-Käfer anreisen könnte. Der Pub ist fast zu einem Drittel voll, was ziemlich viel ist, und als wir reingehen, weist uns Barry auf Andy Kershaw und einen Kerl hin, der für *Time Out* schreibt. Hipper kann es im Lauder nicht zugehen.

Die Frau, wegen der wir gekommen sind, heißt Marie LaSalle, sie hat ein paar Soloplatten auf Indie-Labels veröffentlicht, und Naci Griffith hat mal einen ihrer Songs gecovert. Dick sagt, sie wohne jetzt hier. Er hat irgendwo gelesen, daß sie glaubt, England sei empfänglicher für ihre Art von Musik, was vermutlich heißt, daß wir eher freundliches Desinteresse als offene Feindseligkeit an den Tag legen. Es sind jede Menge männlicher Singles da – Single nicht im Sinne von »unverheiratet«, sondern Single im Sinne von »keine Freunde«. In einer solchen Gesellschaft wirken wir drei – ich übellaunig und einsilbig, Dick nervös und schüchtern, Barry umgänglich wie selten – wie ein ausgewachsener feucht-fröhlicher Betriebsausflug.

Es gibt keine Vorgruppe, nur eine miese PA, aus der geschmackvoller Country-Rock dudelt, und die Leute stehen mit ihren Pints in der Hand herum und lesen die Handzettel, die ihnen beim Reinkommen aufgedrängt wurden. Marie LaSalle kommt um neun auf die Bühne (wenn man das so nennen will – ein paar Meter vor uns befinden sich eine kleine Plattform und ein paar Mikrophone). Um fünf nach neun bin ich zu meiner ausgesprochenen Verwirrung und Beschämung in Tränen aufgelöst, und die Gefühlsleere, in der ich die letzten paar Tage gelebt habe, ist verschwunden.

Es gibt viele Songs, um die ich einen großen Bogen gemacht habe, seit Laura weg ist, aber der Song, mit dem Marie LaSalle beginnt, der Song, bei dem ich weinen muß, zählt nicht dazu. Der Song, bei dem ich weinen muß, hat mich nie zuvor zum Weinen gebracht. Ehrlich gesagt, mußte ich bei dem Song, bei dem ich jetzt weinen muß, normalerweise kotzen. Er war ein Hit, als ich auf dem College war, und Charlie und ich pflegten die Augen zu rollen und uns einen Finger in den Hals zu stecken, wenn irgendwer – und zwar unweigerlich ein Geographiestudent oder ein Mädchen, das Grundschullehrerin werden wollte (und ich verstehe nicht, warum man sich Snobismus vorwerfen lassen muß, wenn man nichts als die reine Wahrheit sagt) – ihn an der Musikbox drückte. Der Song, bei dem ich weinen muß, ist Marie LaSalles Version von Peter Framptons »Baby, I Love Your Way«.

Man stelle sich vor, mit Barry und mit Dick in seinem Lemonheads-T-Shirt zusammenzustehen, eine Coverversion eines Peter-Frampton-Stücks zu hören und loszuflennen! Peter Frampton! »Show Me The Way«! Diese Miniplifrisur! Dieses dämliche Tütendings, in das er immer geblasen hat, um diesen Donald-Duck-Sound mit der Gitarre hinzukriegen! *Frampton Comes Alive*, an der Spitze der amerikanischen Rock-Charts für siebenhundertzwanzig Jahre oder so, das wahrscheinlich jeder hirntote, zugekokste Schwachkopf in LA zu Hause hat! Ich akzeptiere durchaus, daß ich dringenden Bedarf an Symptomen habe, die mir begreifen helfen, wie traumatisch die jüngsten Ereignisse für mich waren, aber müssen es derart extreme Symptome sein? Hätte Gott sich nicht mit einer kleinen Abscheulichkeit begnügen kön-

nen, einem Diana-Ross-Hit oder einer Elton-John-Komposition etwa?
Und damit ist es nicht getan. Marie LaSalles Version von »Baby, I Love Your Way« (»Ich weiß, daß ich diesen Song nicht mögen sollte, aber ich tu's«, sagt sie am Schluß mit frechem Lächeln) stürzt mich in zwei einander offensichtlich widersprechende Zustände: a) Ich vermisse Laura plötzlich mit einer Heftigkeit, von der ich in den letzten vier Tagen nichts bemerkt habe, und b) ich verliebe mich in Marie LaSalle.
Solche Sachen passieren. Sie passieren zumindest Männern. Oder diesem bewußten Mann. Manchmal. Es ist nicht leicht zu erklären, warum oder wie man sich gleichzeitig in zwei verschiedene Richtungen gezogen fühlen kann, und offensichtlich ist ein gewisses Maß an verträumter Irrationalität eine Grundvoraussetzung dafür. Aber es hat auch seine innere Logik. Marie ist hübsch, mit diesem typisch amerikanischen, kaum merklichen Silberblick – sie sieht aus wie eine etwas molligere Susan Dey, nach *Partridge Family* und vor *LA Law* – und wenn es schon eine unerwiderte Liebe auf den ersten Blick sein muß, kann man es weit schlechter treffen. (Eines Samstagmorgens wachte ich auf, machte den Fernseher an und fand mich in Liebe zu Sarah Greene von *Going Live* entflammt, eine Leidenschaft, über die ich damals absolutes Stillschweigen wahrte.) Und sie ist charmant – soweit ich das beurteilen kann – und hat durchaus Talent: Als sie erst mal Peter Frampton hinter sich hat, hält sie sich an ihre eigenen Stücke, und die sind gut, anrührend, witzig und sensibel. Mein Leben lang wollte ich einmal mit einer Musikerin ins Bett, nein, eine Beziehung haben: Ich wollte, daß sie zu Hause Songs schreibt und mich nach meiner Meinung fragt, vielleicht einen unserer privaten Scherze in den Text einbaut, daß sie mir in den Linernotes dankt, vielleicht sogar

ein Foto von mir auf dem Innencover bringt, irgendwo im Hintergrund, und ich wollte ihr bei ihren Auftritten aus dem Hintergrund, vom Bühneneingang aus zusehen. (Obschon ich im Lauder, wo es keinen Bühneneingang gibt, eine dumme Figur machen würde. Ich stünde völlig frei und für jedermann sichtbar da.)

Das mit Marie ist also nur zu verständlich. Das mit Laura ist etwas schwieriger zu erklären, aber ich denke, es ist folgendes: Sentimentale Musik hat diese großartige Gabe, einen irgendwohin zurückzuversetzen, während sie einen gleichzeitig vorantreibt, so daß man zur selben Zeit wehmütig und optimistisch wird. Marie ist der optimistische, nach vorn gerichtete Part – vielleicht nicht notwendigerweise gerade sie, aber jemand wie sie, irgend jemand, der eine Wende in mein Leben bringen kann. (Genau das ist es: Ich glaube immer, Frauen könnten mich retten und einem besseren Leben zuführen, mich umkrempeln und erlösen.) Und Laura ist der rückwärtsgwandte Part, der Mensch, den ich zuletzt geliebt habe, und wenn ich diese süßen, klebrigen Gitarrenakkorde höre, lasse ich die Zeit neu aufleben, die wir miteinander verbracht haben, und ehe ich mich versehe, sitzen wir zusammen im Auto und versuchen die Gesangsharmonien von »Love Hurts« zu treffen, singen völlig falsch und lachen. Im wirklichen Leben haben wir das nie gemacht. Wir haben niemals im Auto gesungen und wir haben niemals gelacht, wenn wir etwas falsch machten. Darum sollte ich zur Zeit keine Popmusik hören.

Heute abend ist es eigentlich einerlei. Entweder könnte Marie mich ansprechen, wenn ich gehe, und mich fragen, ob ich Lust hätte, essen zu gehen. Oder ich könnte nach Hause gehen und Laura dort vorfinden, die Tee trinkt und nervös auf Vergebung wartet. Beide Tagträume klingen gleich verführerisch, und beides würde mich sehr glücklich machen.

Marie macht nach etwa einer Stunde eine Pause. Sie sitzt auf der Bühne und trinkt in großen Schlucken Budweiser aus der Flasche. Ein Typ kommt mit einem Karton voll Kassetten und stellt ihn neben ihr auf die Bühne. Die Kassetten kosten fünf Pfund neunundneunzig, aber sie haben keine Pennies, also kosten sie in Wirklichkeit sechs. Wir kaufen ihr alle eine ab, und zu unserem Entsetzen spricht sie uns an.
»Amüsiert ihr euch?«
Wir nicken.
»Schön, ich mich nämlich auch.«
»Schön«, sage ich, und mehr fällt mir im Moment nicht ein. Ich habe nur einen Zehner und stehe dumm rum, während der Typ nach vier Pfund in Münzen herumkramt.
»Stimmt es, daß du jetzt in London lebst?« frage ich sie.
»Ja. Sogar ganz hier in der Nähe.«
»Gefällt's dir?« fragt Barry. Nicht schlecht. Mir wäre das nie eingefallen.
»Es geht. He, ihr Jungs müßtet das eigentlich wissen. Gibt es hier in der Ecke gute Plattenläden, oder muß ich dafür ins West End?«
Warum beleidigt sein? Wir sind die Sorte Typen, die sich mit Plattenläden auskennt. So sehen wir aus und so sind wir auch.
Barry und Dick überschlagen sich fast im Bemühen, es zu erklären.
»Er hat einen!«
»Er hat einen!«
»In Holloway!«
»Gleich die Seven Sisters Road hoch!«
»Championship Vinyl!«
»Wir arbeiten da!«
»Wird dir gefallen!«
»Komm vorbei!«

Sie lacht über diesen Sturm der Begeisterung.

»Was verkauft ihr?«

»Ein bißchen von allem, was taugt. Blues, Country, alten Soul, New Wave ...«

»Klingt spitze.«

Jemand anderes will mit ihr sprechen, also lächelt sie uns freundlich zu und wendet sich ab. Wir gehen zurück an unseren Platz.

»Wieso habt ihr vom Laden erzählt?« frage ich die anderen.

»Ich wußte nicht, daß das geheime Informationen sind«, meint Barry. »Ich meine, ich weiß, daß wir keine Kundschaft haben, aber ich hielt das für einen Mißstand, nicht für eine Geschäftsstrategie.«

»Sie wird kein Geld ausgeben.«

»Nein, natürlich nicht. Deswegen hat sich auch gefragt, ob wir irgendwelche guten Plattenläden kennen. Sie will nur vorbeikommen und uns die Zeit stehlen.«

Ich weiß, daß ich mich dumm anstelle, aber ich möchte nicht, daß sie in meinen Laden kommt. Wenn sie in den Laden käme, könnte ich wirklich anfangen, sie zu mögen, und dann würde ich unentwegt darauf warten, daß sie kommt, und wenn sie dann käme, wäre ich nervös und linkisch und würde sie schließlich auf eine tolpatschig-umständliche Art auf einen Drink einladen, und entweder würde sie meine Absicht nicht erfassen, und ich käme mir wie ein Idiot vor, oder sie würde mich kalt abweisen, und ich käme mir wie ein Idiot vor. Und auf dem Nachhauseweg nach dem Gig frage ich mich bereits, ob sie morgen vorbeikommen wird und ob das dann irgendwas zu bedeuten hätte, und wenn es das hätte, wem von uns es gelten würde, obwohl Barry wohl nicht im Rennen ist.

Scheiße. Ich hasse diesen ganzen Mist. Wie alt muß man werden, bis das aufhört?

Als ich nach Hause komme, sind zwei Mitteilungen auf dem Anrufbeantworter, eine von Lauras Freundin Liz und eine von Laura. Sie lauten so:

1) Rob, Liz hier. Wollte nur mal hören, ob du, na ja, ob du okay bist. Ruf uns mal an. Äh ... ich bleibe neutral. Vorerst. Alles Liebe, tschüs.
2) Hi, ich bin's. Ich brauche noch ein paar Sachen. Kannst du mich morgens auf der Arbeit anrufen? Danke.

Verrückte könnten alles mögliche aus beiden Anrufen herauslesen, geistig Gesunde kämen zu dem Schluß, daß die erste Anruferin herzlich und teilnehmend ist und daß man der zweiten am Arsch vorbeigeht. Ich bin nicht verrückt.

*

Ich rufe Laura gleich frühmorgens an. Ich fühle mich elend, als ich die Nummer wähle, und noch elender, als mich die Telefonistin durchstellt. Früher wußte sie, wer ich bin, aber jetzt klingt ihre Stimme gleichgültig. Laura möchte Samstag nachmittag vorbeikommen, wenn ich auf der Arbeit bin, um noch mehr Unterwäsche abzuholen, was mir nur recht ist. Hier hätten wir Schluß machen sollen, aber ich versuche eine andere Art von Gespräch anzufangen, und das paßt ihr nicht, weil sie auf der Arbeit ist, und sie legt unter Tränen auf. Und ich fühle mich wie ein Schwachkopf, weil ich mich nicht bremsen konnte. Das kann ich nie.
Ich frage mich, was sie sagen würde, wenn sie wüßte, daß ich gleichzeitig wild darauf war, daß Marie in den Laden kommt? Wir haben gerade ein Telefonat geführt, in dem ich ihr unterstellte, mein Leben zerstört zu haben, und für die Dauer des Gesprächs glaubte ich das selbst. Aber jetzt – und

ich kann das ohne jede Spur von Irritation oder Selbstekel – mache ich mir Gedanken darüber, was ich anziehen soll, ob ich stoppelig oder glattrasiert besser aussehe und welche Musik ich heute im Laden spielen soll.
Manchmal scheint es mir, als gäbe es für einen Mann keine bessere Möglichkeit, seine Nettigkeit, seine *Anständigkeit* zu überprüfen, als sich seine Beziehungen zu Frauen anzusehen – oder besser, zu zukünftigen oder derzeitigen Sexualpartnern. Zu seinen Kumpels nett zu sein ist kinderleicht. Man kann ihnen einen Drink spendieren, ihnen ein Tape aufnehmen; sie anrufen, um zu hören, wie es ihnen geht ... es gibt unzählige schnelle und unproblematische Methoden, sich als dufter Kumpel darzustellen. Wenn es um Freundinnen geht, wird es viel verzwickter, ausdauernd anständig zu sein. Im einen Moment funktioniert man noch reibungslos macht die Kloschüssel sauber, steht zu seinen Gefühlen und macht all die anderen Sachen, die von modernen Burschen erwartet werden, im nächsten Moment manipuliert man und schmollt und betrügt und schwindelt wie ein Weltmeister. Da soll sich einer auskennen.
Ich rufe Liz am frühen Nachmittag an. Sie ist nett zu mir. Sie sagt, wie leid es ihr tue, was für ein tolles Paar wir gewesen seien, daß ich Laura gutgetan habe, ihr ruhender Pol gewesen sei. Sie gelehrt habe, aus sich herauszugehen, auch mal fünfe gerade sein zu lassen, sie zu einem netteren, ruhigeren, entspannteren Menschen gemacht und für andere Dinge außer ihrer Arbeit interessiert habe. Das ist nicht Liz' genauer Wortlaut, ich lege das so aus. Aber ich vermute, das meint sie, wenn sie sagt, wir seien ein tolles Paar gewesen. Sie fragt, wie es mir geht und ob ich zurechtkomme, sie erklärt mir, sie hielte von diesem Ian nicht viel. Wir verabreden uns für irgendwann nächste Woche zu einem Drink. Ich lege auf.

Welcher verdammte Ian?
Marie kommt kurz darauf in den Laden. Wir sind alle drei da. Ich spiele gerade ihr Tape, und als ich sie eintreten sehe, versuche ich es rasch auszumachen, ehe sie es bemerkt, aber ich bin nicht schnell genug, darum mache ich es genau in dem Moment aus, als sie anfängt, darüber zu reden, drehe es wieder lauter und werde rot. Sie lacht. Ich gehe nach hinten ins Lager und komme nicht wieder raus. Barry und Dick verkaufen ihr Kassetten für siebzig Pfund.
Welcher verdammte Ian?
Barry kommt ins Lager geplatzt. »Ich wollte nur sagen, daß wir auf der Gästeliste für Maries Gig im White Lion stehen. Wir alle drei.«
Innerhalb der letzten halben Stunde habe ich mich vor jemandem lächerlich gemacht, an dem ich interessiert bin, und bin vermutlich dahintergekommen, daß meine Ex ein Verhältnis hat. Von der Gästeliste im White Lion will ich nichts hören.
»Das ist ja wirklich sagenhaft, Barry. Auf der Gästeliste im White Lion! Jetzt müssen wir nur noch nach Putney und zurück, und jeder von uns hat einen Fünfer gespart. Ist schon toll, einflußreiche Freunde zu haben, was?«
»Wir können deinen Wagen nehmen.«
»Das ist nicht mein Wagen. Es ist Lauras Wagen. Laura hat ihn. Wir hängen also entweder zwei Stunden in der U-Bahn oder wir nehmen ein Minicab, was uns einen Fünfer pro Kopf kostet. Echt großartig.«
Barry reagiert mit einem »Hoffnungsloser-Fall«-Achselzucken und marschiert raus. Ich fühle mich mies, sage aber nichts zu ihm.
Ich kenne niemanden namens Ian. Laura kennt niemanden namens Ian. Wir sind drei Jahre zusammengewesen, und ich habe sie nie einen Ian erwähnen hören. Es gibt keinen Ian

in ihrem Büro. Sie hat keine Freunde namens Ian und sie hat keine Freundinnen mit Freunde namens Ian. Ich würde nicht behaupten, daß sie in ihrem ganzen Leben noch keinem Ian begegnet ist, es muß einen auf dem College gegeben haben, obwohl sie auf einer reinen Mädchenschule war, aber ich bin mir ziemlich sicher, daß sie seit 1989 in einem ianfreien Universum gelebt hat.

Und diese Gewißheit, dieser Ian-Atheismus, hält vor, bis ich nach Hause komme. Auf der Fensterbank direkt hinter der gemeinsamen Haustür liegen drei Briefe zwischen der Pizza-Blitz- und der Minicab-Reklame: eine Rechnung für mich, ein Kontoauszug für Laura ... und eine Fernsehgebührenmahnung für Mr. I. Raymond (seinen Freunden und, noch einschlägiger, seinen Nachbarn als Ray bekannt), der Typ, der bis vor ungefähr sechs Wochen über uns wohnte.

Ich zittere, als ich in die Wohnung komme und fühle mich krank. Ich bin sicher, er ist es. Ich wußte in dem Moment, als ich den Brief sah, daß er es ist. Mir fällt ein, daß Laura ein paarmal zu ihm hochgegangen ist, mir fällt ein, daß Laura ... nicht direkt *geflirtet* hat, aber entschieden zu oft mit der Hand durch ihr Haar gefahren ist und alberner als nötig gegrinst hat, als er letzte Weihnachten auf einen Schluck zu uns runterkam. Er wäre genau ihr Typ – der verirrte kleine Junge, offen und ehrlich, fürsorglich, gerade melancholisch genug, um interessant zu wirken. Ich habe ihn schon damals nicht besonders leiden können, und jetzt hasse ich ihn bis aufs Blut.

Wie lange? Wie oft? Das letztemal, als ich mit Ray – Ian – sprach, der Abend vor seinem Auszug ... lief damals schon was? Hat sie sich nachts die Treppe hochgeschlichen, wenn ich weg war? Wissen John und Melanie, die beiden aus dem Erdgeschoß, etwas darüber? Ich suche lange nach der Karte mit der neuen Adresse, die er uns hinterlassen hat, aber sie

ist weg, was mir beunruhigend und bedeutsam vorkommt, es sei denn, ich habe sie weggeschmissen, in welchem Fall man die beunruhigende Bedeutsamkeit ersatzlos streichen kann. (Was würde ich machen, wenn ich sie fände? Ihn anrufen? Vorbeigehen und schauen, ob er Gesellschaft hat?)
Mir fallen nach und nach weitere Dinge ein: seine Latzhosen, seine Musik (afrikanische, lateinamerikanische, bulgarische, je nachdem, welcher beschissene World-Music-Mist gerade in war), sein hysterisches, nervöses, nervtötendes Lachen, die gräßlichen Kochdünste, die das Treppenhaus verpesteten, die Besucher, die zu lange blieben, zuviel tranken und zu polternd gingen. Mir fällt überhaupt nichts Gutes an ihm ein.
Es gelingt mir, die widerlichste, schmerzhafteste und beunruhigendste Erinnerung zu verdrängen, bis ich ins Bett gehe und höre, wie die Frau, die jetzt oben wohnt, herumstampft und Schranktüren knallt. Das ist das Allerschlimmste, die Sache, die jeden (jeden Mann?) in meiner Lage in kältesten, klebrigsten Schweiß ausbrechen ließe: *Wir haben ihm immer beim Sex zugehört.* Wir konnten die Geräusche hören, die er machte. Wir konnten die Geräusche hören, die sie machte (und es gab zwei oder drei verschiedene Sies während der Zeit, in der uns drei – oder vier, wenn man die Person in Rays Bett mitzählt – nur ein paar Quadratmeter knarrender Dielenbretter und abbröckelnder Putz voneinander trennten).
»Der ist ja ganz schön ausdauernd«, meinte ich eines Nachts, als wir beide wach lagen und an die Decke starrten. »Hätte ich auch mal so ein Glück«, meinte Laura. Das war ein Scherz. Wir lachten. Ha, ha, machten wir. Ha, ha, ha. Heute lache ich nicht. Noch niemals hat ein Scherz mich derart mit Übelkeit, Paranoia, Unsicherheit, Selbstmitleid, Furcht und Zweifel erfüllt. Wenn eine Frau einen Mann verläßt, und

dieser Mann unglücklich ist (ja, nach der ganzen Benommenheit, dem dummen Optimismus und dem achselzuckenden »Was soll's« bin ich schließlich doch unglücklich, obschon ich trotzdem noch gerne irgendwo auf dem Coverfoto von Maries nächstem Album auftauchen würde) ... geht es dann nur um diese Sache? Manchmal glaube ich das und manchmal nicht. Nach der Geschichte mit Charlie und Marco durchlebte ich so eine Phase, in der ich mir die beiden zusammen vorstellte, *wie sie es trieben*, Charlies Gesicht verzerrt von einer Leidenschaft, wie ich sie nie hatte auslösen können.

Ich würde sagen, obwohl mir im Moment nicht der Sinn danach steht, es zu sagen (ich will mich lieber selbst niedermachen, Mitleid mit mir haben, mich an meinen Unzulänglichkeiten weiden – das ist in solchen Zeiten das richtige), ich glaube, in *der* Abteilung hat alles gestimmt. Glaube ich. Aber in meinen Angstvorstellungen war Charlie so wild wie jemand aus einem Pornofilm. Sie war Marcos Betthäschen, reagierte auf jede seiner Berührungen mit Schreien ekstatischer Lust. In meiner Vorstellung hatte keine Frau in der ganzen Menschheitsgeschichte je besseren Sex, als Charlie ihn mit Marco hatte.

Aber das bedeutete gar nichts. Das hatte keinerlei Bezug zur Wirklichkeit. Was weiß denn ich, vielleicht haben Marco und Charlie ihre Partnerschaft niemals vollzogen, und Charlie hat das dazwischenliegende Jahrzehnt mit dem – allerdings kläglich gescheiterten – Versuch zugebracht, die stille, unaufdringliche Ekstase der Nächte, die wir miteinander verbrachten, wieder aufleben zu lassen. Von Ian weiß ich allerdings, daß er ein teuflisch guter Liebhaber ist, und Laura weiß es auch. Ich konnte alles hören, Laura auch. Allerdings ging es mir auf die Nerven. Ich glaubte, ihr sei es auch auf die Nerven gegangen. Jetzt bin ich nicht mehr so sicher. Hat sie mich deswegen verlassen? Weil sie auf das aus war, was ein Stockwerk höher abging?

Ich weiß wirklich nicht, warum das so wichtig ist. Wäre Ian ein gewandterer Plauderer als ich, besser beim Kochen oder Arbeiten im Haushalt oder beim Sparen oder Geldverdienen oder Geldausgeben oder beim Begreifen von Büchern oder Filmen, wäre er netter als ich, attraktiver, intelligenter, ordentlicher, großzügiger, hilfsbereiter, ein besserer Mensch in jeder erdenklichen Hinsicht ... es würde mich nicht kratzen. Ehrlich. Ich begreife und akzeptiere, daß man nicht in allem gut sein kann, und ich bin in einigen sehr wichtigen Bereichen katastrophal untalentiert. Aber Sex ist etwas anderes. Zu wissen, ein Nachfolger ist besser im Bett, ist unerträglich, und ich habe keine Ahnung, warum.

Immerhin weiß ich genug, um zu wissen, daß das dämlich ist. Ich weiß zum Beispiel, daß der beste Sex, den ich je hatte, nichts zu bedeuten hatte. Den besten Sex, den ich je hatte, hatte ich mit einem Mädchen namens Rosie, mit dem ich nur viermal geschlafen habe. Das reichte einfach nicht (der gute Sex meine ich, nicht die viermal, die reichten mir voll und ganz). Sie machte mich wahnsinnig, und ich machte sie wahnsinnig, und die Tatsache, daß wir den Trick raushatten, gleichzeitig zu kommen (und ich habe immer den Eindruck, das ist es, was die Leute meinen, wenn sie von gutem Sex reden, egal, was Dr. Ruth über Gemeinsamkeit und Rücksichtnahme und Bettgeflüster und Abwechslungsreichtum und Stellungen und Handschellen erzählt), zählt nicht im geringsten.

Was also ist es, was mich an »Ian« und Laura so quält? Warum beschäftigt es mich so sehr, wie lange er kann und wie lange ich konnte, und welche Laute Laura bei mir machte und welche Laute sie bei ihm macht? Ich vermute letztendlich dies: daß ich immer noch Chris Thomson, diesen Neandertaler, diesen 4.-Klasse-Ehebrecher mit Testosteronüberschuß höre, wie er mich Spasti nennt und mir erzählt, daß er meine Freundin durchgebumst hat. Und diese Stimme macht mich immer noch krank.

Während der Nacht habe ich einen dieser Träume, die eigentlich gar keine Träume sind, nur so Zeugs, wie Laura mit Ray fickt und Marco mit Charlie, und ich bin erleichtert, daß ich mitten in der Nacht aufwache und der Traum damit aufhört. Aber die Erleichterung währt nur wenige Sekunden, und schon kommt mir alles zu Bewußtsein: daß irgendwo Laura wirklich gerade mit Ray fickt (vielleicht nicht genau jetzt, denn es ist 3.56 Uhr morgens, obwohl man bei seinem Stehvermögen – bei seiner *Ejakulationshemmung,* ha, ha – nie wissen kann), und ich bin hier, in dieser blöden, kleinen Wohnung, allein, und ich bin fünfunddreißig Jahre alt, besitze ein winziges, schlechtgehendes Geschäft, und meine Freunde scheinen gar keine richtigen Freunde zu sein, sondern nur Leute, deren Telefonnummer ich nicht verloren habe. Und wenn ich jetzt wieder einschlafen würde, vierzig Jahre lang schlafen und zu den Klängen von Melody Radio ohne Zähne in einem Altersheim aufwachen würde, würde mich das nicht groß stören, denn das Schlimmste vom Leben, d. h. der ganze Rest davon, wäre vorüber. Und ich hätte nicht einmal Selbstmord begehen müssen.
Mir wird erst jetzt langsam klar, daß es wichtig ist, irgendwas irgendwo zu tun zu haben, auf der Arbeit oder zu Hause, andernfalls hängt man immer in der Luft. Würde ich in Bosnien leben, wäre es nicht mein größtes Problem auf der Welt, keine Freundin zu haben, aber hier in Coruch End ist es das. Man braucht soviel Ballast wie möglich, um nicht abzudriften. Man braucht Menschen um sich herum, es muß etwas los sein, andernfalls ist das Leben wie ein Film, für den das

Geld ausgegangen ist, es fehlen Drehorte oder Schauplätze oder Nebendarsteller, und da steht nur ein Typ, glotzt in die Kamera, hat nichts darzustellen und keinen Ansprechpartner. Und wen könnte so eine Figur schon überzeugen? Ich muß mehr Krempel, mehr Krimskrams, mehr *Einzelheiten* in meine Rolle hineinpacken, denn momentan laufe ich Gefahr, abzurutschen.

»Hast du Soul?« fragt mich eine Frau am nächsten Nachmittag. Kommt drauf an, hätte ich beinahe gesagt, an manchen Tagen ja, an manchen nein. Noch vor ein paar Tagen war Seele völlig ausverkauft, jetzt habe ich Unmengen, zuviel, mehr als ich brauchen kann. Ich wünschte, ich könnte sie gleichmäßiger verteilen, würde ich ihr am liebsten erklären, besser damit haushalten, aber das gelingt mir nie. Aber ich sehe schon, daß sie an meinen seelischen Inventurproblemen kein Interesse haben wird, darum zeige ich einfach dorthin, wo ich meinen Soul stehen habe. Direkt am Ausgang, gleich neben dem Blues.

Irvine Welsh

Der erste Fick seit ewig

Den größten Teil des Tages hatten sie damit verbracht, sich die Birne zuzuknallen. Jetzt saufen sie sich in einem dieser geschmacklosen, mit Chrom und Neon vollgestopften Fleischbeschauläden voll. Die Bar hat eine überladene Karte mit überteuerten Drinks, ist aber meilenweit entfernt von der coolen Cocktailbar, die sie gern wäre.

Die Leute kommen aus einem Grund hierher, aus einem einzigen. Die Nacht hat aber gerade erst angefangen, und die Tarnung, die Trinken, Reden und Der-Musik-Zuhören bietet, ist zu dieser frühen Stunde noch nicht allzu durchsichtig.

Stoff und Suff haben Spuds und Rentons Post-Drogen-Libido in größte Verwirrung gestürzt. Ihnen kommt jede Frau in dem Laden ungeheuer sexy vor. Selbst einige der Männer. Weil ihr Blick ständig auf jemand anderen fällt, können sie sich nicht auf eine einzelne potentielle Zielperson konzentrieren. Allein die Tatsache, daß sie hier sind, erinnert die beiden daran, wie lange es her ist, daß sie mit einer Frau geschlafen haben.

– Also, wenn du hier nichts zum Vögeln kriegst, dann kannstes auch gleich sein lassen, bemerkt Sick Boy, während er mit dem Kopf zur Musik wippt. Sick Boy kann sich eine solche Betrachtungsweise erlauben, da er aus einer Position der Stärke heraus spricht, wie meistens unter solchen Umständen. Die dunklen Augenringe sind Beleg dafür, daß er gerade den Großteil des Tages damit verbracht hat, zwei Ameri-

kanerinnen zu vögeln, die im Minto Hotel wohnen. Keine Chance für Spud, Renton oder Begbie, daraus einen Vierer zu machen. Die verschwinden beide mit Sick Boy und mit sonst keinem. Er beehrt sie nur kurz.
– Die haben 'nen klasse Koks, Mann. Sowas hab ich noch nicht gehabt, lächelt er.
– Morningside-Speed, Mann, bemerkt Spud.
– Kokain ... für'n Arsch. Yuppiescheiße. Renton is zwar schon seit ein paar Wochen clean, pflegt aber weiterhin die Verachtung des Heroinjunkies allen anderen Drogen gegenüber.
– Da kommen ja meine Damen. Also, ich überlasse die Herrschaften wieder ihren schmutzigen kleinen Aktivitäten. Sick Boy schüttelt verächtlich den Kopf und schaut dann mit einem hochnäsigen, arroganten Blick die Theke entlang. – Die arbeitende Bevölkerung beim Zeitvertreib, schnaubt er verächtlich. Spud und Renton ziehen Grimassen.
Bei einer Freundschaft mit Sick Boy gehört Sexualneid dazu. Sie versuchen, sich all die kokainflippigen Sexspielchen vorzustellen, die er mit den »Geigen im Minto« anstellen wird, wie Sick Boy die Frauen nennt. Mehr als die Vorstellung bleibt ihnen nicht. Sick Boy läßt sich niemals im Detail über seine sexuellen Eskapaden aus. Seine Diskretion wahrt er allerdings weniger aus Respekt vor den Frauen, mit denen er es zu tun hat, sondern um seine sexuell weniger aktiven Freunde zu quälen. Spud und Renton wird klar, daß Dreier-Bettszenen mit reichen Touristinnen und Kokain ins exklusive Reich solcher Sexualaristokraten wie Sick Boy gehören. Ihr Niveau ist eher diese schäbige Bar.
Renton schaudert, während er Sick Boy aus der Entfernung beobachtet, und denkt dabei an den Scheiß, den er später unausweichlich von sich geben wird.
Bei Sick Boy ist aber nichts anderes zu erwarten. Renton und Spud stellen mit Entsetzen fest, daß Begbie sich abgesetzt

hat. Er quatscht mit einer Frau, die ein hübsches Gesicht hat, findet Spud; aber 'nen ziemlichen Arsch, bemerkt Renton hämisch. Manche Frauen, stellt er voller boshaftem Neid fest, stehen einfach auf Psychopathen. Meistens zahlen sie einen hohen Preis für diese Schwäche und führen ein elendes Leben. Zum Beispiel June, Begbies Freundin, die gerade im Krankenhaus liegt und ein Kind kriegt. Stolz darauf, daß er nicht lange suchen mußte, um seine These zu belegen, nimmt Renton einen Schluck von seinem Becks und denkt: Keine weiteren Fragen an den Zeugen.

Allerdings durchläuft Renton gerade eine seiner häufigen Selbstanalysephasen, und seine Selbstgefälligkeit löst sich schnell wieder auf. Eigentlich ist der Arsch von der Frau gar nicht so fett, stellt er fest. Er bemerkt, daß sein Selbsttäuschungsmechanismus wieder einsetzt. Ein Teil von ihm hält sich für die attraktivste Person in der Bar. Der Grund dafür ist, daß er noch an der hübschesten Person etwas Widerliches finden kann. Wenn er sich dann auf diese eine häßliche Sache konzentriert, kann er ihre Schönheit negieren. Andererseits stören ihn seine häßlichen Seiten nicht im geringsten, weil er sie gewohnt ist und sie sowieso nicht bemerkt. Jedenfalls ist er jetzt neidisch auf Frank Begbie. Noch weiter in Ungnade fallen geht gar nicht, denkt er. Begbie und seine neue Flamme unterhalten sich mit Sick Boy und den Amerikanerinnen. Die beiden wirken richtig smart, zumindestens ihre Verpackung aus Bräune und teuren Klamotten. Es kotzt Renton an, wie Begbie und Sick Boy auf große Kumpel machen; dabei gehen sie sich sonst nur gegenseitig auf die Nerven. Er bemerkt die deprimierende Eile, mit der die in sexueller und auch in jeder anderen Hinsicht Erfolgreichen sich von den Verlierern absetzen.

– Bleiben noch wir zwei beide, Spud, bemerkt er.

– Tja ... sieht so aus, Alter.

– Weißte, Spud, manchmal denk ich, ich wär lieber wieder auf Sgag, sagte Renton, vor allem, um ihn zu schockieren, um seinem fertigen Haschgesicht eine Reaktion zu entlocken. Doch kaum hat er das gesagt, merkt er, daß er es wirklich so meint.
– He, echt heavy, Mann ... verstehste? Spud preßt zischend Luft durch die zusammengepreßten Lippen.
Renton dämmert, daß das Speed, das sie auf der Toilette genommen haben und das er als Scheiß abgetan hat, langsam Wirkung zeigt. Wenn man vom Aitsch runter is, findet Renton, is man einfach bloß 'n dummer verantwortungsloser Arsch, der alles nimmt, was er in die Finger kriegt. Bei Aitsch bleibt kein Platz mehr für irgendwelchen anderen Dreck.
Er muß dringend reden. Das Speed ist dem Shit und dem Alkohol in seinem Körper ein gutes Stück voraus.
– Aber wenn du auf Sgag bist, Spud, dann war's das. Das is das einzige, worum du dir Sorgen machen mußt. Du kennst doch Billy, meinen Bruder? Der is grad wieder in die beschissene Armee. Geht nach Belfast, der blöde Hund. Ich hab schon immer gewußt, daß der Wichser einen an der Waffel hat. Beschissener Lakai des Imperialismus. Dreht sich der Typ einfach zu mir um und sagt: – Ich halt's im Zivilleben einfach nich aus. Wenn de in der Armee bis, das is, als wenn de Junkie bis. Der einzige Unterschied is, daß du als Junkie nich so oft beschossen wirst. Außerdem schießt ja meistens du selber.
– Das is doch irgendwo total bescheuert. Verstehste?
– Nee, paß mal auf, überleg doch mal. In der Armee tun se alles für die Blödsäcke. Geben ihnen zu essen, geben den Säcken billigen Alk in ihren dreckigen kleinen Lagerclubs, damit se nich in die Stadt gehen und rumrandalieren und die Einheimischen verärgern und so. Und wenn se dann wieder im Zivilleben sind, müssen se sich um alles selber kümmern.

– Ja, aber irgendwie is das doch was anderes, weil ... Spud versucht, was zu sagen, aber Renton ist in voller Fahrt. Eine Flasche ins Gesicht ist das einzige, was ihn im Augenblick bremsen könnte, und auch das nur für ein paar Sekunden.
– Nee, nee ... warte, Kumpel. Laß mich mal. Hör erst mal, was ich zu sagen hab ... wo war ich stehengeblieben ... ach ja! Richtig. Wenn de auf Drogen bis, dann machste dir Gedanken übern nächsten Schuß. Wenn de runter bist, dann machste dir über alles mögliche Gedanken. Kein Geld, kannste dich nich besaufen. Haste welches, trinkste zuviel. Haste keine Mieze, komms nich zum Vögeln. Haste eine, haste auch den ganzen Ärger und kanns nich mal Luft holen, ohne daß se dir am Arsch hängt. Entweder das, oder du schmeißt die Brocken hin und fühlst dich schuldig. Du machst dir Sorgen wegen Rechnungen, Essen, Gerichtsvollzieher, wegen der Hearts-Nazis, die dich verprügeln, das ganze Zeugs, das dir scheißegal is, wenn de richtig voll auf Drogen bis. Dann haste bloß eine Sorge. Dann is alles ganz einfach. Verstehste, was ich meine? Renton macht eine Pause und knirscht mit den Zähnen.
– Ja, aber das ist doch 'n Scheißleben, Mann. Is doch eigentlich überhaupt kein Leben, oder? Wenn de krank bis, Mann ... das is doch das letzte vom letzten ... die Knochen tun einem weh ... das Gift, Mann, das reine Gift ... Erzähl mir bloß nich, das willste alles wiederhaben, das is doch totaler Blödsinn. Die Reaktion ist voller Wut, zumal für Spud, der sonst so sanft und lässig ist. Renton spürt, daß er da offensichtlich einen Nerv getroffen hat.
– Ich weiß. Ich red 'n Haufen Scheiß zusammen. Liegt alles an Lou Reed.
Spud lächelt Renton auf eine Weise an, bei der die alten Weiber auf der Straße ihn sofort wie eine streunende Katze mit nach Hause nehmen würden.

Die beiden sehen, daß Sick Boy mit Annabel und Louise, den beiden Amerikanerinnen, verschwinden will. Er hat eine obligate halbe Stunde hinter sich gebracht, um Begbies Egoismus zu streicheln. Das ist die einzige Funktion von Begbies Kumpeln, findet Renton. Er grübelt über den Wahnsinn nach, der Freund von einem zu sein, den man offenkundig nicht leiden kann. Aber so war es eben. Begbie war eine Sucht, wie Drogen. Und ebenso gefährlich. Statistisch gesehen, überlegt Renton, ist die Wahrscheinlichkeit höher, von einem Mitglied der eigenen Familie oder von einem engen Freund umgebracht zu werden, als von sonst jemandem. Manche Irren umgeben sich mit totalen Psychopathen als Freunden und bilden sich ein, daß sie das stark macht, weniger verwundbar in unserer grausamen Welt, dabei war offenkundig das Gegenteil wahr.
Sick Boy, der sich mit den beiden Amerikanerinnen zur Tür bewegt, dreht sich um und hebt beim Hinausgehen eine Augenbraue à la Roger Moore in Richtung Renton. Renton wird von einer speedbedingten Paranoia überfallen. Er fragt sich, ob Sick Boys Erfolg bei Frauen auf seiner Fähigkeit gründet, eine Augenbraue zu heben. Renton weiß, wie schwierig das ist. Er hat so manchen Abend vor dem Spiegel verbracht und geübt, aber stets hoben sich beide Brauen gleichzeitig.
Die konsumierte Alkoholmenge und die verstreichende Zeit sorgen dafür, daß sich das Denken verengt. Eine Stunde vor Sperrstunde wird eine Frau, mit der du dich sonst nicht verdrücken würdest, akzeptabel. Nach einer weiteren halben Stunde ist sie eindeutig begehrenswert.
Rentons schweifender Blick bleibt nun immer wieder an einem schlanken Mädchen mit glatten, langen braunen Haaren hängen, die sich an den Spitzen leicht nach oben drehen. Sie ist schön braun und hat feine Gesichtszüge, die durch ihr Make-up geschmackvoll betont werden. Sie trägt ein brau-

nes Oberteil und eine weiße Hose. Renton spürt, wie ihm das Blut aus der Magengrube fließt, als die Frau die Hände in die Taschen steckt und so die Umrisse des Slips deutlich hervortreten. Es ist soweit.

Ein Typ mit einem runden, aufgedunsenen Gesicht, in einem Hemd mit offenem Kragen, das sich über seinem fetten Bauch spannt, quatscht die Frau und ihre Freundin voll. Renton, der ein unverhohlenes Vorurteil gegen Übergewichtige pflegt, nutzt die Gelegenheit, dem nachzugeben.

– Spud: kuck dir mal dieses fette Stück an. Vollgefressener Sack. Ich glaub nich an den ganzen Scheiß von wegen Drüsenprobleme oder Stoffwechsel. Im Fernsehen siehste in Berichten aus Äthiopien auch keine fetten Säcke. Ham die vielleicht keine Drüsen? Erzähl mir nix. Spud reagiert auf diesen Ausbruch nur mit einem speedseligen Lächeln.

Renton findet, daß das Mädchen Geschmack beweist, weil sie dem fetten Kerl die kalte Schulter zeigt. Ihm gefällt die Art, wie sie das tut. Bestimmt und würdevoll, ohne ein Arschloch aus ihm zu machen, läßt sie ihn mit deutlichen Worten wissen, daß sie nicht interessiert ist. Der Typ lächelt, streckt die Hände aus und legt den Kopf zur Seite, untermalt von einer Salve hämischen Gelächters seiner Kumpel. Nach diesem Zwischenfall ist Renton noch entschlossener als zuvor, mit der Frau zu reden.

Renton bedeutet Spud, mit ihm rüberzugehen. Er tut nicht gern den ersten Schritt und ist froh, daß Spud ihre Freundin anquatscht; normalerweise übernimmt Spud nie die Initiative. Das Speed hilft offenbar, auch wenn Renton mit einiger Beunruhigung hört, daß Spud über Frank Zappa quasselt.

Er versucht es mit einer Annäherung, die er für lässig, aber interessiert, ehrlich, aber locker hält.

– Tut mir leid, daß ich einfach so reinplatze. Ich wollte dir nur sagen, wie toll ich deinen außerordentlich guten Geschmack fand, wie du diesem fetten Sack grad eben Manieren beigebracht hast. Da dachte ich, es könnte interessant sein, mich mit dir zu unterhalten. Wenn du meinst, ich soll dem fetten Kerl gleich hinterhergehen, bin ich nicht sauer. Ach, ich heiße übrigens Mark.

Die Frau lächelt ihn auf leicht verwirrte und herablassende Art an, aber Renton findet, daß dieses Lächeln ein »zisch ab« um Längen schlägt. Sie unterhalten sich, und Renton wird unsicher wegen seines Aussehens. Der Speed-Kick läßt langsam nach. Er hat Angst, daß seine Haare doof aussehen, so schwarz gefärbt, weil dann seine orangefarbenen Sommersprossen, der Fluch des Rothaarigen, so hervorstechen. Er hat immer gefunden, daß er wie David Bowie zu Ziggy-Stardust-Zeiten aussah. Vor ein paar Jahren meinte allerdings eine Frau zu ihm, er sei Alec McLeish, dem Nationalspieler, der bei Aberdeen kickt, wie aus dem Gesicht geschnitten. Das ist an ihm hängengeblieben. Wenn Alec McLeish seine Schuhe an den Nagel hängt, hat Renton beschlossen, dann fährt er rauf nach Aberdeen, um ihm als Zeichen der Dankbarkeit seine Reverenz zu erweisen. Allerdings fällt ihm dabei ein, wie Sick Boy einmal traurig den Kopf schüttelte und fragte, wo 'n Arsch, der aussieht wie Alec McLeish, bloß die Hoffnung hernimmt, daß die Frauen auf ihn fliegen.

Also hat sich Renton die Haare schwarz gefärbt und hochgestachelt, um das McLeish-Image loszuwerden. Jetzt macht er sich Sorgen, daß jede Frau, mit der er ins Bett geht, sich totlacht, wenn er sich auszieht und sie seine roten Schamhaare sieht. Er hat sich auch die Augenbrauen gefärbt und schon daran gedacht, sich die Schamhaare zu färben. Dummerweise hatte er seine Mutter um Rat gefragt.

Kiebig durch ihre hormonelle Unausgeglichenheit, die ihre Wechseljahre mit sich brachten, hatte sie zu ihm gesagt:
– Was soll der Blödsinn, Mark.

Die Frau heißt Dianne. Renton glaubt, daß er sie für schön hält. Eine solche Einschätzung ist wichtig, da ihn seine früheren Erfahrungen gelehrt haben, seinem Urteil nie ganz zu trauen, wenn ihm Chemikalien durch Körper und Gehirn rasen. Die Unterhaltung wendet sich der Musik zu. Dianne erzählt Renton, daß sie die Simple Minds mag, und schon haben sie ihren ersten kleinen Streit. Renton mag die Simple Minds nicht.
– Die Simple Minds sind doch bloß noch Scheiße, seit sie sich an den politisch engagierten Passion Rock von U2 drangehängt haben. Denen trau ich nich mehr, seit sie ihre Pomp Rock-Wurzeln hinter sich gelassen und mit diesem ganzen unglaublich verlogenen und lächerlichen Politschrott angefangen haben. Die frühen Sachen ham mir gefallen, aber seit *New Gold Dream* sind sie echt Schrott. Dieser ganze Mandela-Scheiß, da wird einem doch bloß schlecht, tobt er. Dianne sagt ihm, daß sie ihre Unterstützung Mandelas und der Bewegung für ein multirassisches Südafrika für echt hält. Renton schüttelt heftig den Kopf, will cool sein, ist aber hoffnungslos in das Amphetamin und ihre Behauptung verstrickt. – Ich hab die ganzen alten NME bis 1979, na ja, hatte ich mal, hab ich vor ’n paar Jahren rausgeschmissen, und ich kann mich noch an Interviews erinnern, wo Kerr sich lustig macht über das politische Engagement anderer Bands, und er sagt, daß die Minds einfach bloß Musik machen wollen, Mann.
– Man kann sich ändern, kontert Dianne.
Renton ist ein wenig bestürzt über die Klarheit und Einfachheit dieser Aussage. Dafür bewundert er sie um so mehr. Er zuckt nur mit den Schultern und gibt ihr darin recht, auch wenn ihm der Gedanke durch den Kopf rast, daß Kerr immer einen Schritt hinter Peter Gabriel, seinem Guru, geblieben ist, und daß es seit Live Aid für Rockstars einfach schick ge-

worden ist, für nette Jungs gehalten zu werden. Das behält er jedoch für sich und beschließt, in Zukunft nicht mehr so dogmatisch in seinen Ansichten über Musik zu sein. Im großen und ganzen isses doch sowieso scheißegal, findet er.
Nach einer Weile verschwinden Dianne und ihre Freundin auf dem Klo, um über Renton und Spud zu reden und sie einzuschätzen. Dianne kann sich wegen Renton nicht entscheiden. Sie findet, er ist 'n ziemliches Arschloch, aber der Laden ist voll von Arschlöchern, und er scheint doch ein bißchen anders zu sein. Allerdings nicht anders genug, um gleich Luftsprünge zu machen. Aber langsam wurde es spät ...

Spud dreht sich um und sagt was zu Renton, der ihn bei dem Lärm eines Stücks von *The Farm* nicht verstehen kann, ein Stück, das man, wie Renton findet, wie alle anderen Stücke von ihnen nur hören kann, wenn man voll auf Ecstasy ist, und wenn man voll auf Ecstasy ist, dann wäre es totale Verschwendung, sich *The Farm* anzuhören; besser wär's, auf 'nem Rave zu heavy Technosounds auszuflippen. Und selbst wenn er Spud verstanden hätte, sein Hirn war viel zu durchgeknallt, um darauf zu reagieren, machte gerade eine wohlverdiente Pause, nachdem er sich so zusammengerissen hatte, um mit Dianne zu reden.

Dann fängt Renton an, einem Typen aus Liverpool Privatkram zu erzählen, nur weil Akzent und Art dieses Typen ihn an seinen Kumpel Davo erinnern. Nach einer Weile merkt er, daß der Kerl überhaupt nicht wie Davo ist und daß er einen Fehler gemacht hat, ihm intime Details zu verraten. Er versucht, wieder an die Theke vorzudringen, dann verliert er Spud aus den Augen und stellt fest, daß er endgültig aus dem Spiel ist. Dianne verblaßt zur Erinnerung, zur vagen Absichtserklärung hinter seiner Drogenstumpfheit.

Er geht hinaus, um frische Luft zu schnappen, und sieht, wie

Dianne gerade allein in ein Taxi steigen will. Mit einem Anflug von Neid fragt er sich, ob das wohl heißt, daß Spud mit Diannes Freundin abgezogen ist. Die Aussicht, der einzige zu sein, der nicht mit jemandem abzieht, entsetzt ihn, und die reine Verzweiflung treibt ihn ungehemmt auf Dianne zu.
– Dianne, macht's dir was aus, wenn wir uns dein Taxi teilen?
Dianne schaut skeptisch drein.
– Ich will nach Forrester Park.
– Prima. Da will ich auch hin, lügt Renton und sagt sich dann: Na, jetzt jedenfalls.
Im Taxi unterhielten sie sich. Dianne hatte sich mit Lisa, ihrer Freundin, gestritten und beschlossen heimzufahren. Soweit sie wußte, hopste Lisa noch immer auf der Tanzfläche rum, mit Spud und noch einem anderen Idioten, die sie gegeneinander ausspielte. Renton setzte sein Geld auf den anderen Idioten.
Dianne zog ein comicmäßig saures Gesicht, als sie Renton erzählte, wie schrecklich Lisa war; sie zählte ihre Untaten auf, die ihm alle fürchterlich unbedeutend vorkamen, aber in ihrer Stimme lag ein Haß, den er leicht verstörend fand. Er benahm sich entsprechend kriecherisch und stimmte ihr zu, daß Lisa das selbstsüchtigste Stück unter der Sonne war. Er wechselte das Thema, da es sie zu sehr deprimierte, und das war nicht gut für ihn. Er erzählte ihr witzige Geschichten von Spud und Begbie und polierte sie geschmackvoll auf. Sick Boy erwähnte er nicht, weil die Frauen Sick Boy mochten und weil ihm viel daran lag, die Frauen, die er kennenlernte, soweit wie möglich von Sick Boy fernzuhalten, sogar im Gespräch.
Als sie wieder unbekümmerter war, fragte er sie, ob sie was dagegen hätte, wenn er sie küßte. Sie zuckte mit den Schultern und überließ es ihm herauszufinden, ob das Gleichgültigkeit bedeuten sollte oder Unfähigkeit, sich zu entschei-

den. Immerhin, fand er, ist Gleichgültigkeit immer noch besser als blanke Ablehnung.
Sie knutschten eine Weile. Er fand den Duft ihres Parfüms erregend. Sie fand, daß er zu dürr und knochig war, aber küssen konnte er.
Als sie nach Luft schnappten, beichtete Renton, daß er gar nicht in der Nähe von Forrester Park wohnte, sondern das nur gesagt hatte, um mehr Zeit mit ihr zu verbringen. Dianne fühlte sich wider Willen geschmeichelt.
– Willst du auf'n Kaffee mit rauf? fragte sie.
– Das wär toll. Renton versuchte, nur leicht erfreut zu klingen, nicht so hingerissen.
– Aber bloß auf'n Kaffee, fügte Dianne auf eine Weise hinzu, daß Renton Mühe hatte zu entscheiden, in welcher Hinsicht sie die Grenzen festlegte. Sie klang so durchtrieben, daß sie wohl auch Sex im Sinn hatte, aber gleichzeitig deutlich genug, um genau das zu meinen, was sie sagte. Er nickte nur wie ein verwirrter Dorftrottel.
– Wir müssen ganz leise sein. Die anderen schlafen schon, sagte Dianne. Das war weniger verlockend, fand Renton und stellte sich in der Wohnung ein Baby und eine Babysitterin vor. Ihm fiel ein, daß er noch nie mit einer Frau geschlafen hatte, die schon ein Baby hatte. Bei dem Gedanken wurde ihm ganz anders.
Er konnte zwar spüren, daß Leute in der Wohnung waren, aber den unverkennbaren Geruch von Urin, Kotze und Puder, den Babys haben, nahm er nicht wahr.
Er wollte etwas sagen.
– Dia…
– Pscht! Sie schlafen, schnitt Dianne ihm das Wort ab. – Weck sie nicht auf, sonst gibt's Ärger.
– Wer schläft? flüsterte er nervös.
– Pscht!

Das beunruhigte Renton. Vor seinem geistigen Auge rasten frühere Horrorerlebnisse vorbei, die er selbst erlebt oder von anderen gehört hatte. Er ging im Geiste eine ziemlich düstere Datei durch, in der es alles gab, von außerirdischen Mitbewohnern bis zu psychotischen Zuhältern.

Dianne führte ihn in ein Zimmer und setzte ihn auf ein Einzelbett. Dann verschwand sie und kehrte ein paar Minuten später mit zwei Bechern Kaffee zurück. Renton bemerkte, daß der Kaffee gezuckert war, was er normalerweise schrecklich fand, aber er schmeckte nicht viel.

– Gehen wir ins Bett? flüsterte sie merkwürdig beiläufig und hob fragend die Augenbrauen.

– Ähm ... das wär nett – meinte er und prustete beinah seinen Kaffee aus. Sein Puls raste, er war nervös und benahm sich wie eine Jungfrau beim ersten Mal, und er machte sich Sorgen über die mögliche Wirkung des Drogen- und Alkoholcocktails auf seine Erektion.

– Wir müssen aber ganz leise sein, sagte sie. Er nickte.

Rasch zog er Pullover und T-Shirt aus, dann die Turnschuhe, Socken und Jeans. Er schämte sich wegen seiner roten Schamhaare und stieg schnell ins Bett, bevor er die Unterhose auszog.

Renton war erleichtert, daß er einen Steifen bekam, während er zuschaute, wie Dianne sich auszog. Anders als er ließ sie sich dabei Zeit und wirkte völlig unbefangen. Er fand, daß sie einen tollen Körper hatte. Er konnte nicht verhindern, daß ihm das Fußball-Mantra »Jetzt geht's los« immer wieder durch den Kopf ging.

– Ich will auf dich drauf, sagte Dianne, warf die Decke zurück und entblößte Rentons rote Scham. Glücklicherweise schien sie es nicht zu bemerken. Renton war ganz zufrieden mit seinem Schwanz. Er wirkte so viel größer als sonst. Das kam wahrscheinlich daher, daß er sich daran gewöhnt hatte, ihn nicht erigiert zu sehen, glaubte er. Dianne war weniger beeindruckt. Sie hatte schon schlimmere gesehen, das war alles.

Sie fingen an, einander anzufassen. Dianne genoß das Vorspiel. Daß Renton das auch gut fand, war eine nette Abwechslung von den meisten anderen Typen, mit denen sie zusammengewesen war, aber dann spürte sie, wie seine Finger nach ihrer Vagina tasteten, und sie verkrampfte und schob seine Hand weg.

– Ich bin schon feucht genug, sagte sie zu ihm. Renton verlor jedes Gefühl bei dieser Bemerkung, sie klang so kalt und mechanisch. An einer Stelle dachte er sogar, daß seine Erektion nachzulassen begann, doch nein, Dianne ließ sich darauf nieder, und die Erektion hielt, Wunder über Wunder, stand. Er stöhnte leise, als sie ihn umschloß. Gemeinsam bewegten sie sich langsam und drangen tiefer ein. Er spürte ihre Zunge in seinem Mund, und seine Hände strichen ihr leicht über den Hintern. Es schien ... es war eine Ewigkeit her; er hatte das Gefühl, auf der Stelle zu kommen. Dianne spürte seine übergroße Erregung. Nicht noch so'n nutzloser Pimmel, bitte nicht, dachte sie.

Renton hörte auf, an ihr herumzufummeln und versuchte, sich vorzustellen, er würde es mit Margaret Thatcher, Paul Daniels, Wallace Mercer, Jimmy Savile und anderen Luschen treiben, um nicht gleich überzukochen.

Dianne nutzte die Gelegenheit und ritt sich bis zum Höhepunkt, und Renton lag da wie ein Dildo auf einem großen Skateboard. Erst das Bild von Dianne, die sich in den Zeigefinger biß, um die merkwürdigen Geräusche zu unterdrücken, die sie machte, als sie kam – die andere Hand hatte sie auf seiner Brust –, brachte auch ihn ans Ziel. Selbst die Vorstellung, Wallace Mercer in den Arsch zu ficken, hätte ihn nun nicht mehr bremsen können. Als er kam, glaubte er, nie wieder aufhören zu können. Sein Schwanz spritzte wie eine Wasserpistole in der Hand eines hartnäckigen Schlingels. Die Abstinenz hatte die Spermienzahl in ungeahnte Höhen schießen lassen.

Sie hatten so kurz hintereinander ihre Höhepunkte erreicht, daß das noch als gleichzeitig gegolten hätte, wenn er groß davon hätte erzählen wollen. Ihm war klar, daß der Grund, warum er es nie tat, darin lag, weil man mit geheimnisvollem Schulterzucken und Lächeln einen besseren Ruf als Hengst erzielte als mit eingehenden drastischen Beschreibungen zur Belustigung der Kumpel. Das hatte er von Sick Boy gelernt. Selbst sein Anti-Sexismus war also von seinem sexistischen Eigeninteresse bestimmt. Männer sind doch jämmerliche Schweine, dachte er.

Als Dianne von ihm herunterstieg, trieb Renton auf einen seligen Schlaf zu und beschloß, in der Nacht noch einmal aufzuwachen und es noch mal zu machen. Er wäre dann entspannter, aber auch aktiver, und er würde ihr zeigen, was er konnte, jetzt, wo diese Pechsträhne zu Ende war. Er verglich sich mit einem Stürmer, der gerade eine Durststrecke als Torschütze beendet hatte und das nächste Spiel kaum erwarten konnte.

Es traf ihn daher tief, als Dianne sagte: – Du mußt gehen.

Bevor er widersprechen konnte, war sie schon aufgestanden. Sie zog ihren Slip an, um seinen dicken Saft aufzufangen, der aus ihr heraustropfte und schon an den Innenseiten ihrer Schenkel herunterlief. Zum ersten Mal machte er sich Gedanken über ungeschützte Penetration und das HIV-Risiko. Er hatte einen Test machen lassen, nachdem er das letzte Mal die Nadel geteilt hatte, er war sauber. Sorgen machte er sich vielmehr wegen ihr; er dachte, jemand, der mit ihm schlief, würde mit jedem schlafen. Ihre Absicht, ihn rauszuscheuchen, hatte bereits sein fragiles sexuelles Ego erschüttert und ihn in deprimierend kurzer Zeit vom coolen Hengst in den zitternden Versager zurückverwandelt. Er fand, bei seinem Glück war es glatt möglich, sich von einem einzigen Fick Aids zu holen, nachdem er über Jahre hinweg die Nadeln mit anderen geteilt hatte, wenn auch nicht die großen Gemeinschaftsspritzen in den Schießbuden.

– Kann ich nich bleiben? Er hörte seine Stimme, die schwächlich und jammervoll klang und die Sick Boy gnadenlos nachgemacht hätte, wenn er dagewesen wäre. Dianne sah ihn an und schüttelte den Kopf. – Nein. Du kannst auf der Couch schlafen. Wenn du leise bist. Falls du jemanden siehst, hier ist nichts gelaufen. Zieh dir was an.

Peinlich berührt wegen seiner unpassend roten Schamhaare, tat er ihr gern den Gefallen.

Dianne führte ihn zur Couch im Vorderzimmer. Dort ließ sie ihn in Unterhosen frierend stehen, bis sie mit einem Schlafsack und seinen Sachen zurückkehrte.

– Tut mir leid, flüsterte sie und küßte ihn. Sie knutschten eine Weile, und er bekam wieder einen Steifen. Als er versuchte, die Hand in ihren Morgenmantel zu schieben, hielt sie ihn ab.

– Ich muß gehen, sagte sie bestimmt.

Sie verschwand und ließ Renton leer und verwirrt zurück. Er legte sich auf die Couch, kroch in den Schlafsack und zog den Reißverschluß zu. Dann lag er im Dunkeln wach und versuchte, sich die Gegenstände in dem Zimmer vorzustellen. Renton stellte sich Diannes Mitbewohner als mürrische Arschlöcher vor, die es nicht mochten, wenn sie jemanden mit nach Hause brachte. Vielleicht, so dachte er, will sie nicht, daß sie denken, sie gabelt einen wildfremden Typen auf, bringt ihn her und vögelt einfach mit ihm. Er päppelte sein Ego, indem er sich sagte, daß es sein sprühender Witz und seine einzigartige, wenn auch nicht perfekte Schönheit gewesen waren, die ihren Widerstand hinweggefegt hatten. Fast glaubte er es selbst.

Schließlich fiel er in einen unruhigen Schlaf und träumte merkwürdige Dinge. Zwar neigte er zu solchen irren Träumen, doch diese hier verstörten ihn noch mehr, weil sie besonders lebendig waren und er sich erstaunlich gut an sie erinnerte. Er war in einem weißen Raum, der mit blauen Neonröhren beleuchtet war, an eine Wand gekettet und beobachtete Yoko Ono und Gordon Hunter, den Verteidiger der Hibernians, wie sie sich an dem Fleisch und den Knochen menschlicher Leiber labten, die zerteilt auf einer Reihe resopalbeschichteter Tische lagen. Sie beschimpften ihn unflätig, und aus ihren Mäulern tropfte Blut, während sie an Fleischbrocken rissen und zwischen den Flüchen herzhaft kauten. Renton wußte, daß er als nächster auf die Tische kommen würde. Er versuchte es mit Schmeicheleien und erzählte »Geebsie« Hunter, daß er ein großer Fan von ihm sei, doch der Verteidiger von der Easter Road zeigte sich so kompromißlos, wie man es ihm nachsagte, und lachte ihm bloß ins Gesicht. Die Erleichterung war groß, als sich der Traum änderte und Renton sich nackt wiedersah, von oben bis unten mit Dünnschiß beschmiert, wie er zusammen mit dem vollständig bekleideten Sick Boy am Water of Leith Walkway einen Teller Eier, Tomate und Toast aß. Dann träumte er, daß er von einer wunderschönen Frau verführt wurde, die lediglich einen zweiteiligen Badeanzug aus Klarsichtfolie trug. Die Frau war in Wirklichkeit ein Mann, und sie vögelten einander langsam in alle möglichen Körperöffnungen, aus denen eine Substanz quoll, die an Rasierschaum erinnerte.

Er wachte zu dem Geräusch von klapperndem Besteck und dem Geruch von brutzelndem Speck auf. Er sah kurz den Rücken einer Frau, nicht Diannes, die in einer kleinen Küche verschwand, die sich gleich ans Wohnzimmer anschloß. Dann überkam ihn eine Welle von Furcht, als er eine männliche Stimme hörte. Das letzte, was Renton, verkatert, in einer fremden Wohnung, nur in Unterhose, hören wollte, war eine männliche Stimme. Er tat, als schliefe er noch.

Durch leicht geöffnete Augenlider beobachtete er heimlich einen Typen von seiner Größe, vielleicht ein wenig kleiner, der sich in die Küche schlich. Obwohl sie sich ganz leise unterhielten, konnte er sie dennoch hören.

– Dianne hat also wieder mal 'nen Freund mitgebracht, sagte der Mann. Renton gefiel die leicht spöttische Betonung des Wortes »Freund« nicht.

– Hmmhmm. Leise. Werd nicht gleich wieder so unfreundlich, und zieh keine voreiligen Schlüsse.

Renton hörte, wie sie ins Vorderzimmer zurückkamen und dann gingen. Schnell streifte er T-Shirt und Pullover über, dann zog er den Schlafsack auf, warf die Beine von der Couch und sprang fast gleichzeitig in seine Jeans. Er legte den Schlafsack säuberlich zusammen und schob die Sitzkissen wieder dorthin, wo sie hingehörten. Seine Socken und die Schuhe rochen, als er sie anzog. Er hoffte – vergeblich, wie er wußte –, daß niemand sonst es bemerkt hatte.

Renton war zu nervös, um sich völlig kaputt zu fühlen. Daß er einen Kater hatte, war allerdings nicht zu leugnen, er lauerte im Dunkel seiner Psyche wie ein unendlich geduldiger Straßenräuber, der nur den passenden Augenblick abwartete, um herauszukommen und ihn zusammenzuschlagen.

– Hallo. Die Frau, die nicht Dianne war, kam wieder herein. Sie war hübsch, hatte nette große Augen und ein feingeschnittenes, spitzes Kinn. Er glaubte, ihr Gesicht von irgendwoher zu kennen.

– Hi. Ich bin übrigens Mark, sagte er. Sie stellte sich nicht vor. Statt dessen forderte sie weitere Informationen von ihm.

– Und du bist also ein Freund von Dianne? Ihr Ton klang leicht aggressiv. Renton beschloß, auf Nummer Sicher zu gehen und eine Lüge zu erzählen, die nicht allzu unverfroren klang und deshalb einigermaßen überzeugend vorgetragen werden konnte. Das Problem war, er hatte die Fähigkeiten des Junkies entwickelt, überzeugend zu lügen, und konnte nun besser lügen als die Wahrheit sagen. Er zögerte und dachte, du kannst zwar aufhören, Drogen zu nehmen, aber ein Junkie bleibste trotzdem.
– Na ja, eher der Freund einer Freundin. Du kennst doch Lisa?
Sie nickte. Renton fuhr fort, wurde langsam warm mit seinen Lügen, kam in den beruhigenden Rhythmus der Täuschung.
– Tja, das is mir 'n bißchen peinlich. Ich hab gestern Geburtstag gehabt, und ich muß zugeben, ich war ziemlich betrunken. Ich hab's irgendwie geschafft, meine Wohnungsschlüssel zu verlieren, und mein Mitbewohner is in Griechenland im Urlaub. Da hab ich mich ganz schön selbst verarscht. Ich hätt auch nach Hause gehen und die Tür aufbrechen können, aber in meinem Zustand, da konnt ich nich mehr klar denken. Wahrscheinlich wär ich verhaftet worden, wie ich in meine eigene Wohnung einbreche! Aber dann hab ich zum Glück Dianne getroffen, und sie war so nett, mich auf der Couch schlafen zu lassen. Du bist ihre Mitbewohnerin, oder?
– Ähm ... so kann man's auch nennen, sagte die Frau und lachte merkwürdig, während er verzweifelt versuchte dahinterzukommen, was hier lief. Irgendwas stimmte nicht.
Der Mann kam herein und setzte sich zu ihnen. Er nickte Renton kurz zu, der schwach zurücklächelte.
– Das ist Mark, sagte die Frau zu ihm.
– Schön, sagte der Typ unverbindlich.
Renton fand, sie waren etwa in seinem Alter, vielleicht ein

wenig älter, aber beim Schätzen war er ein hoffnungsloser Fall. Dianne war ganz klar etwas jünger als sie alle. Vielleicht, so spekulierte er, hatten sie so etwas wie verdrehte elterliche Gefühle für sie entwickelt. Das hatte er bei älteren Leuten schon öfter bemerkt. Sie versuchen, jüngere, beliebtere und lebhaftere Leute zu dominieren; meistens waren sie nur auf die Eigenschaften der jüngeren Leute neidisch, die ihnen fehlten. Diese Unzulänglichkeiten verbergen sie dann hinter einer wohlwollenden, ja beschützerischen Haltung. Renton roch das bei den beiden und spürte eine wachsende Abneigung ihnen gegenüber.

Und dann wurde Renton von einer Schockwelle überrollt, die ihm das Bewußtsein zu rauben drohte. Ein Mädchen trat ins Zimmer. Als er sie ansah, wurde ihm eiskalt. Diannes Doppelgängerin, doch das Mädchen dort war gerade im Realschulalter.

Er brauchte ein paar Sekunden, bis ihm klar wurde, daß es wirklich Dianne war. Renton wußte augenblicklich, warum Frauen, die sich abschminken, oft davon sprechen, »sich eine Maske abzunehmen«. Dianne sah aus wie zehn. Sie bemerkte den Schrecken auf seinem Gesicht.

Er sah das Paar an. Sie benahmen sich Dianne gegenüber so elterlich, *weil* sie ihre Eltern waren. Selbst in seiner Angst kam sich Renton wie ein Idiot vor, daß er das nicht früher bemerkt hatte. Dianne sah ihrer Mutter sehr ähnlich.

Sie setzten sich an den Frühstückstisch, und der leicht verwirrte Renton wurde von Diannes Eltern sanft ins Kreuzverhör genommen.

– Und was machst du so, Mark? fragte ihre Mutter ihn.

Was er so machte? Wenn es ums Arbeiten ging, jedenfalls nichts. Er war Teil eines Syndikats, das ein Netzwerk zum Betrug der Arbeitslosenkasse unterhielt, und er bezog unter fünf verschiedenen Adressen Stütze, je eine in Edinburgh,

Livingston und Glasgow, dazu zwei in London, in Shepherd's Bush und Hackney. Die Regierung in solchem Umfang zu bescheißen, machte Renton jedesmal stolz, und es fiel ihm schwer, nicht mit seinen Taten zu prahlen. Aber er wußte, daß er schweigen mußte, denn es gab überall scheinheilige, selbstgefällige, neugierige Arschlöcher, die nur drauf warteten, den Behörden einen Tip zu geben. Renton fand, daß ihm das Geld zustand, denn die Management-Fähigkeiten, die man brauchte, um einen solchen Zustand aufrechtzuerhalten, waren ziemlich umfangreich, zumal für jemanden, der sich bemühte, mit einer Heroinabhängigkeit fertig zu werden. Er mußte sich in verschiedenen Teilen des Landes arbeitslos melden, sich mit anderen im Syndikat wegen der Briefkastenanschriften absprechen, bereitstehen, um auf einen Anruf von Tony, Carline oder Nicky kurzfristig zu Vorstellungsgesprächen nach London zu fahren. Seine Stütze in Shepherd's Bush war in Gefahr, weil er die interessante Aufstiegsmöglichkeit, in einem Burger King in Notting Hill Gate zu arbeiten, abgelehnt hatte.

– Ich bin Kustos in der Museumsabteilung des Bezirksamts für Freizeit und Erholung. Ich arbeite in der Sammlung Sozialgeschichte, die ihren Hauptsitz in der »People's Story« in der High Street hat, log Renton und wühlte tief in seiner Akte erfundener Beschäftigungen.

Sie schienen beeindruckt, wenn auch leicht verwirrt, und genau auf diese Reaktion hatte er gehofft. Ermutigt versuchte er, weitere Punkte gutzumachen, indem er sich als der bescheidene Typ darstellte, der sich selbst nicht ernst nimmt, und fügte entschuldigend hinzu: – Ich wühl in anderer Leute Müll rum, suche nach Weggeworfenem und präsentiere es dann als authentische historische Artefakte des Alltags der arbeitenden Bevölkerung. Dann sorg ich dafür, daß sie nicht auseinanderfallen, wenn sie ausgestellt werden.

– Da braucht man Köpfchen dafür, sagte der Vater zu Renton, sah dabei aber Dianne an. Renton konnte sie nicht ansehen. Es war ihm klar, daß dieses Weggucken aber noch mehr Verdacht erregte, aber er konnte sie einfach nicht ansehen.
– Ach, würd ich nicht sagen, meinte Renton schulterzuckend.
– Nein, aber Abschlüsse.
– Na ja, ich hab an der Aberdeen University einen Abschluß in Geschichte gemacht. Das entsprach beinahe den Tatsachen. Er war auf die Aberdeen University gegangen und hatte sich leichtgetan, wurde allerdings mitten im ersten Jahr exmatrikuliert, weil er sein Stipendium für Drogen und Nutten verpulvert hatte. Er hatte das Gefühl gehabt, der erste Student in der Geschichte der Universität gewesen zu sein, der jemals eine Nichtstudentin gevögelt hatte. Lieber Geschichte machen als Geschichte studieren, dachte er bei sich.
– Ausbildung ist wichtig. Das erzählen wir ihr ständig, sagte der Vater und nutzte wieder mal die Gelegenheit, Dianne etwas zu beweisen. Renton gefiel diese Einstellung nicht, aber sich selber konnte er noch weniger leiden, weil er stillschweigend dabei mitspielte. Er kam sich vor wie ein perverser Onkel von Dianne.
Gerade als er dachte: Bitte, laß sie ihr Abi machen, zerschlug Diannes Mutter diese Hoffnung auf Schadensbegrenzung.
– Dianne macht nächstes Jahr ihren Hauptschulabschluß in Geschichte, sagte sie lächelnd, – und in Französisch, Englisch, Mathe und Arithmetik, fügte sie stolz hinzu.
Zum wiederholten Mal zuckte Renton innerlich zusammen.
– Das interessiert Mark doch nicht, sagte Dianne in dem Versuch, überlegen und erwachsen zu klingen, herablassend zu ihren Eltern, wie das Kinder, die keine Macht haben und zum Thema der Unterhaltung werden, nun mal tun. So wie

er, erinnerte sich Renton schaudernd, es selbst oft genug getan hatte, wenn seine Alten davon anfingen. Das Problem war nur, daß Dianne so mürrisch, so sehr wie ein Kind klang, daß sie das Gegenteil von dem erreichte, was sie eigentlich wollte.

Rentons Verstand machte Überstunden. *Unzucht mit Minderjährigen nennt man so was. Dafür kannste in den Knast wandern. Aber hallo, und den Schlüssel schmeißen se weg. Als Sexualtäter gebrandmarkt; da krieg ich in Saughton doch täglich die Fresse zerschlitzt. Sexualtäter. Kinderschänder. Kifi.* Er konnte schon die Psycho-Knackis hören, Ärsche wie Begbie, stellte er sich vor: – Hab gehört, die Kleine war erst sechs. – Die ham mir gesagt, 's war Vergewaltigung. – Hätte dein Kind sein können, oder meins. Scheiße, dachte Renton, und es schauderte ihn. Der Speck, den er aß, widerte ihn an. Er war seit Jahren Vegetarier. Das hatte nichts mit Politik oder Moral zu tun. Er fand den Geschmack von Fleisch einfach nur widerlich. Aber er sagte nichts, so sehr bemühte er sich, einen guten Eindruck bei Diannes Eltern zu machen. Bei der Wurst hörte es für ihn allerdings auf, weil er glaubte, daß die Dinger voller Gift waren. Er dachte an all die Drogen, die er genommen hatte, und dachte hämisch bei sich: Du mußt darauf achten, was du in dich hineinstopfst. Er fragte sich, ob Dianne das gefallen würde, und seine Nerven waren so überreizt, daß er unbeherrscht über sein eigenes, abscheuliches Wortspiel kichern mußte.

Müde versuchte er, es durch Kopfschütteln zu kaschieren und begann, eine Geschichte zu erzählen, besser gesagt, zu wiederholen. – Gott, bin ich blöd. Ich war gestern nacht vielleicht in einem Zustand. Ich bin Alkohol eigentlich nicht gewohnt. Aber ich finde, man ist nur einmal im Leben einundzwanzig.

Diannes Eltern schauten bei der letzten Bemerkung so we-

nig überzeugt wie Renton selbst. Er war fünfundzwanzig und ging stramm auf die vierzig zu. Trotzdem hörten sie ihm höflich zu. – Ich hab meine Jacke und die Schlüssel verloren, wie schon gesagt. Gott sei Dank hat Dianne mir geholfen, und jetzt auch noch Sie. Es ist wirklich sehr freundlich von Ihnen, daß ich die Nacht bleiben durfte und Sie mir so ein nettes Frühstück gemacht haben. Tut mir wirklich leid, daß ich die Wurst nich mehr schaff. Ich bin nur schon satt. Ich bin es nicht gewohnt, zum Frühstück soviel zu essen.
– Zu dünn, das ist das Problem, sagte die Mutter.
– Das kommt davon, wenn man 'ne eigene Bude hat. Osten is Osten, und Westen is Westen, doch zu Hause isses am besten, meinte der Vater. Nach dieser blöden Bemerkung setzte angespannte Stille ein. Peinlich berührt fügte er hinzu: – Sagt man jedenfalls. Dann nutzte er die Gelegenheit, das Thema zu wechseln.
– Und wie kommen Sie jetzt in die Wohnung?
Solche Leute erschreckten Renton zu Tode. Sie wirkten auf ihn, als hätten sie ihr Lebtag noch nichts Illegales gemacht. Kein Wunder, daß Dianne so war und wildfremde Kerle in der Bar auflas. Die beiden kamen ihm so widerlich wohlgenährt vor. Der Vater hatte leicht schütteres Haar, die Mutter Krähenfüße um die Augen, aber Renton wurde klar, daß jeder Außenstehende sie mit ihm auf eine Altersstufe stellen, sie nur als gesünder bezeichnen würde!
– Ich werd einfach die Tür aufbrechen müssen. Is bloß 'n einfaches Sicherheitsschloß. Wirklich blöd. Ich wollte schon seit ewig 'n Steckschloß kaufen. Ein Glück, daß ich das nich gemacht hab. Am Eingang is zwar 'ne Sprechanlage, aber meine Nachbarn werden mich schon reinlassen.
– Ich könnte Ihnen helfen. Ich bin Schreiner. Wo wohnen Sie? fragte der Vater. Renton war perplex, aber froh, daß sie ihm die Geschichte abgekauft hatten.

– Kein Problem. Ich war selbst Schreiner, bevor ich an die Uni bin. Aber trotzdem danke. Auch das stimmte. Es kam ihm komisch vor, die Wahrheit zu sagen, so sehr hatte er sich an die Täuscherei gewöhnt. Er kam sich dann so real und deshalb auch verwundbar vor.

– Ich war Lehrling bei Gillsland in Gorgie, fügte er hinzu, worauf der Vater die Augenbrauen hob.

– Ich kenne Ralph Gillsland. Ein übler Bursche, fügte er schnaubend hinzu, und seine Stimme klang normaler als vorher. Sie hatten ein gemeinsames Thema gefunden.

– Einer der Gründe, warum ich nich mehr in dem Geschäft bin.

Renton erstarrte, als er spürte, wie unter dem Tisch Diannes Bein an seinem rieb. Beinahe hätte er sich am Tee verschluckt.

– Also, ich muß jetzt los. Nochmals Danke.

– Warte mal, ich mach mich kurz fertig und komm mit in die Stadt. Dianne war aufgestanden und aus dem Zimmer verschwunden, bevor Renton protestieren konnte.

Er unternahm ein paar halbherzige Versuche, beim Aufräumen zu helfen, als der Vater ihn zur Couch führte und die Mutter sich in der Küche zu schaffen machte. Renton rutschte das Herz in die Hose, und er rechnete schon mit irgendeinem Gefasel von wegen »Ich weiß, worauf du aus bist, Kumpel«, als sie allein waren. Aber dem war nicht so. Sie redeten über Ralphy Gillsland und seinen Bruder Collin, der, wie Renton zu seiner Freude vernahm, Selbstmord begangen hatte, und andere Typen, die sie von der Arbeit her kannten.

Sie redeten über Fußball, und wie sich herausstellte, war der Vater ein Hearts-Fan. Renton war für die Hibs, die gegen den Lokalrivalen nicht gerade die beste Saison hinter sich hatten; eigentlich hatten sie gegen niemanden ihre beste

Saison hinter sich, und der Vater rieb ihm das auch sofort unter die Nase.

– Die Hibbies ham nich allzu gut gegen uns ausgesehen, hmm?

Renton lächelte und war, aus anderen Gründen als den sexuellen, zum erstenmal froh, mit der Tochter dieses Mannes geschlafen zu haben. Es war erstaunlich, fand er, daß Dinge wie Sex und die Hibs, die ihm nichts bedeuteten, wenn er auf Heroin war, plötzlich so überaus wichtig wurden. Er grübelte darüber nach, ob seine Drogenprobleme nicht vielleicht etwas mit den miserablen Leistungen der Hibs in den achtziger Jahren zu tun hatten.

Dianne war soweit. Mit weniger Make-up als letzte Nacht sah sie wie sechzehn aus, zwei Jahre älter als in Wirklichkeit.

Als sie auf die Straße kamen, war Renton froh, aus dem Haus zu kommen, aber es war ihm ein wenig peinlich, daß ihn vielleicht jemand sah, den er kannte. Er kannte ein paar Leute in der Gegend, vor allem Junkies und Dealer. Sie würden glauben, daß er unter die Zuhälter gegangen sei, wenn sie ihn jetzt so sahen, dachte er.

Sie nahmen den Zug von South Gyle nach Haymarket. Während der Fahrt hielt Dianne Rentons Hand und quasselte ununterbrochen. Sie war froh, dem hemmenden Einfluß ihrer Eltern entronnen zu sein. Sie wollte mehr über Renton erfahren. Vielleicht konnte sie ja Hasch von ihm schnorren.

Renton dachte an die vergangene Nacht und fragte sich schaudernd, was Dianne getan hatte und mit wem, daß sie sexuell derart erfahren und so ungeheuer selbstsicher war. Er kam sich vor wie fünfundfünfzig, nicht wie fünfundzwanzig, und er war sicher, daß die Leute sie anstarrten.

Renton sah in den Klamotten der letzten Nacht schmuddelig, verschwitzt und erschöpft aus. Dianne trug schwarze

Leggings, die so dünn waren, daß sie fast wie eine Strumpfhose wirkten, darüber einen weißen Minirock. Eins von beiden hätte schon gelangt, fand Renton. Als sie an der Haymarket Station wartete, während Renton den *Scotsman* und den *Daily Record* kaufte, gaffte ein Typ sie an. Renton sah das und bemerkte, wie er seltsam wütend wurde und den Typen aggressiv niederstarrte. Vielleicht, dachte er, eine Projektion seines Selbsthasses.

Sie gingen in einen Plattenladen auf der Dalry Road und blätterten ein paar Alben durch. Renton wurde langsam ziemlich hektisch, sein Kater nahm rapide zu. Dianne reichte ihm eine Scheibe nach der anderen, damit er sie sich anschaute, und erklärte, diese sei »toll«, jene »super«. Er hielt die meisten davon für Dreck, war aber zu nervös, um sich zu streiten.

– Alles klar, Rents? Wie läuft's, Alter? Eine Hand landete auf seiner Schulter. Er spürte, wie sein Skelett und sein Nervenkostüm kurzzeitig aus der Haut fuhren wie Draht durch Plastilin und dann wieder zurückschnalzten. Er drehte sich um und sah Deek Swan, Johnny Swans Bruder.

– Nich übel, Deek. Und bei dir? antwortete er mit gespielter Lässigkeit, die seinem rasenden Puls Hohn sprach.

– Gar nich so übel, Chef, gar nich so übel. Deek bemerkte, daß Renton in Begleitung war, und warf ihm einen anzüglichen Blick zu.

– Ich muß weiter, Mann. Bis bald. Sag Sick Boy, er soll mich mal anrufen, wenn du ihn siehst. Der Arsch schuldet mir zwanzig Mäuse.

– Dir und mir, Kumpel.

– Seine Art is einfach unter aller Sau. Na, bis bald, Mark, sagte er und wandte sich an Dianne. – Ciao, Puppe. Dein Kerl is zu unhöflich, uns vorzustellen. Muß wohl Liebe sein. Paß gut auf ihn auf. Die beiden lächelten unsicher über diese erste Bemerkung eines Dritten über sie, und Deek verschwand.

Renton wurde klar, daß er allein sein mußte. Sein Kater wurde langsam unerträglich, und er packte diese Situation einfach nicht mehr.

– Ähm, hör mal, Dianne … ich muß weg. Treff mich mit 'n paar Kumpeln in Leith. Fußball und so.

Dianne hob wissend und müde die Augenbrauen und untermalte diese Geste mit ein paar, wie er fand, merkwürdig schnalzenden Geräuschen. Sie war enttäuscht, daß er sich verdrückte, bevor sie ihn nach Hasch fragen konnte.

– Und deine Adresse? Sie zog einen Stift und ein Stück Papier aus ihrer Handtasche. – Nicht die in Forrester Park, fügte sie lächelnd hinzu. Renton schrieb seine richtige Adresse in der Montgomery Street auf, einfach weil er zu fertig war, sich eine falsche auszudenken.

Als sie ging, widerte er sich plötzlich selbst an. Er war sich nicht sicher, ob es davon kam, mit ihr geschlafen zu haben, oder von dem Wissen, daß er es unmöglich wieder tun konnte.

Am selben Abend klingelte es bei ihm. Er war so fertig, daß er zu Hause geblieben war und sich *Braddock: Missing in Action 3* auf Video anschaute. Er machte die Tür auf, und Dianne stand vor ihm. Sie hatte sich geschminkt und war in seinen Augen wieder so begehrenswert wie am Vorabend.

– Komm rein, sagte er und fragte sich, wie schnell er sich wohl an das Gefängnisleben gewöhnen würde.

Dianne glaubte Hasch zu riechen. Jedenfalls hoffte sie sehr darauf.

Sky Nonhoff

Ein Ozelot im Winter

In Rory Walshs Garage lief das Radio, als ich hereinkam. Rory stand hinter dem Counter und war in ein Kreuzworträtsel vertieft. Ich räusperte mich und ging zu ihm hinüber. »Du schon wieder«, sagte Rory und rieb sich das unrasierte Kinn. Immerhin schien er sich daran zu erinnern, daß ich tags zuvor wegen einer Auspuffhalterung dagewesen war. »Fällt dir 'n schottischer Fluß ein? Drei Buchstaben? Bist doch 'n aufgeweckter Junge.«

»Dee«, sagte ich, auch wenn es mir nicht in den Kram paßte, wie er mich von der Seite anredete. »Der Fluß heißt Dee.«

»Klar doch«, sagte Rory. »Scheiße, bei der Bullenhitze vergeht einem echt das Denken.«

»Ich brauche 'nen O-Ring für Dans Rover«, sagte ich. »Für das Ölfiltergehäuse.«

»Für was'n sonst?« Rory entblößte eine Reihe nikotinfleckiger Zähne, griff unter den Tresen und warf mir ein graues Päckchen zu. Er tippte auf die vor ihm liegende Zeitung. »Hier steht's drin, mein kleiner Freund. Lennon is'n verdammter warmer Bruder.«

»Das bezweifle ich.« Nein, das war um einiges zu lahm. »Kein bißchen schwuler als George Best, wenn Sie mich fragen.«

»Ich frag dich aber nicht, Junge.« Er tippte abermals auf die Zeitung. »Hat ein Liedchen geträllert. Für die Schwuchtel, die's vor ein paar Tagen erwischt hat. Für diesen stockschwulen Schreiber, dem sein Herzchen den Scheitel gezogen hat.«

Die Nachrichten waren dieser Tage voll davon. Während sein letztes Stück, »Loot«, in London vor ausverkauften Häusern lief, war Joe Orton tot in seiner Wohnung aufgefunden worden – erschlagen von seinem Liebhaber, einem gewissen Kenneth Halliwell, der anschließend Selbstmord begangen hatte. Jetzt bestand keine Chance mehr, daß Joe doch noch den nächsten Beatles-Film schreiben würde, wie sie es eigentlich geplant hatten. Und John Lennon hatte ein letztes Lied an seinem Grab gesungen. *A Day in the Life.*
»He«, sagte eine Stimme vom Garageneingang her. »Haben Männer eigentlich keine anderen Probleme?«
»Hallo, Juliet«, sagte Rory Walsh und lächelte, während er mir zwischen zusammengepreßten Zähnen zuzischte: »Und jetzt verpiß dich.«
Das roch verteufelt nach Niederlage, und ich warf ihm noch meinen abschätzigsten Blick zu, bevor ich auf die im prallen Sonnenlicht liegende Straße trat. Schräg gegenüber, auf dem Schrottplatz, war sogar Slaughters Dogge zu träge, um auch nur einen Knurrlaut herauszubringen. Es war bereits nach sechs, und ich hatte frei für heute. Ich setzte mich auf den Bordstein und überlegte mir die passende Antwort auf Walshs Geschwafel. *Schon mal gehört, daß 92% aller Automechaniker schwul sind? Weil's mit Öl an den Griffeln besser flutscht!* Na ja, dafür war's jetzt sowieso zu spät.
Leck mich doch.
»Mach dir nichts draus«, hörte ich jemanden hinter mir. Ich drehte mich um, blinzelte ins Gegenlicht und erkannte das Mädchen aus der Garage. Sie trug hochhackige weiße Sandaletten, und ihre nackten Beine endeten knapp oberhalb der Knie in einem zinnoberroten, enganliegenden Rock. »John Lennon ist schon in Ordnung.«
»Nach der Revolution ist Walsh seine Garage sowieso los«, sagte ich. »Er weiß es bloß noch nicht.«

Ihr Lachen klang nach D-Dur, nach dem ersten Akkord von »I Feel Fine«. »Soll ich dich irgendwohin mitnehmen?« Sie deutete auf einen dunkelblauen Käfer, was irgendwie zur Situation zu passen schien. Ich war mit dem Rad da, aber das konnte ich später immer noch abholen.

Sie mochte die Beatles, aber eigentlich stand sie mehr auf die Stones, vor allem auf Brian Jones. Herman's Hermits und die Monkees konnte man vergessen, da waren wir uns einig, und Sandie Shaw würde in achtundvierzig Stunden sowieso Geschichte sein. Die Who waren Proleten, und die Small Faces wären besser auf dem nächsten Bolzplatz aufgehoben. Ob ich schon von den Doors gehört hätte? Und aus dem Blaupunkt-Autoradio dröhnte die Wettervorhersage: »Auch in den nächsten Tagen wird sich nichts ändern. Es ist heiß, bleibt heiß, und auch morgen wird das Thermometer wieder über die 30-Grad-Grenze klettern.« Ich schüttelte den Kopf. Das war doch pure Ideologie. Wahrscheinlich würde sich die Welt noch ziemlich wundern, wenn sie sich morgen früh die Augen rieb.

Und dann schlug sie auf einmal vor, Fishguard im Rückspiegel zu lassen, raus nach St. Davids zu fahren, und ich zuckte bloß mit den Schultern, rückte meine Sonnenbrille zurecht, lehnte den linken Arm aus dem Seitenfenster, ließ den Sommer in meinem Hemd flattern und sah zu ihr hinüber, während die Brise ihr aschblondes Haar zerwühlte und sie mit der Rechten den Außenspiegel nachstellte.

Sie hatte ihr ganzes Leben in Fishguard verbracht und arbeitete jetzt als Verkäuferin in einem Kosmetikladen, aber das erfuhr ich erst später, als wir draußen am fast leeren Strand von St. Davids saßen. Ich bat sie um eine Zigarette, und sie reichte mir die, an der sie gerade gezogen hatte. Sie rauchte Sobranies, und es war dunkelroter Lippenstift am Filter. Es fühlte sich einfach verwegen an.

»Ich komme gern hier raus«, sagte sie. »Das Meer, weißt du. Es fließt mit den Gezeiten, manchmal braust es auf, und von Zeit zu Zeit kann man einen Tümmler sehen.« Sie wies auf die gegenüberliegende Insel, nicht mal eine Meile von uns entfernt, die sich wie ein schwarzer, unbehauener Block gegen die untergehende Sonne abhob. »Warst du mal auf Ramsay Island?«

Ich schüttelte den Kopf. Ich kam aus Bristol und hatte nie von dieser Insel gehört. Ich war seit fast zwei Wochen in Fishguard und half meinem Onkel Dan in seinem Laden; eine Strafaktion, die auf das Konto meines Vaters ging, nachdem ich die letzte Klasse mit Pauken und Trompeten versemmelt hatte. Ich sollte wieder *zu mir kommen*, so hatte er es formuliert. Aber wahrscheinlich würde ich eh zur Army gehen. Elvis war schließlich auch dagewesen, und dort brauchte man wenigstens keine Gemüsekisten zu schleppen.

»Da drüben gibt's achtzigtausend Hasen«, fuhr sie fort. »Robben und Hirsche, und weit und breit kein Mensch. In den Felsen nisten Lummen und Scherenschnäbel, Papageientaucher und Möwen.« Sie streckte sich im immer noch warmen Sand aus, schirmte die Augen mit der Linken ab und deutete mit der rechten Hand in die Luft. »Ich glaube, das sind Eisvögel da drüben.«

Ich hätte nie im Leben einen Eisvogel von einer Sumpfschnepfe unterscheiden können, schon gar nicht auf die Entfernung, aber dann fiel mir auf einmal etwas ein.

Ich sah sie an. »Kennst du die Geschichte vom Eisvogel?«

Sie sah mich aus dem Augenwinkel an. »Was ist das für eine Geschichte?«

»Sie fliegen zusammen«, sagte ich. »Das Männchen und das Weibchen. Eine Menge anderer Vögel machen das auch, und eigentlich habe ich mich immer gefragt, was passiert, wenn sie über dem Ozean sind und einer von beiden plötzlich nicht mehr weiterkann. So wie beim Marathonlauf, nur daß du nicht plötzlich anhalten und dir 'ne Flasche Ginger Ale kaufen kannst. Und mal eben ein Nickerchen im Wasser unter dir zu machen, ist auch nicht drin, weil da eben 'ne ganze Menge hungriger Fische mit ziemlich scharfen Zähnen sind, und das weißt du auch, wenn du ein Vogel bist.«

»Ja«, sagte sie. »Ziemlich anstrengend, immer weiter zu fliegen. Und haben die beiden eine Idee?«

»Das Weibchen«, sagte ich. »Es weiß, daß das Männchen keinen Motor hat, der seinen Propeller immer weiterdreht. Und es ist ein bißchen ausdauernder. Also sieht es hinüber, läßt sich ein kleines bißchen abfallen, bis es zwei, drei Meter unter dem Männchen ist, dann macht es den Rücken etwas breiter, streckt die Flügel, und dann schwebt das Männchen herab wie in ein Nest aus Federn und schläft ein.«

»Das hast du erfunden«, sagte sie.

»Bei meinem Leben«, sagte ich. »Ich hab's irgendwo gelesen.«

»Vielleicht ist es sogar die Wahrheit«, sagte sie. Dann lachte sie. »Wenn ich den neuesten Eyeliner von Margaret Factor verkaufe, weiß ich wenigstens, wie meine Kundinnen heißen.«

O, Mann. Würde man alles im Leben addieren, was man vergißt, käme am Ende wahrscheinlich Maggie Thatchers Autobiographie heraus.

»Ich heiße Colville«, sagte ich. »Das ist altfranzösisch und bedeutet soviel wie ›kleine Stadt‹.« Dieser Name war exakt der Grund dafür, warum ich nie in einer Band wie den Beatles spielen würde. Colville Younger, das klang einfach nicht nach »Penny Lane«; ich hörte nur das Echo der Westbury Road in Bristol, wo mein Cousin Alan vor Jahren verhaftet worden war, weil er nach einer ausgedehnten Kneipentour an einen geparkten Jaguar gepißt hatte. Ich sparte es mir, ihr

zu erzählen, daß mein Vater immer Witze über meinen Geburtstag am 23. Dezember machte. Einen Tag später, pflegte er zu sagen, und er hätte mich »Christmas« genannt.
»Colville«, wiederholte sie langsam, als müßte sie die Silben erst schmecken. »Das klingt alt genug, um Geschichten zu erzählen.«
Juliet war vier Jahre älter als ich, einundzwanzig, und am Freitag trafen wir uns vor dem Roxy, nachdem ich Onkel Dan ohne viel Mühe überredet hatte, mir schon mittags freizugeben. Es lief »Wie ein Schrei im Wind«, und als ich mich vom Aushang wegdrehte und sie sah, erinnerte sie mich für einen Moment an Rita Tushingham. Sie hielt die abgetretenen Sandaletten in der Hand und strich sich ein paar Haarsträhnen aus der Stirn. Sie trug erdbeerrote Plastikkreolen, und ihr Lächeln hatte etwas Schmerzhaftes, als wären ihre leicht geöffneten Lippen eine Wunde, die ihre Seele bloßlegte, aber in ihrem blaßblauen Blick lauerte die pure Mutwilligkeit. Ich schloß die Augen und öffnete sie wieder. Es war, als sähe ich sie zum ersten Mal.
Ramsay Island lag im gleißenden Sonnenlicht Juliet trug einen blaugepunkteten Bikini, dessen Träger an den Schultern von kleinen Messingringen zusammengehalten wurden, und lag neben mir auf dem Bauch, während ich meine Blicke über die anderen Leute schweifen ließ und ein Transistorradio verzerrte Fetzen von »Leave me be« von den Zombies zu uns herüberwehte. Ich ließ mich gerade über meine achtjährige Schwester Pamela aus und darüber, daß bei Onkel Dan ununterbrochen der Fernseher lief, wenn er zu Hause war, als sie sich umdrehte, den Kopf in die Hand stützte und zu mir aufsah.
»Ist dir schon mal aufgefallen, daß sich die Leute gar nicht bemerken?« sagte sie.
»Was meinst du?« fragte ich.

»Na ja, wenn Twiggy jetzt vorbeikäme, würden sie's schon merken«, sagte sie und zeigte auf einen mittelgroßen, hageren Typen, der sich anscheinend entschlossen hatte, eine Runde schwimmen zu gehen. Sie nickte zu einer anderen Stelle hinüber. »Da vorn ist sein Platz. Dort, wo das beige Badetuch liegt.« Sie sog die Wangen zwischen die Zähne. »Jede Wette, daß du seine Klamotten nehmen und abhauen könntest, ohne daß irgendwer was merkt.«

Ich sah ihm nach, wie er in die seichte Dünung schritt und weiter ins Wasser watete. »Ist wie bei den Robben«, sagte ich. »Die können sich bestimmt auch nicht unterscheiden.«

»Aber wir wissen es«, sagte sie. »Das macht den Unterschied.«

Der Hagere war jetzt weit draußen, sein Kopf bloß noch ein Punkt im Blau. Ich sah die Sommersprossen auf ihrem Dekolleté. Sie berührte meinen Oberarm und zeichnete mit einem lackierten Fingernagel eine unsichtbare Schlangenlinie nach, die sich wie ein Fragezeichen in meine warme Haut brannte. Ich fühlte mein Zwerchfell flattern, und ich weiß nicht, welcher Teufel mich ritt, als ich grinste und sagte: »Gib mir 'ne halbe Stunde.«

Wahrscheinlich war er sowieso einer von den Idioten, die ihr Jukebox-Kleingeld für Engelberts »Release Me« verfütterten. Wegen ihm hatte es »Strawberry Fields Forever« nur auf Platz 2 geschafft. Er hatte es nicht besser verdient.

Ich schlenderte durch den Sand Richtung Ufer, behielt den Frevler im Auge, schlug langsam einen Bogen nach rechts und näherte mich dem beigen Badetuch. Ich spürte mein Herz, aber seltsamerweise an meinem Handgelenk, als wäre es plötzlich mit meiner Armbanduhr verschmolzen.

Die Zeit blieb stehen.

Ich versuchte, in meinen Augenwinkeln Bewegungen auszumachen, einen erstaunten Seitenblick, ein abruptes Kopfwenden, ein argwöhnisches Herumfahren. Er hatte seine Sachen in einer fliederfarbenen Falttasche verstaut, und ich wartete auf eine Stentorstimme, die mein Trommelfell zerriß, auf den Schraubstockgriff einer schweren Schwielenhand, die mich meinem gerechten Schicksal zuführte. Nichts. Der heilige John Lennon hielt seine Hand über mich, als ich dem Asphaltweg am oberen Ende des Strandes zustrebte.

Kein Mensch war zu sehen, als ich mich in die Dünen verdrückte. Die Melodie von »I'm Looking Through You« rauschte in meinen Ohren, als ich seine Tasche durchwühlte. Eine Haarbürste, ein allem Anschein nach ungelesenes Alistair-McLean-Paperback und ein Brillenetui. Das Portemonnaie hatte er in seine Jeans eingerollt.

Als ich das Geld zum zweitenmal nachgezählt hatte, konnte ich es immer noch nicht glauben. Dreiundvierzig Pfund. Ich warf noch einen Blick auf das Paßfoto einer lachenden Frau mit leichtem Überbiß, bevor ich es zusammen mit seiner Börse und den übriggebliebenen Schillingen den über mir kreischenden Möwen überließ.

Der blaue Schatten, der über Juliet fiel, war ich. Ich zog sie hoch, und wir liefen zum Ufer, wo ich in die Hocke ging, sie auf die Schultern nahm und mit ihr loslief, bis mich die erste hüfthohe Welle aus dem Gleichgewicht brachte und wir kopfüber ins Wasser stürzten. Wir schwammen weit hinaus und sahen zur Insel hinüber, deren grüne Hänge verlassen in der Nachmittagssonne lagen, ließen uns von den bedächtig heranrollenden Wogen tragen und tauchten untereinander durch, bis wir völlig außer Atem waren.

Dreiundvierzig Pfund. Ich blätterte mit dem Daumen über die Scheine, als hätte ich ein Kartenspiel in der Hand. Wir holten uns Eis, und Juliet kaufte Sobranies und vier Packungen mit je zehn weißen Kerzen, ohne mir zu sagen, wofür sie die brauchte, und einen Lippenstift, von dem sie meinte, daß er unglaublich teuer sei, aber ich hatte sowieso keine Ahnung, was sie sonst kosteten. Als wir zwischen Stiefmütterchen und Klatschmohn auf dem kleinen Platz gegenüber dem von Ginsterhecken eingerahmten Old Cross Hotel saßen, erzählte Juliet, daß der Hagere nichts als bedauernde Blicke und hochgezogene Augenbrauen geerntet hatte, bevor er unverrichteter Dinge abgezogen war. »Du hättest genausogut unsichtbar sein können«, sagte sie.

Der goldene Schaft des Lippenstifts reflektierte das schwächer einfallende Licht des Himmels, während sie die Konturen ihres Mundes nachzog. Ich sah, wie ihre Zunge gegen die oberen Schneidezähne tippte, als der Stift über die blaßroten Bögen ihrer Lippen glitt.

Das Sirren von Grillen durchdrang die Luft, als sie vorschlug, nach St. David's Head zu fahren.

Fünfzig Meter unter uns lag die Bucht im Halbdunkel; weit entfernt war das gelbe Positionslicht eines Kutters zu sehen. Es war der einsamste Ort der Welt, und Juliet nahm eine Kerze aus der ersten Packung, zündete sie an und ließ Wachs auf den Kotflügel des Käfers tropfen. Sie drückte das Ende der Kerze in das heiße Wachs und hielt den nächsten Docht in die sacht flackernde Flamme. Sie reichte mir eine Kerze herüber, und ich hielt sie über das Licht in ihrer ausgestreckten Hand, bevor ich sie mitten auf der Motorhaube plazierte. Wir verbrauchten zwei Packungen, und als wir fertig waren, standen wir wie vor einem Schrein in einer Traumkathedrale, während ein leiser Hauch von der See, nicht viel mehr als der weit entfernte Schwingenschlag eines Papageientauchers, das Lichtermeer sanft ins Schaukeln brachte, wie Bojen bei Nacht in einem unbekannten Hafen.

»Wenn das hier jemand sieht, denkt er, wir sind verrückt.«

»Sind wir doch«, flüsterte sie und legte einen Finger an die

Lippen, nicht so, als wollte sie, daß ich schwieg, sondern mehr, als würde sie sich vergewissern, wie sich die Haut dort anfühlte. Ziemlich weich, dachte ich. Ich ließ mich ins Gras sinken und sah die Kerzen über mir flackern, als sie plötzlich über mir war, den Kopf in den Nacken warf und einen Regen aus Pfundnoten auf mich niedergehen ließ. Die Scheine von meinem Fischzug flatterten durch die letzten Sekunden der Dämmerung, und ich spürte den Druck ihrer Schenkel, ihren verrutschten Rock, ihre Finger an meinen Schultern, ihr Haar an meinem Gesicht, und meine Hand glitt über ihr Schlüsselbein, ertastete den Halsansatz und verharrte dort, als sie ihr Kinn mit einem unterdrückten Seufzen in meiner Handfläche vergrub.

Und dann blieb die Zeit zum zweiten Mal an diesem Tag stehen.

Es war wie für immer, als ihre rauhe Zunge erst zögernd über meine Wange und dann in mich glitt. Ich hielt sie fest, zwischen all unseren verstreuten Sachen und der im Gras liegenden Beute, hunderttausend Pfund in kleinen Scheinen, sie suchten mich, während ich bei meinem Mädchen war, und beim nächsten Wimpernschlag war ich in ihr, ihre Kreolen strichen über meine Brust, und ihr Atem vermischte sich mit der Ewigkeiten von uns entfernten Brandung, die wie Murmeln auf endlosem weißen Marmor heranrollte.

Ein paar Kerzen waren verloschen, als wir am Rand der Klippe standen und sie sich zu mir umdrehte. »Wenn wir genug Geld haben, fahren wir auf die Insel und kommen nie mehr zurück.«

»Sie werden es bereuen, daß sie uns je in dieses Land gelassen haben«, sagte ich und setzte die finsterste Miene auf, die seit Oliver Reed erfunden worden war.

Ihr Lachen segelte durch die Nacht. »Du bist ein Spinner, Colville.«

Viel später erzählte ich ihr die Geschichte von der schwangeren Bärin. Ich erinnerte mich nicht mehr, wo ich sie aufgeschnappt hatte, aber es muß wohl so etwas wie *Im Reich der wilden Tiere* gewesen sein.

»Also, der Braunbär hat die Bärin getroffen, irgendwo mitten in den Wäldern von Kanada oder Alaska. Sie gestattet ihm, an ihr zu riechen, und das bringt ihn völlig aus der Fassung. Er tänzelt um sie herum, macht ihr Geschenke, zeigt ihr seine Muskeln. Es ist Sommer, und vielleicht sträubt sie sich ein bißchen, weil er der erste ausgewachsene Bär ist, den sie kennengelernt hat. Aber dann unterhält sie sich mit ihm, und sie findet, daß er im Grunde ganz in Ordnung ist.«

»Eigentlich wie im wirklichen Leben«, sagte Juliet.

»Und eines Nachmittags, vielleicht zwei oder drei Tage später, sind der Bär und die Bärin auf einer Lichtung, mitten im Wald, abgeschirmt von riesigen, jahrhundertealten Eichen. Er ist ein ziemlich stattlicher Bär, und vielleicht hat er ihr erzählt, daß er auf einer der angesehensten Bärenschulen war, was weiß ich … jedenfalls entscheidet sie, daß genau dieser Bär der Vater ihrer Kinder sein soll. Und so kommt es, daß sie es akzeptiert, als er ihr eine vertrauliche Pranke auf die Schulter legt. Erst eine, und dann auch noch die zweite.«

»Nach Liebe auf den ersten Blick hört sich das aber nicht gerade an«, sagte sie.

»So sind Bärinnen«, fuhr ich fort. »Ziemlich wählerisch. Sie machen also Liebe, und es ist wunderschön für die Bärin. Aber der Bär kann einfach nicht genug bekommen von ihr. Sie ist die attraktivste Bärin, die er je getroffen hat, und er kann einfach nicht von ihr ablassen. All seine Gedanken kreisen nur noch um sie, und er wispert ihr zärtliche Worte ins Ohr, während sie – es sind inzwischen ein paar Tage vergangen – wieder Liebe machen. Es sind die edelsten Motive, die ihn dazu treiben, aber die Bärin glaubt ihm nicht. Sie ist mißtrauisch. Und als er abermals an ihr schnuppert, beißt sie ihn. Nicht zärtlich, sondern richtig fest, so, daß es ihm richtig weh tut. Er ist bis ins innerste Mark verstört, und als er ihr in die Augen sieht, weiß er, daß es zwischen ihnen vorbei ist.«

Das Flackern der Lichter glitt über ihren Körper. »Kämpft er denn nicht um sie?«

»Er würde«, sagte ich. »Aber er spürt, daß es keinen Zweck hat. Er zieht in die große Einsamkeit, und die Bärin bleibt zurück auf der Lichtung. Sie fühlt, daß sich etwas verändert hat, aber sie weiß nicht genau, was. Der Sommer geht zu Ende, die Nächte werden kälter, Laub fällt von den Bäumen, und ihre innere Uhr sagt der Bärin, daß es Zeit ist, sich eine Höhle zum Überwintern zu suchen. Draußen pfeift der Oktoberwind, sie denkt vielleicht noch das eine oder andere Mal an den Bären, doch als der erste Schnee fällt, schläft sie ein. Sie schläft lange, vier oder fünf Monate, bis zum Frühjahr, und während sie träumt, wachsen in ihr die Kinder des Bären heran. Vielleicht stöhnt sie einmal leise im Schlaf, als die kleinen Bären aus ihr herauskommen, aber mehr merkt sie nicht. Die jungen Bären kuscheln sich eng an sie, wecken sie aber nicht auf, und als sie viele, viele Tage später erwacht und sich die Augen reibt, sieht sie, daß sie drei Kinder bekommen hat. Draußen beginnt der Frühling, und der neugierigste von den dreien stupst sie sanft an und sagt ihr, daß sie ihnen die Welt zeigen soll.«

»Die drei Bären«, sagte Juliet. »Gibt sie ihnen Namen?«

»John und Paul«, sagte ich, aber beim dritten Namen fiel mir ein, daß es unmöglich nur männliche Bärennachkommen sein konnten. Ich schnippte mit den Fingern, dann hatte ich es. »Und Michelle.«

»Vielleicht wird für sie alles ganz anders«, sagte sie. »Für Michelle, meine ich.«

»Keine Ahnung«, sagte ich. »Es ist einfach nur eine Bärengeschichte.«
»Nein.« Sie schüttelte den Kopf. »Ich glaube, sie ist wahr.«
»Juliet«, sagte ich. Sonst nichts. In meinem Kopf hörte ich die Melodie von »Got To Get You Into My Life«, die sich wie in einer Endlosschleife wiederholte. Ich schaffte es einfach nicht, meinen eigenen Text zu finden, obwohl ich genau wußte, wie er lautete. Ich streckte meine Hand aus, und ihre Finger krampften sich in meine, als hingen wir zusammen am Abgrund. Sie zog mich fest an sich, und ihre Worte strebten wie Nachtfalter in die Fluchten meiner Dunkelheit, genau dorthin, wo ich gerade den Lichtschalter zu finden versuchte.
»Ich liebe dich«, sagte sie. »Ich liebe dich, ich liebe dich, ich liebe dich.«
Ich traf sie jetzt jeden Tag. Sie hatte ein Zimmer mit integrierter Küchenzeile im dritten Stock eines Klinkerhauses, knapp zehn Minuten Fußweg von Onkel Dans Laden. Über dem Gasherd hing ein Bild von Jesus neben einem Hochglanzfoto von Monica Vitti als Modesty Blaise, und im Kühlschrank bewahrte sie immer eine Packung Mayfair Mints auf. Von der Wand über ihrem Bett sah Brian Jones auf uns herab, makellos und verworfen, ein Marquis der Sünde, während wir Gin Tonic tranken und über Wunder sprachen, ohne die Lippen zu bewegen. Ihre Lieblingsplatte war »Aftermath« von den Stones, und wir hörten eine Million Mal hintereinander »Out of Time«. Das Badezimmer lag ein Stockwerk tiefer. Ich hielt die Hände minutenlang in den eiskalten Strahl aus dem Wasserhahn, bis ich wußte, daß alles wirklich war.
Wir gingen auf Raubzug, wann immer wir konnten.
Ich sah ihren Blick von weitem, wenn ich aus den Dünen zurückkam, die Scheine in meiner blauen Badehose verstaut.

Ich schlenderte durch den Sand, und sie hielt den Kopf leicht zur Seite geneigt, während ihre Augen die Luft zum Flirren brachten. Ich ließ mich neben sie fallen, warf den Kopf in den Nacken und schloß die Augen. Als sie sich über mich beugte, strichen ihre Haarspitzen über meine Lider.
»He«, sagte ich. »Setz mal deine Sonnenbrille auf.«
Sie griff danach und sah mich über die getönten Gläser hinweg an. »Besser so?«
»Ein bißchen«, sagte ich und schob ihr die Brille die Nase hinauf. »Hast du eigentlich eine Ahnung, wie sehr du mich blendest?«
Sie war meine Muse der Beutejagd, mein Schatzengel mit den roten Plastikohrringen, und ganz bestimmt der schönste Komplize, der sich denken ließ. Sie hatte ein untrügliches Gespür für die richtige Gelegenheit; manchmal wußte ich bereits Sekunden vorher, daß sie sich jemanden ausgeguckt hatte, daß sie gleich meine Schulter berühren würde. Es war irgendeine Form von seltenem chemischen Austausch, wie er nur zwischen ihr und mir stattfinden konnte, und dann glitten ihre Fingerspitzen über meine Haut. »Siehst du den da drüben?« sagte sie. »Den Blonden mit dem Mädchen in dem gestreiften Badeanzug? Ich wette, der ist mindestens zwanzig Pfund schwer.«
Sie wählte immer nur Leute aus, die mir entfernt ähnlich sahen, mir von der Statur und von der Haarfarbe her glichen. Dann hieß es nur noch warten, bis unser Ziel sich entschied, für ein paar Minuten in die blauen Fluten zu tauchen. Manchmal wählte Juliet drei oder vier verschiedene Kandidaten aus, und wir schlossen Wetten darüber ab, wer als erster ins Wasser gehen würde. Dann kam ich. Die ersten Male hatte ich mich noch darüber gewundert, wie einfach es war, aber inzwischen war alles zu einer Selbstverständlichkeit geworden, die ich im Vorübergehen erledigte. Es konnte nichts

passieren. Wer immer mich anfaßte, würde durch mich hindurchgreifen. Sie hatten keine Chance.

Sie mußte nur da sein. Ich wußte, daß sie auf mich wartete.

Am zweiten Sonntag erbeuteten wir mehr als 130 Pfund, fast genausoviel, wie sich mittlerweile in der Keksdose unter Juliets Bett angesammelt hatte. In Fishguard sahen wir einen Film mit Terence Stamp; anschließend fuhren wir durch die Dämmerung, durch ausgestorben wirkende Orte, vorbei an geschlossenen Läden und verlassenen Vorgärten. Wir hielten an einer stillgelegten Tankstelle und lieferten uns ein Duell mit rostigen Tankstutzen, die in unseren Händen zu großkalibrigen Waffen wurden, und ich fühlte mich wie Reggie Kray höchstpersönlich, als ich mich hinter die Zapfsäule drückte und das leergeschossene Magazin durch ein neues ersetzte. Ich hatte Reggies Bild erst vor ein paar Tagen am Kiosk gesehen. Diana Dors war mit auf dem Foto gewesen.

»Du bist eingekreist«, hörte ich Juliet. »Wir haben Helikopter und Scharfschützen. Ergib dich, Colville Younger.«

»Mal sehen, für wen das Sterben einfacher ist«, brüllte ich mit meiner besten Staatsfeindsstimme zurück. »Ein paar von euch Coppern nehm ich mit in die Ewigkeit!«

Ich kam aus der Deckung und zog den Abzug durch, Blam-blam-blam-blam, sah das Mündungsfeuer vor meinen Augen und taumelte durch den Geschoßhagel, aber die Übermacht war zu groß, und so erwischten sie mich schließlich doch. Ich sank in die Knie, mit leicht geöffnetem Mund und gebrochenen Augen, bevor ich auf dem nackten Beton zusammensackte und mein Leben aushauchte, und dann war sie auch schon über mir, katzengleich, und schnurrte mir ins Ohr: »Wenn du Michael Caine sein willst, müssen wir dir ’nen schwarzen Anzug kaufen.«

»Und was kaufen wir für dich?«

»Wie wär’s mit ’nem Brautkleid?« sagte sie.

Ihre Worte spülten wie eine blaugrüne Welle über mich hinweg. Ich weiß noch genau, was ich dachte. *He, Reggie,* dachte ich. *Diana Dors kannst du vergessen.*

Den Anzug kaufte ich mir zwei Tage später, dazu ein weißes Hemd und eine schmale schwarze Krawatte. Ich warf mein T-Shirt und meine Jeans auf Juliets Bett und zog mich um. Als ich fertig war, rückte sie mir den Jackettkragen zurecht und bat mich, für ein paar Miauten aus dem Fenster zu sehen. Ich mußte ihr versprechen, mich auf keinen Fall umzudrehen, um nichts in der Welt. Hinter mir hörte ich es knistern und rascheln, und dann spürte ich ihre Hand auf der Schulter.

Sie trug ein weißes, ärmelloses Kleid aus Seide, das ein paar Millimeter über der Mitte ihrer Oberschenkel endete, dazu ein Paar weiße Strümpfe aus irgendeinem Stoff, der aussah, als würde er Funken sprühen, sobald ich ihn berührte. In ihrer Linken baumelten ein paar nagelneue weiße Lackpumps mit hohen Absätzen. Scharf sog ich Luft zwischen meine Zähne.

Sie wandte mir den Rücken zu. »Kümmerst du dich um den Reißverschluß?«

»Immer zu Diensten, Mylady.«

»Und jetzt die Schuhe«, sagte sie, während sie vor dem Klappspiegel gegenüber dem Fußende ihres Betts Aufstellung nahm. Sie schlüpfte in den Schuh, und ich kniete nieder und fädelte den Riemen über ihrem Spann in den Verschluß ein.

Ich hielt ihren Knöchel fest. »Wie soll ich Euch dienen, Mylady, wenn ich mir selbst nicht gehorchen kann?«

»Lord Colville«, sagte sie. »Ist es wahr, daß Ihr Euch entschlossen habt, ein mittelloses Ladenmädchen zu ehelichen?«

»So wahr wie die letzte Bestellung um fünf vor elf«, sagte ich.

»Und habt Ihr Euch bereits Gedanken um die Trauzeugen gemacht?«
»Dieser Sache können nur Menschen würdig sein, die den Orden des British Empire erhalten haben«, sagte ich. »Obgleich er von niederer Herkunft ist, schlage ich hiermit Mr. John Lennon vor.«
»Laß das«, sagte sie, als meine Finger ihre Oberschenkel hinaufglitten. »Ich hab mich doch gerade erst angezogen.«
»Ich muß dir die Geschichte von den Raben erzählen«, sagte ich. »Wußtest du, daß sie sich ihr ganzes Leben lang treu bleiben?«
Sie wußte es nicht, aber es dauerte mehrere Stunden, bis ich mich erinnerte, daß ich ihr etwas erzählen wollte.
Das ganze Leben war aus Seide, dann aus weißer Haut, und unsere Bewegungen gehörten zu einer Andacht, die nie gehalten worden war. Der Altar, vor dem wir knieten, stand in einer Kirche des Flüsterns, und leise Laute streiften die Kuppel, glitten über die Fresken, um irgendwann mit dem gekräuselten Rauch einer Sobranie zu verschmelzen. Vorher schon hatte Lennon die Ringe ausgehändigt, und jetzt kam es nur noch darauf an, das zu sagen, worum es eigentlich ging.
»Ja«, sagte ich, während meine Hände über ihre Wangen und abwärts ihren Hals entlangglitten. »Ja, ich will.«
Den Anzug mußte ich bei ihr lassen, schon deshalb, weil Onkel Dan mir deswegen ziemlich blöde Fragen gestellt hätte. Ich trug weiter T-Shirt und Jeans, hievte Tomaten- und Gurkenkisten von staubigen Lastwagen und ließ mich von mißgelaunten Lieferanten anschnauzen. Egal. Es zählte nichts. Fishguard war bereits Geschichte. Natürlich würden sie uns hinterherheulen. Aber wir hatten uns entschieden.
Ich traf sie mittwochs, und ich hatte Entzugserscheinungen, weil ich sie seit Montag nicht gesehen hatte.
Vielleicht war sie etwas blasser als sonst, aber natürlich be-

merkte ich es nicht, weil Männer so etwas nie bemerken. Wir fuhren raus zum Hafen und sahen den Kormoranen zu, die im Aschenrot des Abendfirmaments verschwanden.

»Sieht aus, als würden sie verbrennen«, sagte ich. »Aber sie tun's nicht. Niemand weiß, was mit ihnen passiert, aber sie kehren immer wieder zurück.«

»Colville«, sagte sie. Sonst nichts. Vielleicht bildete ich es mir nur ein, aber es kam mir vor, als schüttelte sie unmerklich den Kopf.

»Onkel Dan geht mir jeden Tag mehr auf die Nerven«, sagte ich. »Weißt du, was er mir heute ungefähr siebzigmal erzählt hat? Daß die Beatles gar nicht so lange Haare haben, sondern bloß eine so niedrige Stirn. Unglaublich lustig.«

»Colville«, sagte sie noch einmal, und dann fiel mir plötzlich auf, daß sie mich noch kein einziges Mal angesehen hatte. Sie starrte einfach nur auf die spiegelglatte Fläche des Wassers. Die Sekunden dehnten sich wie ein Band beim Gummitwist, bevor sie weitersprach.

»Ich bin schwanger.«

Zuerst verstand ich nicht, was sie damit meinte. Es war, als hätte ich dieses Wort vorher nie gehört, als müßte ich es erst nachschlagen, bevor sich mir seine ganze Bedeutung erschließen würde. Meine Gedanken waren ein Kaleidoskop, aber ich konnte die Bilder nicht festhalten. Wieder und wieder drehte es sich, und kaum hatte ich sie mit einem Kind an der Brust gesehen, formte sich ein neues Muster, ein junger Mann, ich, älter geworden, mit wissenden Augen, das ebenso auseinanderfiel, um von Juliets Profil ersetzt zu werden, als ich meinen Blick auf sie konzentrierte.

»Ich bin hier«, sagte ich. »Ich werde immer bei dir sein.«

Ihre Stimme war so leise, als wollte sie sich selbst ein Geheimnis anvertrauen. Ich hörte sie, als würde mir jemand mit einem Megaphon ins Ohr brüllen.

»Es ist nicht von dir«, sagte sie.

Das waren nur fünf Worte, aber jetzt verstand ich endgültig nichts mehr. Vor meinen Augen flackerten die Kerzen auf der Klippe, und ich spürte ihre Wimpern an meiner Wange, das zerdrückte Gras unter mir. Es war unmöglich. Es konnte nur von mir sein.

»Ich bin im dritten Monat«, hörte ich sie sagen. »Ich hab's nicht gewußt. Verdammt noch mal, ich hab's einfach nicht gewußt.«

Ich schluckte, um diesen Knoten aus Verzweiflung, Eifersucht und Unglauben in meiner Kehle zurückzudrängen. Es nützte nichts. »Aber …«

»Ich glaube, ich habe nur mit ihm geschlafen, weil er Brian heißt«, sagte sie. »Und auch ein bißchen so aussieht. Er arbeitet bei Johnson's im Lager. Es ist nur ein paarmal passiert, und ich habe dabei immer an Brian Jones gedacht, aber ich war nicht verliebt in ihn, verstehst du, so, daß ich morgens neben ihm aufwachen wollte. Vielleicht hat er es gemerkt, jedenfalls hat er nicht mehr angerufen, und ich hab mich auch nicht weiter drum gekümmert. Ein paar Tage später hab ich ihn dann mit einem anderen Mädchen vor dem Drum & Monkey gesehen. Er hat nicht mal hallo gesagt, als ich an ihnen vorbeigegangen bin.«

»Aber neben mir wolltest du doch aufwachen«, sagte ich.

»Jeden Tag«, sagte Juliet. »Manchmal bin ich nachts aufgewacht und habe dich nur angesehen. Du könntest alle Frauen der Welt haben, Colville, wenn sie dich so sehen würden.«

»Ich will aber nur eine«, sagte ich. »Dich.«

Sie sah aus, als würde sie lautlos weinen. »Ich kann nicht bei dir bleiben, Colville.«

»Aber wieso?« Mir war, als würde ich nicht mehr genug Luft bekommen. »Die Sache mit dir und dem anderen« – ich

konnte den Namen einfach nicht aussprechen – »ist doch vorbei. Alles, was ich dir gesagt habe, ist wahr. Und das weiße Kleid … du weißt doch, worüber wir geredet haben.«
»Das ist es nicht.« Sie schüttelte den Kopf. »Ich kann nicht mit dir zusammenbleiben, mit dem Kind von einem anderen.«
»Aber warum?« sagte ich. »Warum?«
Sie vergrub den Kopf in ihren Händen. »Ich kann es einfach nicht«, sagte sie.
Ich sah sie vor mir, ihr schweigendes Staunen, als ich ihr die Geschichte von den Bären erzählt hatte. Mit aufmerksamen grauen Tieraugen hatte sie dem Treueschwur der Raben gelauscht. Ich erinnerte mich an ihr stilles Lächeln über die kleine Eule, die sich heimlich die über Nacht gewachsene braune Feder auszupft, weil sie nicht erwachsen werden will. Im Grunde war es ganz einfach.
Sie mußte nur endlich begreifen, daß sie ohne meine Geschichten nicht leben konnte. Einen letzten Versuch hatte ich noch. Es mußte die beste Geschichte werden, die ich mir jemals ausgedacht hatte.
»Hör mir nur einen Moment zu«, sagte ich, während ich mich gleichzeitig wunderte, wie ruhig ich klang. »Hast du je darüber nachgedacht, was der Ozelot im Winter macht?«
Solange wir reden, leben wir. Ich mußte die Stille mit Worten füllen.
»Der Ozelot ist eine Katze«, begann ich. »Nicht so groß wie ein Berglöwe, mehr wie ein Luchs. Der Ozelot lebt in Argentinien und Brasilien, und das Besondere an ihm ist, daß sein Revier die Bäume sind. Er ist so geschmeidig wie sonst nur Affen, und er streift über Stämme und Äste, die Jahrhunderte alt sind, lugt durch die Blätter und sieht sich die Welt von oben an. Er ist ein ziemlich scheuer Geselle, und er ist sehr, sehr vorsichtig, was die Welt unter seinen Pfoten angeht. Er

weiß nur zu genau, daß dort unten manchmal Zweibeiner mit feuerspeienden Rohren herumlaufen, die ihm ein stilles Plätzchen in der Abendgarderobe besorgen wollen. Und deshalb will er einfach in Ruhe gelassen werden.«
Ehrlich gesagt, hatte ich nicht die geringste Ahnung, was im Kopf eines Ozelots vor sich ging. Aber ich fand, daß es sich ziemlich logisch anhörte.
»Es ist früher Sommer, und der Ozelot hat gerade ein nichtsahnendes Baumhörnchen erspäht, als er in seinem Augenwinkel eine Bewegung wahrnimmt. Als er den Kopf wendet, sieht er eine Raubkatze mit dunklen Längsstreifen auf dem Fell. Zuerst denkt der Ozelot, die Katze wolle ihm sein Terrain streitig machen, aber als er mit aufgestellten Nackenhaaren auf sie zuschleicht, merkt er, daß es eine Ozelotfrau ist. Sein Fauchen geht also, weil es die Natur so will, in ein immer noch leicht unwilliges Maunzen über, und die ersten Tage tut er so, als ob er ein grimmiger Einsiedler wäre, der nichts mit anderen Ozelots zu tun haben will. Doch dann, am dritten Tag, findet er einen frischen Fasan an seinem Lieblingsplatz, der dort bestimmt nicht von selbst gestorben ist. Und damit ist der Bann gebrochen.«
Sonst hatte Juliet mich zwischendurch immer gefragt, wie die Geschichte weiterging. Diesmal saß sie nur reglos da, und für ein bloßes Schulterzucken hätte ich Lennon & McCartney für immer abgeschworen. Ich mußte auf den Punkt kommen, sonst hatte ich sie verloren.
»Der Ozelot merkt, daß sich etwas in ihm verändert hat. Plötzlich fällt ihm auf, wie anmutig die Ozelotfrau ihre Pfoten setzt, und obwohl er Vögel eigentlich nur zum Dinner mag, erscheint ihm ihr Gekreische jetzt wie der Gesang von Meerjungfrauen. Ihr Schnurren schmiegt sich an seine aufgestellten Ohren, und alles ist wie ein großer Katzentraum, aber dann, eines Morgens, gerade als er sich an sie gewöhnt

hat, wacht er auf und stellt fest, daß sie fort ist. Er denkt, daß sie unterwegs ist, um Frühstück zu holen, doch am Abend ist sie immer noch nicht wieder zurück. Und während er nicht einschlafen kann und die Sterne betrachtet, fällt ihm ein, daß er vielleicht nicht der einzige Einzelgänger unter den vielen Ozelots Argentiniens ist. Ja, das muß es sein. Aber er schüttelt nur den Kopf, und als er damit aufhört, stellt er fest, daß es inzwischen Herbst geworden ist.«

Juliet. Sag etwas. Irgend etwas.

»Er weiß, daß es Zeit ist. Er kennt ihren Geruch. Er wird sie wiederfinden. Und so zieht er los und streift durch die Steppe, vorbei an verblühten Kakteen, während er sich innerlich dafür ohrfeigt, daß er nicht früher auf die Suche gegangen ist. Er läuft weiter und weiter, und langsam kommt ein kalter Wind auf. Er friert nachts, und er spürt, daß der Winter kommt, der Winter mit Rauhreif und Stürmen und Schnee und Eis, und er hat Hunger. Er zittert vor Kälte, er verflucht sich selbst, aber dann hat er ihre Witterung aufgenommen. Eines Nachts schließlich, er schafft es kaum noch, sich auf den Beinen zu halten, meint er, in der Dunkelheit vor sich eine Katze zu sehen. Und während er weiter vorwärtstaumelt, blind vor Sehnsucht, sieht er die Lichter, die sie für ihn angezündet hat. Es sind Lichter, wie er sie noch nie gesehen hat. Sie tanzen vor seinen Augen, und dann begreift er, daß es keine wirklichen Flammen sind, sondern die Lichter, die in ihm selbst brennen, seine eigenen Laternen, die …«

»Hör auf!« hörte ich Juliets Stimme. »Hör endlich auf! Du brichst mir das Herz!«

Sie stieß mich zur Seite und sprang auf. Sie griff nach ihrer Tasche, knickte dabei mit einem ihrer Absätze um, und als ich nach ihrem Oberarm griff, riß sie sich gewaltsam los. Erst jetzt sah ich den verschmierten Lippenstift und die dunklen Ränder unter ihren Augen. Deswegen hatte sie nicht gefragt,

wie die Geschichte weiterging. Sie hatte die ganze Zeit geweint.
Ich wollte etwas sagen, brachte aber keinen zusammenhängenden Laut mehr heraus. Ich starrte auf die Stelle, wo sie gesessen hatte, und als ich ihr hinterhersah, war sie bereits so weit entfernt, daß sie mich wahrscheinlich nicht gehört hätte, selbst wenn ich gerufen hätte. Sie trug einen dunkelroten Rock und eine weiße Bluse, deren Ärmel im Wind flatterten. Dann war sie hinter der nächsten Hausecke verschwunden.
Niemand außer mir war am Pier. Ich muß ziemlich lange dort gestanden haben, denn es war fast dunkel, als ich mich entschieden hatte, was ich tun wollte. Ich lief die Hauptstraße entlang, vorbei an Fenstern mit zugezogenen Gardinen und längst geschlossenen Läden, vorbei an Walshs Garage und Fentons Eisenwarenhandlung. Der Ortsausgang lag bereits zwei Meilen hinter mir, als mir der Fahrer eines verbeulten Kleinlasters durch das heruntergekurbelte Seitenfenster zurief, ob er mich irgendwohin mitnehmen könnte. Die paar Worte, die er während der Fahrt von sich gab, wehten wie Wolkenfetzen an mir vorüber. Ich hätte sowieso keine Antworten gehabt.
Ich stolperte durch den Sand auf die Brandung zu. Das Meer flüsterte im Dunkel, und ein paar Steinwürfe entfernt sah ich die undeutlichen Umrisse dreier Gestalten, die anscheinend einen Strandspaziergang machten. Ich ging in die entgegengesetzte Richtung am Ufer entlang. Alles an mir war taub, und meine Augen brannten, als ich mich umdrehte, aber sie war immer noch nicht da. Das hier war unsere Welt, abgesteckt mit den Filterenden von Sobranies und dem Abdruck ihres nassen Hinterns im Sand. Und dort drüben lag Ramsay Island. Juliets Insel. Wir hatten nie mehr zurückkehren wollen.

Ich spähte hinaus in die Dunkelheit, über das schwarz und ruhig daliegende Wasser. Zuerst dachte ich, ich hätte mich in der Richtung getäuscht, und richtete meinen Blick ein paar Handbreit nach links aus, aber auch dort konnte ich nichts erkennen. Ich kniff die Augen zusammen und suchte den Horizont ab, ohne daß es mir gelingen wollte, die gähnende Leere zu durchdringen. Für einen Moment dachte ich, ich sei blind geworden, aber dann sah ich mein Hemd, das aus meiner Hose hing. Ich konzentrierte mich mit aller Macht und ging bis zu den Hüften ins Wasser, um bessere Sicht zu bekommen. Ich sah nichts.

Die Insel war verschwunden.

Sie würde nicht mehr kommen, das wußte ich jetzt.

»Das ist der Bursche«, hörte ich eine Männerstimme, als ich wieder ans Ufer watete. »Ich erkenne ihn genau wieder.«

Ich hob den Kopf und starrte auf die dunklen Gestalten dreier Männer; das einzige, was ich deutlich sehen konnte, war die Flasche Ruddles Best Bitter, die der mittlere in der Hand hielt. Meine klatschnasse Jeans hing wie eine Bleischürze an meinen Beinen, und dann hatten sie mich auch schon. Ich schrie, als mir der Arm auf den Rücken gedreht wurde, und dann hielten sie mich fest, rissen meinen Kopf an den Haaren zurück, während mich der erste Schlag direkt auf den Solarplexus traf. Ich krümmte mich vornüber, und als sie mich losließen, traf mich das Knie des dritten mitten im Gesicht. Ihre Schläge vermischten sich mit heiseren Flüchen, und der letzte Tritt brach mir zwei Finger, als ich ihn abzuwehren versuchte. Dann ließen sie mich am Saum der Brandung liegen.

Drei Wochen später war ich wieder in Bristol, Westbury Road No. 144, und als ich den Schlüssel im Schloß drehte, dachte ich daran, wie ich eine Woche lang morgens, mittags und abends bei ihr Sturm geläutet hatte. Am vierten Tag hatte eine weißhaarige alte Lady über ihre Lesebrille aus der Wohnungstür nebenan herausgesehen und mir erklärt, daß die junge Dame verreist sei. Ich glaubte ihr kein Wort. Ich kam immer wieder, stand minutenlang vor der braunen Holztür. Am letzten Tag schob ich ihr einen Brief unter der Tür durch. Er bestand nur aus einer Frage. Ob sie nicht wissen wollte, wie die Geschichte vom Ozelot ausgeht.

Sie hat nie darauf geantwortet.

Für die Beatles ging es abwärts. Mein Vater schenkte mir die »Magical Mystery Tour«-EP zum Geburtstag, aber ich hatte inzwischen die Byrds entdeckt. Brian Epstein hatte während meiner Zeit in St. Davids Selbstmord begangen. Ein halbes Jahr später wurde Bobby Kennedy erschossen, dann ließ sich Cynthia Lennon wegen Yoko scheiden, ich stritt mich mit meinem Vater über die Sit-in-Proteste an der Universität, und ein halbes Jahr später ertrank Brian Jones in seinem Swimmingpool. Vier Monate zuvor waren die Krays zu lebenslänglich verurteilt worden. Um diese Zeit fing ich in Ian McDonalds Plattenladen an.

Onkel Dan starb 1986, und ich schüttelte nur den Kopf, als ich hörte, daß er mich als Alleinerben eingesetzt hatte.

Es war ein sonniger Tag im August, als ich nach Fishguard fuhr. Das Gespräch mit dem Notar dauerte nicht lange, und anschließend dachte ich mir, daß ich ebensogut einen Abstecher nach St. Davids machen könnte. Die Straßen sahen genauso aus wie vor zwanzig Jahren, und ich drehte das Seitenfenster herunter, um den Sommer in mein Hemd zu lassen. Es fühlte sich anders an, vielleicht wie etwas, das ich unabsichtlich vergessen hatte.

Es war lange her.

Du und Reggie, dachte ich, als ich am Old Cross Hotel vorbeiging und meinen Blick über den Platz gegenüber schweifen ließ. Das war mein Geheimnis. Ich sah einfach so durch-

schnittlich aus, daß man mich mit jedem verwechseln konnte. Außer natürlich, wenn ich die Augen schloß.
In der Apotheke verkauften sie alles, von Postkarten über Nagellack und Kleenex bis zu Sonnencreme. Ich nahm zwei Päckchen Wrigley's und legte sie vor mich auf den Counter.
»Das macht dreißig Pence«, sagte das Mädchen.
Unwillkürlich sah ich auf, weil ich meinte, diese Stimme zu kennen. Dieser weiche Dentallaut, mit dem sie diese völlig unbedeutenden Worte über die Lippen brachte, bei dem ich spüren konnte, wie ihre Zunge die erste Silbe sanft gegen die Schneidezähne gleiten ließ. Die sacht ausklingende Note, mit der sie den letzten Ton in Schwingung versetzte.
Sie trug den gleichen weißen Arbeitskittel, den alle Verkäuferinnen in Apotheken tragen. Nur die angesteckten Namensschildchen unterscheiden sich.
Sie hieß Michelle.
»Dreißig Pence, Sir«, wiederholte sie.
»Entschuldigung«, sagte ich. »Ich habe mich nur gerade gefragt, was ein Ozelot im Winter macht.«
Sie sah mich nur verständnislos an. Aber gleichzeitig kam es mir so vor, als würde ich den Anflug eines Lächelns auf ihrem Gesicht erkennen. Den Anflug eines Papageientauchers auf die Klippe.
Und dann hatte ich plötzlich das Gefühl, mich umdrehen zu müssen.
Sie wissen, was ich meine.

Ethan Hawke

Sarah

Sarah war gerade erst in der Stadt angekommen und wohnte vorübergehend bei einigen Freunden gegenüber, bis sie in ihre neue Wohnung konnte. Gleich am Abend nach unserem ersten Treffen trat sie in derselben Bar, dem Bitter End, auf. Ich nahm Decker mit, damit er sie sich anschauen konnte. An diesem Abend sah er aus wie ein Junkie. Seine Haare trieften vor Fett, und sein langer, schlaksiger Körper wirkte vor Schlafmangel ganz ausgezehrt. Als wir reinkamen, war der Laden gerammelt voll mit Leuten, die sich alle gegenseitig zu kennen schienen.

Ich sah Sarah. Sie stand neben der Bühne und fummelte an ein paar Kabeln und einer Box herum, während sie versuchte, ein Gespräch mit zwei anderen Mädchen in Gang zu halten. Die Kabel hatten sich verheddert, und sie stolperte ständig über ihre eigenen Füße.

»Das ist sie«, erklärte ich Decker.

»Welche?« fragte er.

Ich weiß noch, wie schockiert ich war, als er das fragte. Welche? dachte ich immer. Wie konnte er das nicht wissen?

»Das Mädchen gleich da vorne, das mit den Kabeln herumspielt.«

»Ja«, antwortete er. »Süß.« Er schenkte ihr überhaupt keine Beachtung. »Was meinst du?« sagte er. »Denkst du, daß es was Ernstes wird? Ich meine, denkst du, ich sollte ein paar andere Damen anrufen?«

Ich beobachtete Sarah, die verzweifelt so tat, als würde sie sich dafür interessieren, was die beiden Mädchen sagten.
»Was ist denn mit ihren Haaren?« fragte Decker.
»Ich weiß. Total verkorkst, was?« sagte ich grinsend.
Ich ging zu ihr rüber. Decker kämpfte sich an die Bar vor. Ich war mir ziemlich sicher, daß Sarah wußte, daß ich da war, bevor sie sich zu mir umdrehte.
»Hi«, sagte sie.
»Nett, dich zu sehen«, sagte ich. »Wie war noch mal dein Name?«
»Du weißt meinen Namen nicht mehr?«
»War bloß ein Witz.«
Sie lächelte nicht. Wir musterten uns schweigend. Sie hatte noch immer die verhedderten Kabel in der Hand und sah mich an, als hätte ich sie beim Klauen erwischt.
»Das ist nicht witzig«, sagte sie. »Ich bin ein bißchen nervös.«
Das konnte man sehen. Sie stand vollkommen still, während ihre Blicke durch den Raum wanderten. »Wie hast du herausgefunden, daß wir auftreten?«
»Ein paar Leute haben es mir erzählt.«
»Wirklich? Warum?« Sie wirkte ein bißchen kurzatmig.
»Weil ich nach dir gefragt habe.«
»Wirklich? Warum?«
»Weil ich vielleicht gehofft habe, dich wiederzusehen.«
Unser Gespräch geriet ins Stocken, ihr Blick ruhte auf mir. Ich klopfte meine Taschen nach Zigaretten ab.
»Du siehst echt nett aus«, sagte sie mit vollkommen ausdruckslosem Gesicht. »Ich wußte nicht, daß du eine Brille trägst.«
»Na ja, gestern abend habe ich sie ja auch nicht aufgehabt.«
Sie sagte lange Zeit gar nichts.
»Konntest du erkennen, wie ich aussehe?« fragte sie dann.

»Manchmal trage ich Kontaktlinsen.«

»Oh«, sagte sie. »Wie sehe ich jetzt aus?« Sie ließ die Kabel fallen und richtete sich gerade auf, die Arme an den Körper gedrückt. Ich betrachtete sie. Sie trug einen grünen knöchellangen Rock und ein graues Baumwoll-T-Shirt mit einer kleinen sowjetischen Flagge über der linken Brust. Sie hatte den Kopf leicht nach links gelegt und knabberte an ihrer Unterlippe. Ihre Augenbrauen waren buschig und ungezupft. Ihre Stirn war wie zur Entschuldigung gerunzelt, doch ihre Augen überstrahlten alles. Selbst im düsteren Kneipenlicht konnte ich erkennen, daß sie grün waren. Sie war definitiv die umwerfendste Frau, die ich je gesehen hatte. Später sollte ich ihr das oft sagen, weil es wahr war. Doch in diesem Moment brachte ich nur ein »Du siehst gut aus« heraus.

»Ich fühl mich häßlich«, sagte sie noch immer ohne jeden Ausdruck im Gesicht. »Und mein Mikro funktioniert nicht.«

»Du siehst nicht häßlich aus.« Ich bückte mich, um nach dem Mikrophonkabeln zu sehen. Sie kniete sich neben mich, ihr Gesicht und ihr Atem ganz nah an meinem.

»Hi«, sagte sie.

»Hi«, antwortete ich.

Ich reckte und drehte meinen Hals, um ihr den Knutschfleck zu zeigen, den sie am Abend zuvor dort hinterlassen hatte.

»O mein Gott«, kreischte sie ein wenig lauter als beabsichtigt und bedeckte den Knutschfleck mit ihren Händen. »Hab ich das gemacht?« flüsterte sie.

»Ja.« Ich spürte ihre weichen Hände an meinem Hals. Ich wollte sie küssen und ihr sagen, daß sie bitte nicht nervös sein sollte, weil ich sicher war, daß sie großartig sein würde.

»Bist du verrückt?« fragte sie.

»Nein.«

Sie fing nervös an, den Knutschfleck zu begutachten, als hätte sie Angst davor.
»Machst du so was öfter?« fragte sie, während wir beide vor der Bühne am Boden hockten. Noch immer drängten weitere Menschen in den Laden.
»Was?«
»Mädchen küssen?«
Ich wußte nicht, was ich darauf antworten sollte.
»Ach, vergiß es«, sagte sie. »Natürlich tust du das.«
Ein großer, dünner Schwarzer mit großem Zylinder kam und sagte: »Hey, Sarah, ich denke, in ungefähr zehn Minuten fangen wir an. Ist das okay?«
»Prima«, sagte sie und sprang auf und stürmte mit langen Schritten durch die Menge in Richtung Toilette.
»Alles in Ordnung mit ihr?« fragte er.
»Ja. Ich glaube, mit ihrem Mikro stimmt irgendwas nicht.«
»Sag ihr, daß ich mich darum kümmere.«
»Danke«, sagte ich und ging ihr nach.
Ich wartete vor der Toilettentür auf sie. An der Tür klebte eine kleine Figur mit einem Kleid. Ich kam mir irgendwie vor wie eine kleine Klebefigur mit Hosen. Ich kannte sie nicht gut genug, um einfach reinzustürmen, aber genau das wollte ich unbedingt. Als eine Frau herauskam, hielt ich die Tür mit dem Fuß auf und rief leise ihren Namen.
»Sarah? Ähm … hey. Der Typ meinte, er würde sich um die Sache mit dem Mikro kümmern.«
Dann hörte ich sie leise flüstern: »Komm her.«
»Was?« wiederholte ich.
»Komm her«, wiederholte sie leise und drängend.
Vorsichtig betrat ich die Damentoilette. Ich sah mich im Spiegel und wünschte mich auf der Stelle woanders hin. Wieder hörte ich ihre Stimme. »Komm hierher«, flüsterte sie. Die Tür zu einer der Kabinen stand einen Spalt offen.

Ich ging hinein und schloß sie hinter uns. Sarah war blaß. Der Raum war hell. Wir standen uns direkt gegenüber und sahen uns im Neonlicht an. Sie stand mit dem Rücken zur Toilette, ich mit dem Rücken zur Tür. Ich glaube, wir kamen uns beide ein bißchen albern vor.
»Ich benehme mich lächerlich«, sagte sie, als würde sie jemand anderen ausschimpfen.
»Ja«, erwiderte ich. Wir schwiegen.
»Leihst du mir deine Jacke?« fragte sie.
»Klar«, sagte ich und versuchte in dem beengten Raum meine Jacke auszuziehen. Es war meine braune Wildlederjacke, die ich immer trug, egal, wie heiß es war. Ich war der Typ Fünfziger, der noch in der texanischen Hitze bei knapp vierzig Grad eine Jeansjacke getragen hatte, weil er glaubte, daß es cool aussehen würde. Aus irgendeinem Grund war ich glücklich, ihr die Jacke zu geben. Sie hielt sie mit beiden Händen.
»Das mit dem Knutschfleck tut mir leid«, sagte sie, wieder zu mir aufblickend, ihr Gesicht direkt unter meinem. Ich spürte ihren Atem kühl in meinem Gesicht. Ich wollte sie küssen, doch ich war verlegen.
»Das ist wirklich absolut in Ordnung«, sagte ich.
»Okay, du solltest jetzt wohl besser gehen.«
»Klar«, sagte ich. Ich hatte von Anfang an keine Ahnung, was ich hier tat. Ich war gerade im Begriff mich umzudrehen und zuzusehen, wie ich hier wieder herauskam, als sie »Hey« rief. Ich wandte mich wieder um und sah sie an.
»Nun ... ähm ...«, stotterte sie und blickte zu Boden. Ich streckte die Hand aus, faßte ihr Kinn und wollte ihr ein schnelles Viel-Glück-Küßchen geben, doch sobald unsere Lippen sich berührten, streckte sie mir die Zunge in den Mund. Meine Jacke noch immer in beiden Händen, reckte sie den Hals. Ich stieß mit dem Bein gegen den Klopapier-

halter, und wir polterten gegen die Seitenwand der Kabine. Verglichen mit ihrem kühlen Mund waren ihre Lippen ganz heiß.

Sie hielt inne und wischte sich mit meiner Jacke eine Strähne aus dem Gesicht.

»Du solltest jetzt wohl besser gehen«, sagte sie und fuhr sich mit dem Handrücken über ihre Lippen.

»Viel Glück«, sagte ich.

»Danke«, sagte sie und versuchte mich anzulächeln. Ich öffnete die Kabinentür, drehte mich noch einmal um und sagte: »Tu einfach so, als ob du jemand anders wärst.«

»Was soll das heißen?« fragte sie, und ihre Stimme rutschte eine halbe Oktave nach oben.«

»Denk einfach an deine Lieblingssängerin. Tu für eine Weile so, als ob du sie wärst, und dann merkst du wahrscheinlich auf einmal, daß du einfach du selbst bist.«

»Ich glaube nicht«, sagte sie.

»Na ja, dann versuch trotzdem wenigstens ein bißchen Spaß zu haben«, sagte ich und ging raus.

Als ich wieder neben Decker an der Bar stand, sah ich nach unten und bemerkte, daß meine Hände zitterten.

Sie stand mit gesenktem Kopf, die Augen niedergeschlagen, ohne Gitarre, nur das Mikrophon vor sich, in der Mitte der Bühne. Sie hatte die Hände in den Ärmeln meiner Jacke zu Fäusten geballt, und schaute, bevor der Song anfing, nur einmal kurz auf, als ob sie durch den ganzen Laden hindurchstarren würde.

Ich lief hinter der Menge auf und ab, beobachtete sie und rauchte Zigaretten.

»B-I-T-T-E hört auf, mich anzugucken«, schien ihr ausweichender Blick zu flehen. Aber eben weil sie Auftritte so haßte, war es besonders toll, ihr dabei zuzusehen.

Die Band war dieselbe, mit der sie auf dem College zusammengewesen war. »Frisch aus Seattle«, wurde sie vorgestellt, »Miss Sarah Wingfield.«
»Das ist meine Jacke, die sie da anhat«, sagte ich zu dem Typ neben mir.
Im Lauf des Sets löste sie ihre Hände von den Ärmelaufschlägen meiner Jacke und begann, rundere Gesten zu machen, hob die Hände an ihre Brust und ließ sie dann wieder neben den Körper sinken. Ihre sanfte Stimme schluckte den ganzen Raum.
Als der Auftritt vorbei war, erklärte Decker mir, daß er aus dem Laden raus wollte. Ich sagte, daß ich noch bleiben würde.
»Paß auf dich auf«, meinte er.
»Was soll das heißen?« fragte ich.
»Ich weiß nicht«, erwiderte er. »Jede Menge blöder Schnösel hier«, fügte er noch hinzu und ging.
Ich schlüpfte hinter die Bühne, und vor den Augen von einem Haufen Leute, die sich um die Band scharten, steckte ich Sarah einen Zettel zu, auf dem mit einem roten Kellnerinnenstift geschrieben stand: DU BIST SO VERDAMMT SCHÖN. Sie biß sich auf die Lippe und guckte weg, aber sie lächelte.
Ich hing noch ein paar Stunden rum und trank mit Sarah und ihren Freunden von der Cornell University. Hinter der Bühne fanden wir eine dunkle Ecke, um uns noch mal zu küssen. Sie machte jedoch ziemlich klar, daß an Rumknutschen nicht zu denken war, solange uns jemand dabei sehen konnte.
»Fandest du, daß ich gut war?« fragte sie.
»Ich fand dich ziemlich gut.«
»Ziemlich gut?«
»Du warst super.«

»Wirklich?«

Ich prustete los. »Ja«, sagte ich. »Jedenfalls für ein weißes Mädchen.«

»Ich war ziemlich gut«, sagte sie.

In dem dunklen Raum, in dem wir uns versteckten, war es schwer, irgendwas zu erkennen, aber ich wußte, daß sie träumte, daß sie im Kopf ihren Auftritt noch einmal abspulte und lachte. Ich hatte noch nie gesehen, daß sie froh und zufrieden mit sich war, und ich fühlte mich sehr geschmeichelt.

»Ich mag dich«, sagte sie. »Du bist ein netter Junge.«

»Ach ja? Danke. Du bist ein nettes Mädchen.«

»Siehst du ich kann genauso sein wie du«, sagte sie und setzte eine arrogante Pose auf.

»Was soll das heißen?«

»Ich weiß nicht. Wenn ich singe, bin ich tough, und meine Zähne werden so verrückt schief wie deine. So ein Gefühl habe ich jedenfalls.« Sie riß die Fäuste hoch wie ein Preisboxer.

»Wenn du so tough und hart bist, solltest du mir vielleicht meine Jacke wiedergeben?«

»Nein, die gehört mir«, sagte sie, drehte sich um und rannte weg.

In jener Nacht konnte ich kaum schlafen bei der Vorstellung, ihr dabei zuzusehen, wie sie all die Dinge tut, die sie vor dem Schlafengehen vielleicht machte.

Am nächsten Nachmittag lud ich sie ins Kino ein. Wir fuhren mit der Linie 1 bis zum Lincoln Center. Auf der Fahrt Richtung Uptown saßen wir uns gegenüber. Sie las die Reklame über meinem Kopf, ich sah sie an.

»In einem Monat muß ich weg«, sagte ich.

»Wirklich? Warum?«

»Ich, ähm, spiele in einem Film mit.«

»Wirklich? Wie lange wirst du weg sein?«

»Nur ein paar Wochen.«

»Oh ... Du bist echt Schauspieler?«

»Ja.«

»Und macht es dir Spaß?«

»Es ist das einzige, worin ich je gut war.«

Sie sagte lange Zeit nichts, spielte mit einem silbernen Herzen, das an einer Kette um ihren Hals hing, und starrte es an.

»Wohin mußt du denn?«

»Nach Paris«, sagte ich. Die U-Bahn hielt, und ein paar Leute stiegen zu. Ich stand auf, ging über den Mittelgang und setzte mich direkt neben Sarah. Sie redete leise weiter, während sie mit den Fäden spielte, die aus meiner Jeans fransten.

»Das klingt doch ziemlich spaßig, oder?« sagte sie.

»Willst du heiraten?« fragte ich sie. Es kam einfach so über meine Lippen.

»Was? Du und ich? Nein.«

»War bloß ein Witz«, sagte ich.

»Sei vorsichtig«, sagte sie, während die U-Bahn uns weiter voranschaukelte.

»Wie meinst du das?«

»Sag nur einfach nichts, was nicht wahr ist. Das mußt du nicht, glaub mir«, sagte sie und blickte zu mir auf.

»Das werd ich nicht.«

»Ich glaube, ich bin ziemlich empfindlich.« Sie fing an, eine Wimper aus meinem Gesicht zu streichen.

»Okay«, sagte ich.

»Und du machst mir angst.«

»Warum?«

»O bitte«, sagte sie, balancierte die Wimper auf einer Fingerkuppe und plazierte sie, weil sie nicht wußte, was sie sonst damit anfangen sollte, behutsam auf ihrer Zunge.

»Ich dachte nicht, daß ich so etwas noch einmal empfinden würde«, sagte sie.

»Was empfindest du denn?«

Ein flüchtiges Lächeln.

»Ich hab Angst«, sagte sie und zog ihre Füße hoch, bis sie im Schneidersitz auf dem roten Plastiksitz der U-Bahn hockte. »Paß nur auf, daß du nichts versprichst, was du gar nicht meinst.«

»Versprochen«, hätte ich fast gesagt. Aber dann beschloß ich zu warten, bis ich sicher war, daß sie mir glauben würde. Ich selbst glaubte mir schon vollkommen.

Die U-Bahn hielt wieder.

»Ich glaube nicht, daß ich das kann«, lachte sie.

»Was?«

»Dieses ganze Ding. Jemanden treffen, ihn mögen. Es ist alles so ... ich weiß nicht. Ich bin gerade erst angekommen«, sagte sie. »Wahrscheinlich werde ich weglaufen und dir weh tun.« Sie spielte wieder mit meiner Jeans.

»Du kannst mir nicht weh tun. Vertrau mir, ich mein das ernst. Das ist ja Teil des Problems.« Ich versuchte, ruhig zu wirken. Ich würde um nichts bitten. Ich war völlig selbstgenügsam. Sie mußte nur bei mir bleiben und meine Witze anhören.

Mein ganzes Leben hatte ich es nicht geschafft, Mitgefühl für etwas aufzubringen, auch wenn ich es gerne wollte. Ich war der Vater von zwei Abtreibungen gewesen, beide Male mit meiner ersten Freundin Samantha. Wir waren ein schrecklich fruchtbares Paar. Die erste Schwangerschaft passierte, als wir beide überhaupt je zum erstenmal mit jemandem schliefen. Samantha sagte mir bis zehn Minuten nach der Abtreibung nichts davon, daß sie schwanger war. Ich erklärte ihr, daß ich sie geheiratet hätte, aber ich weiß nicht; wir waren erst sechzehn. Das zweitemal wurde sie ein Jahr später schwanger, kurz bevor wir beide aufs College gingen. Ich schickte ihr bloß 750 Dollar.

Sarah und ich stiegen aus der U-Bahn und rannten die Rolltreppen zum Kino im Lincoln Center hoch. Sie zeigten noch einmal *Herzkönig*. Den ganzen Film über beobachtete ich, welche Stelle sie komisch fand. Sarah sah bloß auf die Leinwand, während ich mich umschaute, mit dem silbernen Herz an ihrer Halskette spielte und versuchte, ihr Ohr zu küssen.

»Hey, Alter«, sagte sie immer wieder. »Guck den Film.«

Ich erzählte Sarah, daß meine Eltern geheiratet hatten, als meine Mutter sechzehn war, und sie bis zu ihrem neunzehnten Geburtstag schon wieder geschieden waren.

Ich erzählte Sarah, daß meine Mutter mir abends vor dem Schlafengehen immer den Rücken abgerubbelt hatte. Eines Abends, als ich zwölf oder dreizehn war, hörte meine Mutter plötzlich auf und sagte: »Ich kann das nicht mehr machen, William, verstehst du?«

»Was meinst du damit?«

»Ich kann dir deinen Rücken nicht mehr so abrubbeln.«

»Warum nicht?«

»Na ja, es gefällt dir zu sehr … Du bist der Typ Junge, der Mädchen schwängert.«

Ich hatte keine Ahnung, wovon sie redete, aber sie rubbelte mir den Rücken nicht mehr ab.

Ich erzählte Sarah von Samantha und unseren beiden Abtreibungen, die die Prophezeiungen meiner Mutter absolut bestätigt hatten.

Ich erzählte Sarah alles, was mir nur einfiel.

Sie war schweigsamer, zurückhaltender mit ihren Informationen. Sie wählte jedes Wort, das sie sagte, mit Bedacht, wenn sie nicht gerade schläfrig war. Dann plapperte sie endlos vor sich hin. Sie erzählte mir von Finnegan, ihrem Hund, dem magischen Finnegan, Bezwinger all ihrer Kindheitsängste. Sie erzählte mir Geschichten von ihrem Jahr in Seattle, allein und zu schüchtern, den gutaussehenden Typ auch nur anzusprechen, der jeden Tag um zwanzig nach zwölf hereinkam und ein Truthahn-Sandwich zum Mitnehmen bestellte. »Ich mag Truthahn-Sandwiches«, wollte ich schreien.

Am Sonntag, unserem vierten Tag zusammen, gingen wir in den Zoo im Central Park und sahen Gus zu, dem Eisbären, der endlose Runden in seinem kleinen Becken drehte.
»Er hat einen so freundlichen Gesichtsausdruck, daß man nicht traurig wird«, sagt sie, »darüber, daß ein so großer Kerl auf so engem Raum eingesperrt ist, verstehst du.« Wir standen nebeneinander und sahen zu, wie er in seinem Becken herumschwamm, hinauskletterte, das Wasser abschüttelte, wieder hineinsprang und alles von vorne machte. Als es zu regnen anfing, rannten wir nicht, sondern schlenderten einfach durch den Regen die 5th Avenue hinunter.
»Weißt du, was ich machen werde?« fragte ich.
»Was?«
»Ich werde einen Wagen kaufen, einen alten mit einem großen Armaturenbrett und dich nach Nashville fahren, dich in die Grand Ole Opry bringen und einen Star aus dir machen.«
»Ja? Meinst du?«
»Wir werden von Wolf's Chili und Zitronenbrause leben. Ich werde zu den Radiosendern gehen und verlangen, daß sie sich anhören, wie du singst. Sie werden denken, ich hab eine Macke, aber dann kommst du rein in irgendeine Garderobe, die wir gestohlen haben – das beste von Woolworth.«
»Woolworth?«
»Ja, es werden harte Zeiten sein.«

Wir wurden naß. Ihr T-Shirt war durchgeweicht und betonte die Rundungen ihrer Brüste. Ich fing an zu rennen und über den nassen Bürgersteig zu schlittern. Ich hatte diese alten, ramponierten Schuhe an, die fast keine Sohle mehr hatten und mit denen man super schlittern konnte.

»Paß auf den Verkehr auf«, rief sie. Sie hatte ihre Schuhe ausgezogen und hielt einen in jeder Hand. Sie tapste barfuß durch die Pfützen, ihren verrückten Rucksack noch immer auf dem Rücken.

»Kann ich auch Johnny-Cash-Songs singen?« fragte sie und lief mir nach.

»Willst du mich verarschen? Unten im Süden sind sie total verrückt nach Johnny Cash.«

»Ich will aber auch kein zu großer Star sein, okay?«

»Nein, nicht zu groß – gerade richtig.«

Sie rannte und versuchte in mich hinein zu schlittern, kam aber mit ihren nackten Füßen irgendwie ins Stolpern. Ich fing sie auf und küßte sie.

»Ich möchte, daß du bei mir einziehst.« Diese Sachen kamen weiter einfach so aus meinem Mund. »Ich meine, zumindest bis deine neue Wohnung frei ist oder so.«

Regen tropfte aus ihren Locken, das Wasser drückte ihre Haare ganz platt, so daß ihr Gesicht nur aus ihren Augen zu bestehen schien.

»Ich habe hier unten eine Narbe.« Sie zeigte auf eine Stelle direkt unter ihrem Bauchnabel. Ihr nasses Kleid klebte an ihrer Haut. Sie war sexy. Ihre Schenkel und Hüften, ihre schmächtigen Schultern, alles war klatschnaß.

»Das macht nichts«, sagte ich. »Das ist schon okay. Ich hab nichts gegen Narben.«

»Ja, dann würde ich total gern bei dir einziehen«, sagte sie. »Ich meine, bei dir wohnen, bis meine Wohnung fertig ist.«

»Gut. Das wäre also abgemacht«, sagte ich.

»Ja.« Sie nickte, und Wasser tropfte von ihrer Nase.
Ich überlegte, ihr einen fetten, feuchten Kuß zu geben, doch statt dessen rannte ich vor und schlitterte durch eine riesige Pfütze. Als ich mich umdrehte, streckte sie die Arme hoch in die Luft und ließ sich von oben bis unten naß regnen, ihre Brüste, ihren Mund und ihre triefenden glatten Haare.

Am Mittwochabend hatten wir uns kennengelernt, Samstagnachmittag fragte ich sie, ob sie bei mir einziehen wollte, und am Sonntag waren auf einmal Blumen in meiner Wohnung, und aus meiner Stereoanlage kamen weibliche Stimmen. Ich fand es toll.
Ich kann mich nicht mehr erinnern, wie ich an jenem Sonntagmorgen aufgewacht bin – vielleicht hatte ich gar nicht geschlafen. Ich saß nur im Bett und sah Sarah beim Schlafen zu. Sie hatte nackt in meinem Bett geschlafen, mir aber nicht erlaubt, sie anzufassen. Das war mir egal. Ich liebte es, ihr beim Schlafen zuzusehen. Das Licht fiel durchs Fenster auf mein altes Bett, über die blauen Laken und auf ihr Gesicht. Ich hob das Laken an und beobachtete, wie sich ihre Brüste mit ihrem Atem bewegten. Auch sie schienen zu schlafen. Ich hoffte, daß sie nicht aufwachte. Ich deckte sie wieder zu und zog das Laken bis an ihr Kinn. Ich blickte auf und sah mich in meinem Zimmer um.
So muß Beten sein, dachte ich.

Brigitte Riebe

Vibrations!

Es war stockfinster, als sie endlich das Dorf erreichten, beide waren sie hungrig und hatten seit der verspäteten Landung in Faro nur das Notwendigste miteinander gesprochen.
»Da ist es ja, das Kaff!« Seine Stimme klang rauh. »Jetzt kann es nicht mehr allzuweit sein.«
Sie strengte sich an, das bohrende Loch in ihrem Magen zu ignorieren. »Bestimmt nicht. Höchstens noch sieben Kilometer, hat Horst gesagt. Irgendwo bei einer Wasserstelle an der Straße müssen wir dann nach links ab.«
Die wenigen Lichter vor ihnen mühten sich ab, die Nacht zu erhellen. Es sah nicht besonders romantisch aus, eher kärglich, wie sie fand, und es machte ihr nichts aus, daß es nach ein paar Kurven wieder dunkel wurde. Aber sie war froh, daß er mit dem Reden angefangen hatte. Es war alles andere als eine einfache Zeit, die hinter ihnen lag, ein schwieriges, unerfreuliches Jahr, in dem beide beruflich stark eingespannt gewesen waren. Vielleicht hätten sie auch nicht so übereilt zusammenziehen sollen. Es gab zu viele Abende, an denen sie mit wachsender Wut wartete, bis er sich endlich nach Hause bequemte, und sich dabei nach der Gemütlichkeit der provisorischen Wohnung sehnte, die sie zuvor mit zwei Freundinnen geteilt hatte. Jetzt gab es keine Glitzerschals mehr an der Garderobe, die man sich einfach bei Bedarf ausleihen konnte, keine Spontantreffen im Nachthemd vor dem Kühlschrank, wo es sich nun mal am besten über das Leben und die Schrullen der Männer philosophieren

ließ, keine Musikorgien mehr bis in die frühen Morgenstunden, wo sie alte Platten auflegten und verrückte Pläne für die Zukunft machten. Inzwischen kochte sie beinahe jeden Abend, wenn ihre Arbeit in der Redaktion beendet war, und hatte in einem Anfall verquerer Häuslichkeit sogar damit begonnen, Peters Hemden vor dem laufenden Fernsehgerät zu bügeln, bis sie endlich gemeinsam beschlossen hatten, sich eine Putzfrau zu leisten.

Urlaubsreif waren sie jedenfalls beide.

»Mist!« fluchte er halblaut. »Das ist vielleicht eine blödsinnige Holperpiste. Nichts als Kurven. Genauso, wie der Esel gelaufen ist.«

»Und wenn wir doch schnell anhalten und irgendwo eine Kleinigkeit essen?« schlug sie vorsichtig vor. »Besser fühlen würden wir uns. Außerdem ist Horst ja nicht gerade auf den Kopf gefallen. Der wird sich schon denken, daß wir irgendwann noch ankommen.«

Ihr gemeinsamer Freund betrieb in Frankfurt eine gutgehende Bar und hatte sich vor drei Jahren in dieses »malerische Fleckchen Erde irgendwo im Niemandsland«, wie er zu sagen pflegte, verliebt. Mit seinem ganzen Geld, jeder freien Minute, erstaunlicher Unkenntnis der hiesigen Verhältnisse und viel Enthusiasmus war es ihm gelungen, eine kleine Ferienanlage hochzuziehen. Karin und Peter wollten nur einige Tage dort ausruhen, um anschließend weiter nach Norden in Richtung Lissabon zu fahren. Eher Karins Wunsch als Peters, dem es nichts ausmachte, sich tagelang in einem Liegestuhl hinter seinen Ferienkrimis zu verschanzen, während sie stets neugierig auf Land und Leute war.

»Ich hasse es, unpünktlich zu sein«, knurrte er zurück. »Und wenn wir uns dann noch in dieser Pampa verfransen, können wir endgültig einpacken. Wo du doch nicht einmal nach Hause findest, wenn du zwei Straßen zu früh abbiegst.«

Jetzt sagte sie kein Wort mehr, auch nicht, als sie die unzulänglich geteerte Straße verließen und in einen Feldweg einbogen, der sich irgendwo zwischen hohen Eukalyptusbäumen verlor. Peter fuhr wie ein Verrückter, vornübergebeugt, mit zusammengebissenen Zähnen, viel zu schnell für die unzähligen Löcher, die starke Regenfälle in den weichen Boden gewaschen hatten. Inzwischen war ihr vor Hunger leicht übel, und sie betete nur noch insgeheim, sie möchten so bald wie möglich irgendwo ankommen.

»Da muß es sein.« Sie deutete mit dem ausgestreckten Arm in die Dunkelheit.

»Du spinnst. Ich sehe nichts.«

»Aber ich. Ein Licht. Ich glaube, wir sind da.«

Sie stieg aus, sobald er angehalten hatte, bewegte sich auf dem unebenen Weg vorsichtig nach unten, dem flackernden Schein entgegen. Der Nachtwind hatte aufgefrischt; es roch nach Wald und Salz und Wildnis. Vor ihr stand eine junge Frau mit zerzausten, rötlichen Locken, eine Kerze in der einen Hand, eine Rotweinflasche in der anderen.

»Guten Abend. Ich bin Luzia. Und ihr müßt Karin und Peter sein. Einen Schluck zur Begrüßung?« Sie hatte zahllose Sommersprossen und kluge, bernsteinfarbene Augen.

Karin nickte, setzte die Flasche an und ließ die warme, südliche Flüssigkeit die Kehle herabrinnen.

»Seid ihr hungrig?«

Inzwischen war auch Peter ausgestiegen, der die Fremde mißtrauisch musterte.

»Ich könnte ein halbes Pferd aufessen«, erwiderte Karin, bevor er antworten konnte. »Und zwar spielend.«

Luzia lachte. »Mit Pferdesteaks sieht es zwar ziemlich finster bei uns aus, fürchte ich. Aber wir haben Brot, Käse, Tomaten und Oliven, und Bob hat heute nachmittag frischen Kürbiskuchen gebacken. Fürs erste dürfte es also reichen. Außerdem gibt es hier in der Gegend ausgezeichnetes *frango piri-piri* – gegrilltes Hühnchen, in Peperoni eingelegt«, verbesserte sie, als sie ihre verständnislosen Blicke bemerkte. »Und spottbillig dazu. Morgen habt ihr dann Gelegenheit, euch selbst davon zu überzeugen.«

Sie ging ihnen zu den Häusern voraus, die sich als weißgekalkte Zeile an den Hügel schmiegten. Vor dem mittleren blieb sie stehen.

»Was trägst du für einen Duft?« fragte Karin sie leise.

»Magnolien. Manche halten ihn für zu altmodisch. Aber ich mag ihn.«

»Ich auch.« Luzias Augen funkelten. »Hier wohnt ihr. Horst hat mich gebeten, alles ein bißchen für euch zurechtzumachen, was ich gern getan habe. Kerzen findet ihr in der Küche, gleich, wenn ihr reinkommt. Müßt ihr auch nach oben ins Schlafzimmer mitnehmen. Strom wird nämlich erst nächsten Montag verlegt. Falls wir großes Glück haben.« Sie lachte wieder. »Das erzählt uns der Elektriker inzwischen schon die sechste Woche. Aber was soll's? Portugal ist nun mal keine Bundesrepublik Deutschland. In der Zwischenzeit kommt das heiße Wasser für die Dusche aus der Gasflasche. Und an die ist auch der Herd angeschlossen.«

Sie ließen ihr Gepäck im Dunkeln zurück und folgten Luzia zum Eckhaus, wo ein großer Tisch gedeckt war. Eigentlich waren sie fast zu müde, um zu essen, aber es machte Spaß, vor dem Feuer zu sitzen, das dicke Scheite in rötliche Glut verwandelte, und einfach anzukommen. Irgendwann ertönte von oben lautes Kinderweinen.

»Meine Lilli«, seufzte Luzia und blieb auf der Treppe noch einmal kurz stehen. »Noch keine fünf, aber hält mich seit dem Tag ihrer Geburt von morgens bis abends schwer auf Trab. Die werdet ihr morgen auch noch zur Genüge kennenlernen.«

Sie kam nach ein paar Augenblicken mit einem zärtlichen Gesichtsausdruck zurück, legte neue Scheite auf, schenkte Wein nach. »Wo steckt eigentlich Horst?« erkundigte sich Peter, der bislang kaum etwas von sich gegeben hatte.

»Ist gestern früh nach Lissabon gefahren. Hat er euch nicht erzählt, daß wir hier großen Ärger mit der Kanalisation haben? Er wollte sich mit einem Spezialisten besprechen. Damit uns hier in unserem schönen Paradies die Scheiße eines Tages nicht bis zum Hals steht.«

Leicht beschwipst fanden sie mit Hilfe einer Kerze den Weg in ihr dunkles Haus, zogen sich aus, fielen ins Bett, ohne auszupacken oder sich zu waschen. Draußen frischte der Wind auf, die Bäume raschelten und ächzten, und ein paar schwere Tropfen fielen, erste Anzeichen, daß es auch in diesem sonnigen Land bald Herbst werden würde. Es gefiel ihr, daß Peter sich auf ihre Seite rollte und ihre Brüste zu liebkosen begann. Sie streichelte zurück, er jedoch war ungeduldig, wie so oft, schob ihre Hand beiseite und drang ohne langes Vorspiel in sie ein. Sie liebten sich kurz und heftig, viel zu schnell für ihren Geschmack, aber nach den stummen, körperlosen Wochen, die hinter ihnen lagen, erschien es ihr zumindest wie ein Anfang.

Am nächsten Morgen strahlte die Sonne von einem wolkenlosen Himmel, die Eukalyptusbäume schimmerten silbriggrün, und ein kleines Mädchen mit karottenrotem Haar spielte vor ihrer Haustür in voller Lautstärke Feuerwehr.

»Tattütata, ich bin die Lilli. Tatütata – und ihr?«

»Ich bin die Karin.« Sie lachte, hob sie auf, schwenkte sie ein paarmal herum, was Lilli mit begeistertem Kreischen quittierte. »Und das ist Peter.«

Sie bekamen von Luzia Spiegeleier und geröstetes Brot vorgesetzt, dazu kaltgepreßtes Olivenöl und frischen Schafskäse, alles Erzeugnisse der Bäuerin, die am Fuß des Hügels wohnte und sich um die Anlage kümmerte, wenn sonst niemand Zeit dazu fand. Als Karin mit Peter in Richtung Strand abfahren wollte, sah sie in einiger Entfernung einen schlanken, dunkelhaarigen Mann, der beide Arme voller Schilf hatte.

Sie vergaß ihn ebenso schnell wieder, genoß den heißen Tag in den Dünen, das kalte Meer, in dem sie sich wie ein Delphin fühlte, den grünlichen Wein, den sie mittags zu gebratenen Sardinen in einer kleinen Strandkneipe tranken. Als die Schatten länger wurden, wandte sie sich in einer liebevollen Aufwallung Peter zu.

»Paß doch auf«, wehrte er sich ab, ohne sein Buch wegzulegen. »Du sandest mich ja von oben bis unten ein.«

»Wir zwei sind manchmal ganz schöne Idioten, findest du nicht?« Sie ließ sich nicht beirren. Schon so lange hatte sie sich vorgenommen, mit ihm zu reden, und nun schien ihr genau der richtige Moment dazu. »Uns einfach so vom Alltag auffressen zu lassen. Du von deiner Steuerkanzlei und ich von meiner blöden Redaktion. Dabei braucht man eigentlich wenig, um glücklich zu sein.« Ihre Geste schloß die Bucht ein, das blaugrüne Meer, die windschiefe Strandhütte. »Wir sollten einfach öfter zusammen wegfahren, Peter. Nur wir beide. Versprichst du mir das?«

»Mir scheint, du hast eine Kleinigkeit dabei vergessen. Die Kohle nämlich, die dazu nötig ist. Und jetzt sei lieb, Karin, und laß mich lesen, ist gerade so spannend.«

Sonnenverbrannt kamen sie schließlich wieder bei Luzia und Lilli an, die lautstark protestierte, weil es doch noch viel zu früh war, um ins Bett zu müssen. Karin bot an, ihr eine Geschichte vorzulesen, um das Einschlafen erträglicher zu machen, und als ihr keines der Kinderbücher so richtig gefiel, die im Zimmer herumlagen, erfand sie spontan den Zwerg Mümmi, der in einem wunderschönen Märchengarten wohnte und schrecklich traurig war, weil er immer allein sein mußte. Bis eines Tages von dem höchsten Baum eine dicke Frucht herabfiel, aufplatzte, und ein winziges Zwergenmädchen …

»Weiter!« befahl Lilli mit hochroten Wangen. »Ich will wissen, wie sie heißt.«

»Morgen«, versprach Karin und gab ihr einen Kuß auf den Karottenscheitel.

»Ehrenwort?«

»Großes Ehrenwort.«

Die anderen hatten es sich inzwischen vor dem Kamin gemütlich gemacht, und es erschien ganz selbstverständlich, daß sie den Abend wieder bei Luzia verbringen würden. Diesmal hatte Bob gekocht, und als er die dampfenden Spaghetti auftrug, setzte Karins Herz einen kurzen Augenblick aus, um dann schneller und drängender gegen ihre Rippen weiterzuschlagen. Einer der attraktivsten Männer, die sie je gesehen hatte, mit schulterlangen Locken, großen tiefbraunen Augen, in denen man versinken konnte, und den anmutigen Bewegungen eines Tänzers. Mit einem Mal war ihr Hunger wie weggeblasen; sie schob das Essen auf ihrem Teller zerstreut hin und her und begnügte sich damit, zügig dem Rotwein zuzusprechen. Ihre Haut glühte, als er sie fragte, woher sie stamme.

»Frankfurt«, sagte sie. »Natürlich nicht ganz so romantisch, wie San Francisco, das gebe ich sofort zu.«

Sein singendes, witziges Deutsch, das er einer Schweizer Großmutter verdankte, entzückte sie, und als er nach dem Essen eine Trommel hervorholte und sie mit seinen sensiblen Händen zu bearbeiten begann, konnte sie, die sich eigentlich für gänzlich unmusikalisch hielt, den Rhythmus in ihrem Blut spüren. Peter schien in eine Unterhaltung mit Luzia über langweilige Steuerprobleme vertieft, so hatte sie

Gelegenheit, sich ganz ungestört den verwirrenden, widersprüchlichen Gefühlen hinzugeben, die sie durchströmten. Sie war beileibe nicht blind für andere Männer, seitdem sie mit Peter zusammen war. Aber es passierte in all den Jahren zum erstenmal, daß ein anderer sie derart durcheinanderbrachte.

Es muß an seinen Augen liegen, dachte sie, und an diesen unverschämt langen schwarzen Wimpern. Von der Art, den Kopf zu bewegen, einmal ganz zu schweigen. Bestimmt hat er einen Harem daheim. Und es gibt kein einziges weibliches Wesen in diesem Universum, das er nicht auf Anhieb rumkriegen könnte, wenn er nur wollte.

Seltsamerweise machte es ihr nichts aus. Es war im Gegenteil aufregend, sich plötzlich wieder ganz als Frau zu spüren und nicht nur als der Kumpel, der sie für Peter in letzter Zeit offenbar gewesen war. Auf einmal war ihr klar, was sie alles falsch gemacht hatte, seitdem sie nicht nur ihre Freizeit, sondern auch eine Wohnung und damit ein Leben miteinander teilten. Es konnte ja nicht gutgehen, wenn sie ihn ständig mit einem vorwurfsvollen Gesicht erwartete, anstatt selber die Initiative zu ergreifen und Freunde zu treffen, die sich inzwischen nicht einmal mehr darüber beschwerten, daß sie niemals anrief.

Bob hielt ihr eine brennende Zigarette entgegen.

»Danke«, sagte Karin. »Ich rauche nicht.«

Wenn er lachte, wie jetzt, waren seine Zähne schneeweiß und die Augen noch dunkler.

»Kommt direkt aus Marokko«, erwiderte er. »Das beste Zeug, you can get.«

Erstaunlicherweise mußte sie nicht einmal husten, als der würzige Rauch ihre Lungen füllte. Sie nahm einen zweiten Zug, dann einen tiefen dritten, bis Peter ihr den Joint unsanft wegzog.

»Wieder einmal typisch«, sagte er mit dem schmalen Lächeln, das sie am wenigsten leiden konnte, »Hauptsache, Karin kriegt genug ab.«
Sie schnitt ihm eine Grimasse. An diesem Abend konnte er ihr nichts anhaben, und wenn er sich noch soviel Mühe gab! Anschließend kuschelte sie sich vor dem Kamin zusammen. Inzwischen hatte Bob ein kleines, batteriebetriebenes Kassettengerät betätigt, aus dem feierliche lateinische Choräle erklangen. Die Musik erfüllte den ganzen Raum und nistete sich in allen Ecken ein. Nach einer Weile hatte sie das Gefühl, zu schweben.
»Geht es euch auch so?« wollte sie fragen, aber die Buchstaben fielen seltsamerweise in ihrem Mund durcheinander wie bunte Drops, und sie brachte keinen einzigen vernünftigen Ton heraus.
Peter lehnte an der Wand und hatte wieder das strenge weiße Gesicht, das ihr jedesmal angst machte. Karin schloß die Augen und ließ sich treiben. Als Bob neben ihr kniete, um ihr einen neuen Joint anzubieten, schüttelte er an ihrer Stelle energisch den Kopf.
»Lieber nicht. Das wird sonst zuviel für sie. Sie hat keinerlei Erfahrung damit. Paß bloß auf, Karin!«
Paß bloß auf, Karin!
Karin paßte längst nicht mehr auf, hatte erst recht einen weiteren tiefen Zug genommen und fühlte sich als glühendes Energiebündel. Von ihren Händen gingen leuchtende Strahlen aus, und wenn sie die Lider halb zukniff, konnte sie genau sehen, daß Bob ebenfalls von Strahlen umzüngelt war. Seine Locken schienen Feuer gefangen zu haben; wie eine Aureole umgab es seinen Kopf.
»Du bist doch nicht etwa ein Engel?« fragte sie ihn.
»Ich glaube nicht.« Er lachte wie ein Lausbub. »Nein, eigentlich bin ich mir ganz sicher. Ist dir kalt?«

»Ja«, sagte sie, obwohl es nicht stimmte. »Ziemlich sogar.« Wie selbstverständlich legte er sich hinter sie. Sie spürte seinen sehnigen Körper, seine Arme, seine steigende Erregung.
»You are so hot«, flüsterte sie. »So heiß.«
»Du willst wissen, wie ich heiße?« Er lachte, als ob sie soeben einen köstlichen Witz gemacht hätte. »Bob Winter. Bob Denis Winter.«
Er preßte seinen Mund an ihren Hals und fand mit schlafwandlerischer Sicherheit die empfindlichste Stelle, die sie verrückt machen konnte. Für ein paar Augenblicke empfand sie etwas wie Scham oder Verlegenheit, aber die waren schnell vorüber. Während sie seine Hände auf ihrem Körper spürte, wurden ihre Gedanken zu Flügeln, und Bilder stiegen vor ihr empor: weiße Gischt in einer kleinen, halbmondförmigen Bucht, ein Sternenhimmel voll von kristallklarer Schönheit, das Licht des frühen Morgens jenseits der Bergketten. Sie spürte das Verlangen, die Beine um seine Hüften zu schlingen, ihn zu spüren, und genau kennenzulernen, und damit auch ihren eigenen Körper, ihren Rhythmus, all ihre verborgenen Bedürfnisse, die sie so lange vernachlässigt hatte. Ein warmer, erdiger Geruch ging von ihm aus, der sie an Holzkohle und herbstliches Laub erinnerte und nichts mit den künstlichen Duftstoffen gemein hatte, mit denen Peter sich gern umhüllte.
Peter – wie im Nebel glitten ihre Gedanken zu ihm.
Plötzlich war er da, als hätte er ihr stummes Rufen gehört, auf der anderen Seite, und sie war vorn und hinten von je einem Mann umarmt. Beide küßten und liebkosten sie, so daß sie ganz weich und willenlos wurde. Finger fuhren durch ihr Haar, kreisten über die Brustwarzen, ließen ihre Schenkel erzittern. Karin aber hielt die Augen geschlossen, um nicht unterscheiden zu müssen, zu wem sie gehörten. Es war wie in einem Traum oder einem fernen, geheimnisvollen

Land, in dem sich alles Bekannte aufgelöst hatte und auf einmal ganz andere Gesetze wirksam waren. Sie spürte, wie ihre Lust wuchs, bewegte sich sanft und begann leise zu stöhnen. Zwischendrin hielt sie inne, schlug die Lider auf und begegnete Luzias aufmerksamen Bernsteinaugen, in denen sie zu lesen glaubte, daß alles richtig war, genau wie es soeben geschah. Ihr Körper pulsierte; niemals im Leben hatte sie sich so frei, so vollkommen gefühlt.

Die Kassette war zu Ende, wohl schon eine ganze Weile, und vier Männerhände schliefen jetzt auf ihrem Körper.

»Du hast eine wundervolle Frau«, sagte Bob leise.

»Ich weiß«, erwiderte Peter. »Meistens jedenfalls. Manchmal allerdings frage ich mich, weshalb sie überhaupt mit einem wie mir zusammensein will.«

Karin wollte protestieren, aber es war noch immer nicht so einfach mit dem Reden, und so blieb sie einfach still. Irgendwann, als es schon zu dämmern begann, ging sie dann mit Peter hinüber in ihr Haus, das ihr ohne die Nähe der anderen kalt und lieblos vorkam, und versank bis zum Nachmittag in einen tiefen, traumlosen Schlaf.

Als sie erwacht war und sich unter der kalten Dusche neu zum Leben erweckt hatte, fand sie alles leer. Sie cremte sich ein mit ihrem heißgeliebten Magnolienduft, nach dem alles roch, was sie benutzte, um einiges liebevoller als in letzter Zeit, als wäre ihr Körper auf einmal wieder ihr Verbündeter.

Erst nach einigem Suchen entdeckte sie den Zettel auf Luzias Tisch.

Bin mit Peter und Lilli an die wilde Küste zum Baden gefahren. Du hast so fest wie ein Kind geschlafen. Freue mich schon auf heute abend. Deine L.

»Und ich erst«, sagte Karin halblaut, dann fuhr sie erschrocken um. Bob war hereingekommen, nackt bis auf einen gemusterten Pareo, den er sich nachlässig um die Hüften geschlungen hatte. Wären da nicht die Locken gewesen, er hätte mühelos als Indianer durchgehen können. Die Nase erschien ihr kräftig und herrisch; die dunklen Brauen berührten sich fast über der Nasenwurzel, was ihn verschlossen und ernst aussehen ließ. Die Lippen waren voll und schön gezeichnet.

Sie fühlte sich so verlegen, daß sie ihn kaum direkt ansehen konnte.

»Du fühlst dich gut?« erkundigte er sich.

»Ja, sehr gut. Ich habe nur zu lange geschlafen.«

Wieso nahm er sie nicht einfach in den Arm und küßte sie? War alles doch nur ein Traum gewesen?

»Ich baue gerade eine Panflöte«, sagte er. »Ziemlich schwierig. Man braucht viel ...«

»... Geduld«, ergänzte sie schnell. »Kann ich zusehen?«

Er machte eine Geste, die alles und nichts bedeuten konnte, und verließ das Zimmer. Sie folgte ihm, immer noch leicht beklommen, zu einem Brett hinter dem Haus, wo er seine Utensilien aufgebaut hatte: Rohr, Schilf, ein paar Hanfflechten, eine kleine Säge.

»Du bist Musiker?«

Liebe Güte, fiel ihr denn nichts Witzigeres oder Intelligenteres sein?

Er schüttelte den Kopf. »Ich mache Schmuck«, sagte er. »Du willst sehen?«

»Gerne.«

Eigentlich war sie enttäuscht, als er einen abgegriffenen Lederbeutel öffnete und seinen Inhalt auf das Brett ergoß. Einige vorgefertigte Ringmodelle, blaue, rote und grüne Steine, die ihr weder besonders wertvoll noch originell bearbeitet erschienen. Zum Glück gab es eine Mondsteinkette, die ihr gefiel, und einen breiten goldenen Ring, in des-

sen Mitte er einen schillernden grünblauen Stein versenkt hatte.
»Schön.« Sie wog den Ring prüfend in der Hand.
»Du hast ein guter Geschmack. Ein Opal. Mein teuerstes Stück. Du willst probieren?«
Bevor sie sich wehren konnte, steckte der Ring schon an ihrem rechten Zeigefinger. Er stand ihr, war aber ein bißchen zu eng, so daß er sich nicht mehr abziehen ließ.
»Und was sollen wir jetzt machen?«
»No probs«, erwiderte Bob leichthin. »Kein Problem. Du trägst ihn, solange du magst. Und wenn du ihn nicht willst behalten, schneiden wir dein Finger einfach durch.«
Beide lachten. Jetzt wurde er langsam wieder wirksam, der Zauber der vergangenen Nacht, in seinen Augen, seinen Zügen. Und jetzt war sie es, die ihn umfing, und er ließ sie gewähren. Ihre Lippen suchten seinen Mund; sie vergrub ihre Hände in seinem Haar. Als Motorengeräusch näher kam und sie spürte, wie er sich steif machte, um nicht ertappt zu werden, zog sich Karin wie verbrannt zurück.
Lilli rannte voran; Peter und Luzia folgten ihr mit einem großen Korb voller Muscheln.
Ein schönes Paar, dachte Karin unwillkürlich, er so groß und blond und sie so weich und rötlich.
Ob sie das von Bob und mir auch denkt?
Und zum erstenmal seit ihrer Ankunft stellte sie sich die Frage, in welchem Zimmer von Luzias Haus eigentlich Bob schlief. Plötzlich glaubte sie den wachen Blick der Bernsteinaugen kaum noch ertragen zu können.
Luzia gab Bob einen flüchtigen Begrüßungskuß, dann schob sie ihn ein Stück von sich weg und musterte ihn voller Aufmerksamkeit.
»Du riechst nach Magnolien«, sagte sie, »wie Karin.«
Und ging ins Haus.

Karin wollte ihr nach, um alles zu erklären, aber sie wußte nicht, was sie sagen sollte. Ihr Magen krampfte sich zusammen. Ein Schmerz, der nicht verschwinden wollte.
Die nächsten beiden Tage gingen sich alle aus dem Weg. Peter und Karin waren bis zum Einbruch der Dunkelheit mit dem Wagen unterwegs, während Bob an seiner Flöte arbeitete und Luzia mit der Anlage eines kleinen Gemüsegartens beschäftigt war. Wäre da nicht Lilli gewesen, die Abend für Abend auf die Fortsetzung ihrer Geschichte pochte, ihre Begegnungen hätten sich wohl auf ein kurzes Hallo beschränkt.
In der dritten Nacht klatschte Regen auf die Dächer, und als sie am Morgen erwachten, hatte sich die Landschaft um sie herum in eine grüne, neblige Dschungelwelt verwandelt. Inzwischen regnete es nicht mehr nur, sondern es goß wie aus Kübeln, und es blieb ihnen nichts anderes übrig, als den Tag im Haus zu verbringen. Irgendwann ging Peter hinüber zu Luzia, angeblich, um Kekse und Tee auszuleihen. Nachdem er über eine Stunde ausgeblieben war, wagte auch Karin den Weg.
Zoff lag in der Luft, das spürte sie, sobald sie die Tür hinter sich geschlossen hatte. Bob wich ihren Blicken aus, und als sie zu der Ofenbank schaute, auf der sich sonst die schwarze Katze der Bäuerin räkelte, wußte sie, bevor sie die zusammengefaltete Decke entdeckte, daß er dort geschlafen hatte. Seine Lider waren geschwollen, und Luzia hatte energischere Bewegungen als sonst.
»Bob fährt nach Hause«, trällerte Lilli, als sie genug davon hatte, alte Zeitungen in Streifen zu reißen und überall auf dem Steinboden zu verstreuen. »Bob fährt wieder heim. Mir ist so langweilig. Spielst du jetzt endlich mit mir?«
»Meinetwegen?« wollte Karin erschrocken fragen, aber angesichts Luzias mühsam beherrschter Miene ließ sie es lieber bleiben.

»Morgen wird es bestimmt wieder schön«, machte Peter sich Mut, als sie abends zusammen im Bett lagen. »Dann fahren wir weiter nach Lissabon, ja? Endlich mal was Richtiges erleben. Irgendwie geht mir nämlich diese ländliche Idylle hier inzwischen mächtig auf den Sack.«
»Mir nicht«, widersprach Karin. »Ich hab' mich schon lange nirgendwo mehr so wohl gefühlt. Können wir nicht noch ein paar Tage bleiben?«
»Ach, spekulierst du vielleicht darauf, daß dir dieser Ami wieder sein Dope verabreicht, damit er dich ungestört antatschen kann? Ich hab' einmal gute Miene dazu gemacht, aber glaub bloß nicht, daß das eine Art Freibrief war. Ich kann nämlich auch ganz anders!«
Sie setzte sich auf, blaß vor Zorn. »Und das wäre?«
»Wünsch dir lieber nicht, das herauszufinden.«
Es ging ihm fast spielerisch über die Lippen. Als ob er ein Recht hätte, ihr Vorschriften zu machen! Aber hatte sie nicht selber ihren Teil dazu beigetragen? Jetzt jedenfalls hatte sie genug davon.
»Idiot! Was bildest du dir eigentlich ein?«
Er mußte voller Wut zugeschlagen haben, denn ihre Wange brannte schmerzhaft.
»Hau ab«, flüsterte Karin. »Hau bloß ab!«
»Karin, es tut mir leid.« An seiner Stimme erkannte sie, daß er kaum weniger erschrocken war, als sie selber. »Das wollte ich nicht. Wirklich! Aber du hast mich einfach derart in Rage ...«
»Raus – aber schnell!«
Jetzt hatte sie Zeit, um in Ruhe nachzudenken, und endlich den Mut, um das zu tun, was schon lange fällig gewesen wäre. Sie schlief keine Minute für den Rest der Nacht, sondern blieb ausgestreckt auf dem Bett liegen und ließ ihr Leben mit Peter wie einen Film vor sich ablaufen.

Zu wenig Freude, lautete ihr Resümee, zuviel Streß. Nicht genug Liebe.
Und viel zu viele Lügen.
Morgens kam er ins Zimmer gepoltert. »Bist du endlich wieder zur Vernunft gekommen?«
»Allerdings.« Ihre Stimme war ganz ruhig.
»Dann laß uns abhauen. Wird zwar nicht einfach werden, den Berg raufzukommen, nach dem Regen, aber wir werden es schon schaffen.«
»Du«, sagte sie fest. »Du wirst es schaffen.«
»Heißt das, du bleibst hier, um dich diesem Schönling an den Hals zu werfen?« Seine Augen waren schmal geworden.
»Das heißt, ich fange endlich damit an, das zu tun, was ich will.« Sie wandte sich ab.
»Dann mußt du aber auch die Konsequenzen tragen.«
»Damit habe ich bereits gestern nacht begonnen. Gute Reise, Peter.«
Es überraschte sie nicht besonders, daß Bob ebenfalls mit gepacktem Gepäck vor Luzias Haus stand. Der Regen fiel spärlicher; gegen Westen war es schon deutlich heller geworden.
»Kannst du ihn mitnehmen? Wenigstens bis ins Dorf, dort, wo die Busse nach Faro abgehen.« Luzia wandte sich direkt an Peter. Ihr Ton war gleichmütig, weder bittend noch fordernd. »Oder hast du etwas dagegen?« Das war an Karin gerichtet.
»Keineswegs«, erwiderte sie wahrheitsgemäß. Es war ein wunderschöner Traum gewesen, aber es war höchste Zeit, daß sie endlich erwacht war.
»Du schuldest mir noch das Geld für den Ring, Karin. Siebenhundert Mark. I need the money right now.« Bobs Augen bettelten um Luzias Nähe. Umsonst.
Der Opal ließ sich immer noch nicht abziehen, nicht einmal

mit reichlich Seife. Schweigend füllte Karin den Scheck aus und reichte ihn ihm.
»Alles Gute«, sagte sie leise. »Es war schön, dich zu treffen.«
Er blieb ihr die Antwort schuldig und stieg schweigend zu Peter ein, der in die Ferne stierte, als sei allein von dort Hoffnung zu erwarten.
»Uff!« machte Luzia zu Karins Erstaunen, als das Auto mit den beiden Männern aus ihrem Blickfeld verschwunden war. »Und wie wäre es jetzt mit einem eiskalten *viño verde*?«
»Prima Idee. Laß uns später schwimmen gehen, ja?«
Das Meer war wilder und grüner als vor dem Regen und so kalt, daß es Überwindung kostete, unterzutauchen. Irgendwann gewöhnten sie sich daran, ließen sich von den hohen Wellen überspülen, während Lilli ihre Burg baute, und schließlich wieder ans Ufer treiben. Im warmen Sand blieben sie prustend und erschöpft liegen. Jetzt erst bemerkte Karin, daß Luzia einen ganz ähnlichen Ring trug.
Sie zog den ihren ab, was nach dem kalten Bad plötzlich keinerlei Schwierigkeiten mehr bereitete, und warf ihn dann mit hohem Schwung ins Wasser. Luzia stutzte einen Moment; dann tat sie mit ihrem Ring das gleiche.
»Die fressen jetzt bestimmt die Fische«, sagte Lilli, die atemlos zugeschaut hatte. »Und dann bringen sie beide zu Neptun. Der ist nämlich ihr Chef. Deshalb tut er sie in seine Schatzkammer.«
Das Lachen kam wie eine Erlösung.
»Du kannst gern erst einmal bei uns wohnen, wenn du nach dem Urlaub nicht weißt, wohin«, sagte Luzia. »Und in Ruhe darüber nachdenken, was werden soll. Ich hatte gleich anfangs so ein Gefühl, daß wir gut miteinander auskommen würden. Vibrations, du verstehst schon.«
»Ich auch«, sagte Karin. »Und danke, daß du nicht eifersüchtig …«

»Danke dir. Außerdem war es längst zwischen uns vorbei. Aber manchmal braucht man eben fremde Augen, um richtig zu sehen.«
»Oder eine Brille«, schrie Lilli.
»Oder eine Brille«, sagten Karin und Luzia wie aus einem Mund.

Chris Trautmann

Nachbarn

Er hört sie wieder nebenan mit ihren Töpfen klappern. Vielleicht wäscht sie gerade ab. Zum Glück sitzt er nicht auf dem Klo, sondern liegt in der Badewanne. Das ist um Längen besser und bei weitem nicht so peinlich. Es könnte, rein theoretisch, sogar zu einer zaghaften erotischen Annäherung führen. Wie, weiß er allerdings auch noch nicht. Er kann ja schlecht anfangen, plötzlich laut rumzustöhnen. Sicher, das würde sie hören, aber es hätte bestimmt nicht den gewünschten Effekt. Er würde sich bloß lächerlich machen. Und typische Badegeräusche? Singen und den Brausekopf auf- und zudrehen? Aber ob das ihre Phantasie anregt? Wahrscheinlich nervt es sie nur.

Er hat sie noch nicht einmal zu Gesicht bekommen, denn er wohnt erst seit kurzem hier, und bisher haben weder das Schicksal noch ihre Feierabendzeiten dafür gesorgt, daß sie sich über den Weg liefen und Gelegenheit zu einem freundlichen Hallo bekamen. In diesem Hallo hätte schon alles liegen können. Dieses Hallo hätte ihm helfen können, zu entscheiden, ob ihm die wenigen Male peinlich sein mußten, bei denen er auf dem Klo saß, während sie nebenan in der Küche hantierte. Doch, es war peinlich, denn natürlich war sie hübsch, und sicher wäre sie an ihm interessiert. Es kann gar nicht anders sein. Er spürt durch die beige Kachelwand seines Badezimmers hindurch, daß da nebenan eine schöne Frau herumstöckelt, eine junge attraktive Frau, die sich gerade fragt, was für ein Mann denn da drüben im Badezimmer wohl badet. Sie malt sich bestimmt aus, wie er in der Wanne aussieht. Unwillkürlich zieht er den Bauch ein. Trainier mal wieder, denkt er, und drückt mit Daumen und Zeigefingern beider Hände einen Fettwulst zusammen. Er hebt das Becken aus dem Schaumwasser und betrachtet sein schlaffes Ding. Der Schaum rutscht über seine Hüftknochen herunter. Na, so schlimm ist das mit dem Bauch auch noch nicht. Vielleicht mag sie Männer mit einem kleinen Bauch.

Das gedämpfte Poltern läßt ihn vermuten, daß sie tatsächlich beim Abwasch ist. Das bedeutet, daß sie sich jetzt an der Wand aufhält, die direkt an seine Badewanne grenzt. Komische Architektur, findet er. Die Küche der einen Wohnung an das Badezimmer der anderen Wohnung grenzen zu lassen. Das Haus ist sehr alt und vor zwanzig Jahren von Grund auf renoviert worden, hatte der Vermieter erzählt. Und da war ihnen wahrscheinlich nichts Besseres eingefallen. Hatte vielleicht mit den Anschlüssen zu tun. Jedenfalls war es peinlich, wenn er auf dem Klo saß und sie nebenan in der Küche. Womöglich beim Essen.

Zweimal hatte er sie dabei drüben gehört, und danach hatte er immer sorgfältig gelauscht, bevor er sich aufs Klo setzte. Die Schüssel ist auch noch ein sogenannter Tiefspüler. Geräuschvolle Sache.

Das Wasser in der Badewanne ist noch immer sehr warm, obwohl er jetzt schon eine halbe Stunde darin liegen muß. Das gedämpfte Poltern hat aufgehört. Ganz leise ist das Radio zu hören und ihre Schritte, die sie durch die kleine Küche und hinaus in den Flur und wieder zurück tragen. Zurück in seine Nähe. Wenn er mit dem Kopf untertaucht, ist es noch besser zu hören. Aber länger als fünfzig Sekunden kann er den Atem nicht anhalten. Außerdem muß er dabei die Luft etappenweise aus den Lungen lassen, und womöglich klingt das, als säße hier jemand mit heftigen Blähungen in der Wan-

ne. Also taucht er nur ganz kurz, und wenn der Druck zu groß wird, kommt er wieder hoch und atmet leise aus.
In seiner Phantasie trägt sie rote Pumps, ein beiges Kostüm oder einen beigefarbenen Rock, dezente Erotik. Dazu helle Strümpfe und eine Bluse. Sie hat blonde, gewellte Haare, schulterlang. Oder schwarz? Nein, nicht schwarz. Rot? Ja, rot ginge auch. Aber sie ist blond, ganz sicher. Das hört er am Klang ihrer Schritte. Eine entschlossene, blonde Frau. Sie ist alleinstehend, aber sie ist nicht einsam. Von einer einsamen Frau wären solche Schritte nicht zu hören. Einsame Frauen gehen anders.
So oder so, die Initiative muß er ergreifen. Es ist zwar nett, in der Wanne zu liegen und zu phantasieren, aber es bringt ihn seiner wunderschönen blonden Nachbarin kein Stück näher. Die kalten Kacheln bleiben zwischen ihnen.
Aber einfach klingeln? Hallo, ich wollte mich nur kurz vorstellen, ich bin Ihr Nachbar, dessen Klo an Ihre ... Das geht nicht. Ich bin Ihr Nachbar genügt. Ach ja, ich habe Sie nebenan gehört. Das ist wohl Ihr Badezimmer, da neben meiner Küche? Schöner Mist.
Er legt den Kopf über der Wasserlinie an die kühle Emaille der Badewanne. Wenn ich sie doch nur einmal lächeln sehen könnte, denkt er. Statt dessen liege ich hier stundenlang in der Wanne, um ihr nahe zu sein und hoffe, durch dezente Badegeräusche ihre erotische Phantasie zu entfachen und ihre Neugier zu wecken. Da kann ich ungefähr baden, bis mir Schwimmhäute zwischen den Zehen wachsen.
In diesem Moment hört er ihre Stimme. Er kann zwar weder die Stimmlage noch die einzelnen Worte genau erfassen, doch überlagert dort drüben eindeutig etwas die Radiogeräusche. Sie telefoniert. Mit wem telefoniert sie? Oder führt sie Selbstgespräche? Redet sie mit ihm? Ist das möglich? Hallo, Nachbar, komm aus der Wanne und rüber zu mir. Ich

habe ein leckeres Abendessen zubereitet. Hast du keine Lust? Jetzt wird die Stimme lauter. Sie hat ein Handy oder sowas. Er veranstaltet ein leises Plätschern, um sie daran zu erinnern, daß er auch noch da ist und langsam in der Wanne aufweicht. Wenn ich bloß nicht so feige wäre. Und was, wenn sie mich gar nicht baden hört? Umsonst das ganze Theater? Ach was, wenn ich sie hören kann, hört sie mich auch. Und Badewannengeräusche fachen immer die Phantasie an. Immer.

Als Kind hatte er seine ältere Cousine beim Baden beobachtet, wie sie sich einseifte von oben bis unten, in der Badewanne kniend, den einen Arm erhoben, während sie mit der anderen Hand den Waschlappen über ihre Brüste ... jetzt hat er eine Erektion. Die schwankt allerdings zwischen der telefonierenden Nachbarin in dem beigen Kostüm und den roten Pumps und seiner jugendlichen Cousine hin und her. Jetzt muß er nur die Nachbarin statt seiner Cousine in die erinnerte Badewanne verfrachten. Aber wenn ich Hand an mich lege, klingel' ich drüben ganz sicher nicht mehr. Wie alt ist meine Cousine jetzt eigentlich? Gaby, so hieß sie. Seit Jahren nichts mehr von ihr gehört. Was wohl aus ihr geworden ist?

Drüben stöckelt die schöne Nachbarin, dieser blonde Traum, wieder in ein anderes Zimmer. Sie läßt ihn hier allein zurück, doch seiner Erektion kann das nichts anhaben. Es steigert sogar den Reiz. Meine Badewannendomina, geh fort, quäl mich mit deiner Abwesenheit, laß mich zappeln. Apropos zappeln. Seine Füße zappeln inzwischen über dem Badewannenrand, während er sein Ding bearbeitet. Er stellt sich vor, wie sie, das Handy am Ohr, vor seiner Wanne steht und auf ihn herunterblickt. Sie legt einen ihrer rotlackierten Fingernägel an die vollen Lippen und lächelt. Dann bückt sie sich langsam zu ihm herunter und ... wie kurze Torpedostöße schießt es heraus und klatscht lautlos aufs Wasser. Scheiße. Er haßt Sperma im Badewasser. Es flockt und klebt gummiartig in den Brust- und Schamhaaren, ist kaum mehr herauszukriegen. Man muß es nach dem Abtrocknen bröckchenweise rauspulen, das ist doppelt eklig, weil man das Wichsen vergessen will.

Und die Nachbarin? Hab ich gestöhnt, fragt er sich? Nein, vielleicht einmal schwer durchgeatmet. Aber das war's jetzt leider, er muß raus aus der Wanne. Abbruch für heute, keine Aktion mehr. Er will sich nicht beklagen, so schlecht war es ja gar nicht, aber er braucht bei ihr noch einen Anlauf. Das muß er sich eingestehen. Heute abend klingelt er jedenfalls nicht. Später in der Nacht liegt er im Bett und hört sie nebenan. Sie ist nicht allein, soviel ist klar, und irgendein Kopf oder sonstiger Körperteil rumst gegen irgend etwas, das Kopfteil des Bettes, den Bettpfosten. Ungeniert laute Rammelgeräusche. Herrenbesuch, denkt er, ein Pornowort. Er liegt hellwach und lauscht den Geräuschen, und die Geilheit sprintet locker an der Enttäuschung vorbei. Er steht auf und legt das Ohr an die Wand. Der Film beginnt.

Evelyn Holst

Du wolltest es doch …

Schau dich doch mal an«, sagte sie freundlich, während sie sich einen weiteren Rotwein bestellte und ihm das leise Zischeln, mit dem sie ihre seidigen Beine aneinanderrieb, wie ein süßes, klebriges Gift die Sinne fast vernebelte, »wir passen einfach nicht zusammen. Du bist süß, ein richtig Netter, aber ich brauch was anderes. Was ganz anderes.«
»Was denn anderes?« fragte er, und halb ihrer Antwort lauschend leckte er sie ab, erst sanft, dann immer rauher, vom Hals, dann tiefer, bis zum Bauchnabel, tiefer, bis …
»Ich brauch den Kick, die Gefahr«, sagte sie gerade, als er den zarten, leicht feuchten Zwischenraum ihrer Zehen in Arbeit hatte, »ich muß Adrenalin spüren. Der ganze normale Sex gibt mir nichts. Und du bist einfach zu normal für mich.«
Er schaute hoch und blieb an ihrer Unterlippe hängen, die voll war und saftig und ihn mit sündigen Vorstellungen quälte. »Hast du schon mal so einen Kick erlebt?« fragte er, wie beiläufig und faltete die Serviette auf seinem Schoß auseinander.
Sie lachte und schenkte sich Wein aus der Karaffe nach. Es war bereits ihr viertes Glas, und sie leerte es mit einem Schluck. »Nein«, sagte sie und zündete sich eine Zigarette an, »noch nie. Aber ich träume davon, seit ich vierzehn bin. Von einem gefährlichen Mann. Von Zorro. Aber wahrscheinlich sind solche Männer ausgestorben.«
Sie erhob sich, als habe sie plötzlich genug von diesem Abend, genug von ihm. »Ich betrachte mich als eingeladen,

deine Gehaltserhöhung war schließlich höher als meine. Machs gut.« Sie lächelte. Sekunden später hatte die warme Dunkelheit der Sommernacht sie verschluckt.
Als er sie am nächsten Tag in der Redaktion wiedersah und die kleinen, feuchten Flecke unter ihren Armen mit zarten Küssen bedeckte und den leicht würzigen Schweißgeruch einsog, der ihm während der Redaktionskonferenzen zuverlässig die Konzentration raubte, zwinkerte sie ihm zu. »Vergiß, was ich gestern abend gesagt habe«, ihre Stimme, ihre Stimme hörte er jede Nacht in seine Träumen, »ich hatte eindeutig zuviel getrunken.«
Sie standen beide vor dem Fahrstuhl, dessen Tür sich ihnen öffnete. Sie stiegen ein, sie drückte, sie waren allein. »Du siehst komisch aus, ist was?« fragte sie, und er wußte, daß er sie anlügen mußte, weil seine Antwort sie nicht ernsthaft interessierte, weil *er* sie nicht interessierte. Vermutlich hätte sie laut gelacht. Oder ihn mitleidig angeschaut, was noch schlimmer war.
Und doch … »Wir sind allein«, sagte er und schaute sie an, »alle möglichen Dinge könnten passieren.«
»Daß der Fahrstuhl steckenbleibt, meinst du?« Sie lachte.
»Zum Beispiel«, sagte er und sah sie an, »der Fahrstuhl bleibt stecken, und ich nutze die Gunst der Stunde und fall über dich her.« Er hielt den Atem an. Jetzt, dachte er, jetzt passiert es …
»Sag mal, spinnst du?« rief sie, die Tür öffnete sich, sie stiegen aus.
So kann es nicht weitergehen, dachte er.
Daß er abends vor ihrem Haus stand und die hellerleuchteten Fenster ihrer Wohnung beobachtete, war Zufall. Er kam vom Joggen, und daß in seiner verschwitzten Trainingshose, eine Skimaske und eine Packung Hansaplast steckten, lag nur daran, daß er sich an diesem noch immer feuchtschwülen

Sommerabend nicht erkälten und für jede Eventualität gerüstet sein wollte. Aber jetzt stand er hier. Wie günstig, daß sie im Parterre wohnte, und der kleine Vorgarten vor ihrem Wohn- und Schlafzimmerfenster auch abends nicht von gassigehenden Hunden aufgesucht wurde. So wurde er von niemandem gestört. War ganz allein mit ihr. Ob sie ihn spürte, durch die Wand hindurch? Er wollte es glauben, wollte an sie glauben.

Sie löschte das Licht im Wohnzimmer und ging ins Bad. Vorsichtig schlich er sich vors Fenster. Sie sah ihn nicht, als sie sich jetzt auszog und ihre Kleidungsstücke achtlos auf den Boden warf. Zum erstenmal sah er sie nackt. Sein Atem stockte, sein Herz klopfte laut und schmerzhaft. Sie war noch schöner, als er sie sich tausendmal ausgemalt hatte. Ihre Schultern waren breit, fast männlich, ihr Bauch straff, ihre Beine kräftig. Ob sie nackt schlafen würde? Er mußte sich zwingen, ruhig stehenzubleiben, nicht noch in allerletzter Sekunde alles zu verderben. Jetzt putzte sie die Zähne, warf danach schwungvoll ihre langen, blonden Haare nach vorn, bürstete sie, warf den Kopf zurück und verließ das Badezimmer. Er folgte dem Lichtkegel zur Schlafzimmertür, die zum Garten hinausging. Die Tür stand leicht offen, er stellte sich dahinter. Leise, ganz leise. Sie lag bereits im Bett und las. Plötzlich klingelte das Telefon, sie griff danach.

»Hi«, sagte sie und an dem weichen Timbre ihrer Stimme erkannte er sofort, daß sie mit einem Mann sprach, »nein, ich liege schon im Bett«, ihre Stimme klang ungeduldig, »allein? Warum fragst du, Spießerlein? Eine Frau wie ich schläft nie allein. Mein Traummann liegt neben mir. Besser gesagt, unter mir. Schlaf gut.« Sie legte auf, gähnte, streckte sich. Und plötzlich war kristallklar, was er tun mußte.

Warten.

Endlich löschte sie das Licht. Er preßte sein heißes Gesicht

an die kühle Scheibe und lauschte. Sie drehte sich hin und her, dann wurde sie ruhig. Ihre Atmung wurde flacher.
Jetzt, dachte er, jetzt.
Behutsam schob er die Terrassentür zur Seite und betrat ihr Schlafzimmer. Dann griff er in seine Hosentasche und holte die Maske heraus. Er stülpte sie über sein Gesicht und näherte sich ihrem Bett, aus dem jetzt ganz leichte Schnarchgeräusche drangen. Während er langsam auf das Bett zuging, zog er sich aus, bis er nackt war. Dann setzte er sich auf ihre Bettkante, schob ihre Decke zurück und betrachtete sie. In der Dunkelheit leuchtete ihre Haut wie ein milchiger Mond. Er rückte die Maske zurecht und begann sie zu streicheln, endlich ungestört, endlich so, wie er es wollte. Er fuhr mit dem Zeigefinger vom Hals über die feuchte Furche zwischen ihren kleinen, festen Brüsten, bis hinunter zum Bauchnabel. Ganz zart, ein Hauch nur.
Sie seufzte und reckte sich. Sie lächelte im Schlaf. Sie wollte es also auch. »Dein Wunsch ist mir Befehl, mein Schatz«, flüsterte er in ihre schweinerosa Ohrmuschel und nahm federleicht von ihr Besitz. Als ihre Haut anfing zu glühen, wachte sie auf. In der Dunkelheit sah sie nur das Weiße seiner Augen. Sie öffnete den Mund zum Schrei, aber er war schneller. Zugeklebt lag sie nun vor ihm, und ihre Augen waren weit aufgerissen vor Angst. War es wirklich Angst? Oder etwas ganz anderes? Langsam erhob er sich, stand jetzt dicht vor ihrem Bett und legte ihre Hand dahin, wo er sie seit tausend Jahren haben wollte. »Faß mich an«, flüsterte er, »tu alles, was ich dir sage.«
Sie ließ ihre Hand, bewegte sie sogar, erst langsam, dann schneller, aber da lag er schon auf ihr und brauchte ihre Hand nicht mehr, weil er sie hatte, endlich, endlich sie.
Als ihr Atem schneller wurde, riß er ihr Pflaster ab. »Komm jetzt«, befahl er leise, »komm mit mir.«

Und sie glühte noch immer und tat, was er wollte, und es war so, daß er wußte, er würde es nie vergessen. Und sie auch nicht.
»Wer bist du?« flüsterte sie, als sie naß und erschöpft unter ihm lag. »Nimm doch die Maske ab.«
Er stand auf und zog sich an. Langsam dämmerte der Morgen. Er mußte verschwinden. Sie lag noch immer da, ganz entspannt, sah ihn nur an. »Es war noch nie so schön für mich«, flüsterte sie, »bitte komm wieder.«

Als er sie am Montag auf dem Redaktionsparkplatz wiedersah, leuchtete sie. Beschwingt schloß sie ihr Auto ab, hakte sich bei ihm unter. »Du siehst gut aus«, sagte er, »darf man fragen, was du am Wochenende getrieben hast?« Sie seufzte nur. »Das würde so ein Mann wie du doch nicht verstehen«, lächelte sie. »Und du?«
»Ich hab meine Mutter im Altersheim besucht«, meinte er leichthin, »woll'n wir heute ins Kino gehen?«
Sie schüttelte den Kopf. »Gib's doch endlich auf«, sagte sie freundlich. »Du bist einfach kein Mann für mich.«
Er zog die Schultern hoch und grinste sie an. »Vielleicht hast du recht.« Er wandte sich zum Gehen. »Du brauchst eben deinen Kick.«
»Tut mir leid«, meinte sie, »aber ich hab mich am Wochenende in einen anderen Mann verliebt. Da hängt übrigens was aus deiner Tasche. Paß auf, daß es nicht rausfällt.«
»Danke«, sagte er.
Er lächelte und schob die Skimaske tiefer in seine Tasche. Und freute sich auf die nächste Nacht.

Frank Goosen

Petting statt Pershing

Ich hatte keine Ahnung vom Anmachen, als es passierte. Bevor ich anmachen konnte, wurde ich angemacht.
Es war Anfang der achtziger Jahre, und ich war verliebt in meine Schülersprecherin. Es war die Zeit, als wir alle durch die Straßen liefen und brüllten: »Petting statt Pershing« – wobei wir vor dem einen soviel Angst hatten wie vor dem anderen. Die Schülersprecherin hieß Britta und war das schönste Mädchen, das wir alle bis dahin gesehen hatten. Nach den Sommerferien 1982 war sie einfach da, zugezogen von außerhalb. Nur einen Monat später gewann sie die Wahlen gegen einen aussichtsreichen Kandidaten. Alle Jungs waren ihr verfallen und versuchten es doch, so gut es ging, zu verbergen. Aber nachts träumten wir von ihrem fast indianischen Teint, ihren beinahe asiatisch verengten Augen, und tagsüber nahm ihr Gang uns den Atem, wie sie so selbstverständlich königinnenhaft über den Schulhof schritt, als zählte sie die Häupter ihrer Lieben.
Ich machte überall mit: Schülerzeitung, Anti-Atom-Gruppe, Arbeitskreis Nicaragua und was sonst noch anfiel. Nach einiger Zeit hatte ich tatsächlich begriffen, was das für eine Sauerei war, was die Amerikaner in Mittelamerika veranstalteten, wie sie versuchten, das legitime Selbstbestimmungsrecht des nicaraguanischen Volkes vermittels ökonomischer und militärischer Repression zu unterminieren. Ich hatte mich schon daran gewöhnt, allenfalls als unauffälliger Zuarbeiter meinen Beitrag zu leisten und Britta nur aus der Ferne

anzuschmachten, als sie mich eines Tages nach einer Sitzung des Arbeitskreises Nicaragua beiseite nahm und fragte, ob ich nicht Lust hätte, ihr bei der Erstellung eines Flugblattes zu helfen, das es den Amis mal so richtig zeigen und nebenbei unseren Mitschülerinnen und Mitschülern endgültig die Augen öffnen sollte über das liederliche Treiben Ronald Reagans und seiner Spießgesellen. Da ich momentan Schwierigkeiten hatte, mich überhaupt an meinen Namen zu erinnern, konnte ich nicht nein sagen, und während Sturzbäche von Angstschweiß aus meinen Achseln schossen, kriegte ich so eben ein Kopfnicken hin. »Prima«, sagte Britta, gab mir ihre Adresse und ließ mich stehen.

Sie wohnte ziemlich weit draußen, und während ich so im Bus saß und durch die ganze Stadt fuhr und aus dem Fenster sah, kam ich mir auserwählt vor. Und je näher ich der Haltestelle kam, an der ich aussteigen mußte, desto mehr war ich davon überzeugt, daß ich das nicht tun sollte, daß ich nicht zu ihr gehen sollte, da ich es aller Wahrscheinlichkeit nach nicht überleben würde, schließlich würden wir doch wohl weitgehend allein in einem Raum sein. Naja, aber gesagt ist gesagt, ein Mann muß tun, was ein Mann tun muß, selbst wenn er noch gar keiner ist. Also stieg ich aus und ging den Weg, den sie mir aufgezeichnet hatte. Unterwegs verabschiedeten sich nacheinander meine Beine, meine Arme, meine Augen und mein ganzes bewußtes Selbst aus dem bekannten Hier und Jetzt und jagten mich durch ein Wurmloch in einen unerforschten Teil der Galaxis. Irgendwie kam ich wieder zurück, wußte aber nicht, ob ich mich darüber freuen sollte, ging einen gewundenen Pfad, der von der befestigten Welt wegführte, entlang und stand schließlich vor einem ziemlich großen, ziemlich alten Bauernhaus, Fachwerk, wie man so sagt: liebevoll restauriert. Um das Haus zog sich eine

ausladende Rasenfläche, rundherum von Bäumen begrenzt. In den herbstlich kahlen Blumenbeeten standen große, aufgespießte Christbaumkugeln Wache. Irgendwo hatte das Knusperhäuschen auch eine Tür, und nachdem ich das Gebäude zwei- oder dreimal umrundet hatte, fand ich sie auch: schüchtern und niedrig versteckte sie sich in einer Wand wuchernden Efeus. Ich läutete. Wohlgemerkt: ich läutete, nicht etwa »ich klingelte«! Denn diese Tür hatte keine stinknormale, elektrisch betriebene Klingel, einen volltönenden Gong vielleicht, sondern neben der Tür hing ein Strick, der aussah wie eine Klospülung und in einem weißen Porzellangriff endete, an dem zog ich und schon hörte ich im Inneren eine echte Glocke glocken. Kurz darauf ging die Tür auf, und eine Frau stand vor mir, die eine frappierende Ähnlichkeit mit Britta hatte, aber ein wenig älter war. Messerscharf schloß ich, daß sie nur eine ältere Schwester oder aber die Mutter sein konnte. Sie war barfuß, trug eine Jeans und ein rotes Unterhemd, unter dem deutlich zwei Brüste zu erkenne waren. Kein BH. So liefen Mütter eigentlich nicht herum.
»Hallo, ich bin Jutta«, sagte sie und blies sich eine Strähne ihres brünetten Haupthaars aus dem Gesicht.
Jutta? Sollte ich sie duzen? Das ging ja wohl nicht, wenn sie tatsächlich die Mutter war.
»Bist du der Helmut?«
»Ich bin der Helmut.«
»Und du willst zur Britta?«
»Ich will zur Britta.« Beinahe hätte ich gesagt, ich habe einen Termin.
»Britta ist oben. In ihrem Bereich.«
»Bereich?«
»In ihrem Zimmer.«
»Oben?«
»Hier vorne durch die Tür, quer durch die Galerie, rechts die

Treppe rauf, dann links, noch mal 'ne kleine Treppe und dann bist du auch schon da. Viel Spaß.«
Viel Spaß, was sollte das heißen? Ich war in einer politischen Mission unterwegs, das hatte nichts mit Spaß zu tun, es ging um den Weltfrieden und die Menschenrechte. Und worum es noch gehen sollte, das ging sie ja wohl nichts an, und woher sollte sie das auch wissen! Oder war es hier allgemein üblich, junge Herren unter dem Vorwand der gemeinsamen, politischen Agitation ins Haus zu locken, um dann ... ja, was denn mit ihnen anzustellen?
Ich sah mich um. Holzfußboden, geschliffen und lasiert. Ich ging durch die mir zuvor angewiesene Tür, und da war ein riesiger hoher Raum, der früher wahrscheinlich die Scheune gewesen war. Die Stirnseite war beinahe komplett aus Glas. Eine Schiebetür führte nach draußen. Nur standen hier die Bäume so dicht am Haus, daß das Tageslicht Probleme hatte, einzudringen. An den Wänden hingen Bilder: wildes, buntes Gekrakel, außer Farben nicht viel zu erkennen. In der Mitte des Raumes standen Skulpturen aus schwarzem Metall herum. Auch viel Rost. Kolben, Zahnräder und lange gewundene Drähte. Als ich in dieser Batterie wirklicher Wächter vorbeiging, rechnete ich jeden Moment damit, gepackt und von unerbittlichen Eisenarmen ebenfalls zu einer – scheinbar – leblosen Skulptur verarbeitet zu werden. Rechts war eine alte, schwere Holztür, mit von der Zeit verzerrten Intarsien übersät. Dahinter eine Treppe. Ich erklomm die Stufen zu Brittas »Bereich« wie ein Raubritter, der entschlossen ist, das Burgfräulein zu entführen, um mit ihr ein Leben voller Gefahren und Leidenschaft zu leben. An den Wänden und unter der Decke hingen locker wallende hellblaue Tücher, als sei dies der Aufstieg zur Himmelspforte. Da und dort Kerzenleuchter mit erloschenen Kerzen, deren Wachs dekorative Stalaktiten geformt hatte. Auf die Tücher waren Zwie-

backscheiben geklebt. Dies war ein merkwürdiges Haus. Ich wußte schon jetzt nicht mehr, ob ich noch den Ausgang finden würde. Wenn ich weisungswidrig auf Entdeckungstour ginge, würde ich wahrscheinlich nach drei Tagen als vermißt und vier Jahre später für tot erklärt werden. Durch einen Zufall würde Britta vielleicht als zahnlose, achtzigjährige Greisin, auf der Suche nach ihrer verwehten Jugend durch das längst vermoderte elterliche Haus streifen, meine Gebeine in einem Teil des Domizils finden, von dessen Existenz sie als Mädchen nicht einmal etwas geahnt hatte. Und vielleicht wird sie zwischen den mürben Fingern meiner sterblichen Überreste jene von ihr selbst erstellte Wegbeschreibung finden, in plötzlichem Erkennen schmerzhaft aufseufzen und mich erinnern als die schönste Liebesgeschichte, die sie nie hatte: dieser rätselhaft verschwundene, politisch zuverlässige und ungemein engagierte, intelligente junge Mann, der an jenem Dienstagnachmittag zu Beginn der achtziger Jahre des vorigen Jahrhunderts nicht zu einem fest vereinbarten romantischen Treffen erschienen war.
Die letzten Stufen nahm ich sehr langsam, jede einzelne auskostend, mich mir und meines Lebens noch sicher wähnend, solange ich nicht die letzte Pforte geöffnet hatte und vor ihr stünde, in Sekundenschnelle hin- und hergeworfen zwischen lähmender Angst vor dem Kommenden und dem stolzen Gefühl, mich mannhaft der drohenden Gefahr zu stellen. Größere als ich, so wußte ich aus allerlei filmischen Darstellungen, waren auf diesem Schlachtfeld untergegangen. Und wenn dies hier mein Verderben war, so sollte es denn sein.
Ich klopfte. Von drinnen kam nur ein knappes Ja, und also öffnete ich die Tür und machte einen mutigen Schritt nach vorn – und wäre beinahe gleich wieder zurückgetaumelt und die Treppe in einem unfreiwillig waghalsigen Stunt hinuntergefallen. Da stand Britta auf einem Stuhl, nur in Höschen

und T-Shirt, und streckte sich nach etwas, das auf einem hohen Regal ganz oben lag. Es war eine ganze Menge Rücken zu sehen. Zu viel für meinen unvorbereiteten Wahrnehmungsapparat. Ich sagte »Entschuldigung«, und sie sagte »Komm doch rein«, also kam ich doch rein und versuchte gleich schamhaft das Muster des Teppichs auswendig zu lernen, wie ein Meßdiener, den man dabei erwischt hatte, als er ins Weihwasser spuckte. Dummerweise war da gar kein Teppich, sondern wieder nur Parkettboden. Und doch war es interessant zu sehen, daß keine zwei Planken eines solchen Bodens sich glichen. Und wenn man sich anstrengte, konnte man sehr wohl interessante Muster entdecken: kleine Schäfchen, die einander jagten, ein dicker Mann, der Wolken vor sich her blies, eine Blaskapelle aus kleinwüchsigen Chinesen und ein interessantes Ensemble von vier Delphinen, die maritime Kunststücke zeigten. Britta hatte inzwischen gefunden, wonach sie gesucht hatte, stieg von dem Stuhl herunter und zog sich mit den Worten, es tue ihr leid, daß sie mich so wenig standesgemäß gekleidet empfangen hätte, eine Jeans an. »Hier«, sagte sie dann, »das ist wichtig!«, und drückte mir das Buch in die Hand, das sie soeben dort droben, in dünner werdenden Schichten der Atmosphäre erbeutet hatte. Es hieß »Der große Bruder im Norden« oder so ähnlich und beschäftigte sich mit der amerikanischen Außenpolitik im »Hinterhof Mittelamerika«. »Ja, fein«, sagte ich und vermied noch immer, sie anzusehen, schließlich mußten sich noch Brandspuren über mein Gesicht ziehen, heiß genug war es jedenfalls.

Ich betrachtete das Zimmer. Ich kam mir vor, wie eine Milky-Way-Werbung. Die Wände waren lila, und überall klebten blaue und weiße Sternchen, und unter der Decke hingen die gleichen tüllernden Tücher wie draußen auf dem Gang. Das Bett war einfach eine Matratze, die auf dem Boden lag.

In der Ecke eine Stereoanlage, mit Papier überhäuft, an der Wand prallgefüllte Bücherregale, bis unter die Decke. Meine Mutter hätte in diesem Zimmer der Schlag ereilt.
»Draußen hängt Zwieback an der Wand!« war das erste, das ich herausbekam.
»Ist witzig, nicht wahr?«
Zum Totlachen, dachte ich. »Prima«, sagte ich. »Wie hält der denn auf dem Tuch?«
»Pattex.«
Ja, sicher, was sonst? Spucke? Ich war in einem Haus, in dem Lebensmittel mit Klebstoff an die Wand gepinnt wurden!
»Die Bücher«, sagte Britta, »sind zu einem großen Teil von Wilfried.«
»Wilfried?« Hatte sie etwa einen Freund, der hier wohnte? Irgend jemand, den ich töten müßte, um ihr Herz zu gewinnen? Wache! bringt mir den Schurken, dieses üble Subjekt, welches es wagt …
»Juttas Mann. Mein Vater.«
Juttas Mann. Ihr Vater. Hieß das, daß Wilfrieds Frau, Jutta, ihre Mutter war? Jutta die Mutter? Ich fragte danach.
»Klar ist Jutta meine Mutter. Sieht man doch.«
»Aha«, machte ich.
»Wilfried wußte nicht mehr wohin mit den Büchern, und da hat er sie bei mir geparkt. Prima, was?«
Ich fragte mich, ob mein Vater eines Tages seine vier Milliarden Schlagersingles bei mir »parken« würde, wenn der Keller einmal zu klein wäre, und ob ich das dann auch »prima« finden würde.
»Was liest du denn so?« fragte sie mich jetzt, mit Betonung auf dem »du«.
»Ich?«
»Ist sonst noch wer hier?«
»Ich lese morgens die Zeitung.«

Britta lachte. »Du bist witzig.«
Das verstand ich zwar nicht, aber es hörte sich gut an.
»Nee, jetzt aber mal im Ernst, was liest du denn so?«
»Ich lese nicht soviel.«
»Solltest du aber. Lesen macht schlau.«
Was ja wohl hieß, daß ich blöd wie ein Dachziegel war. Sie redete mit mir wie mit dem kleinen Mädchen aus der fünften Klasse, das Brittas Wahlprogramm nicht verstanden hatte. Aber sie redete mit mir, war nur einen Meter von mir entfernt und machte mich bereitwillig zum Zentrum ihrer Aufmerksamkeit. Meinetwegen konnte sie mit mir reden wie mit einem Säugling, tutti-tutti-ja-wo-isser-denn, solange sie nur mit mir redete!
»Na, ich lese natürlich den Spiegel«, log ich. Tatsächlich hatte ich »Das Hamburger Nachrichtenmagazin« ein paarmal im Schülercafé in die Hand bekommen, es aber zuwenig bunt gefunden. Überall ging es um Atomraketen und Russen und Helmut Schmidt.
»Na, das ist doch schon mal was«, zeigte sich Königin Britta beruhigt. »Warte mal«, fügte sie hinzu, »ich habe da was für dich, das wird dir gefallen. Sie ging an ihrem Regal entlang, suchte und fand ein bestimmtes Buch, fischte es heraus und gab es mir. Auf dem Umschlag war ein Bild, dessen Ecken abgerundet waren. Es zeigte eine männliche Gestalt, die in der Luft zu schweben schien, und an Stelle eines Kopfes war nur ein weißer Lichtschein zu sehen. Links schien aus einem Loch im Hintergrund ein grauer Wasserfall zu entspringen. Rechts war eine kleine Figur zu erkennen, die wie ein Bauer mit Sombrero aussah. Außerdem hingen grüne Bäume und Hügel in der Luft. Zu des schwebenden Mannes Füßen wand sich so etwas wie eine Straße nach hinten weg. Das Buch hatte einen merkwürdigen Titel: »Reise nach Ixtlan. Die Lehre des Don Juan.« Von einem Typen namens Carlos

Castaneda. Nie gehört. Ich drehte das Buch um. Hinten wurde irgend etwas von extremen Sinneswahrnehmungen und von außergewöhnlichen Bewußtseinszuständen erzählt, die nüchtern und aggressiv geschildert würden. Ich schlug es auf. Das erste Kapitel hieß: »Bestätigungen durch die Welt um uns her.«

»Du kannst es behalten«, sagte Britta großzügig.

»O danke!« Ich war ehrlich begeistert: Ihr erstes Geschenk an mich. Es war klar, daß ich mich bald revanchieren mußte. Die Seiten waren einigermaßen vergilbt, das Buch roch muffig, und ganz vorne war eine Widmung zu lesen: »Für Wilfried. In Liebe von Brigitte.«

»Ich dachte, deine Mutter heißt Jutta!«

»Brigitte ist die Exfreundin meines Vaters.«

»Exfreundin?«

»Manche Menschen haben mehr als eine Beziehung in ihrem Leben, auch schon mal gleichzeitig.«

»Beziehung?« Meine Eltern waren miteinander verheiratet. Das schien ihnen zu reichen. Und ich konnte mir nicht vorstellen, daß mein Vater vor der Heirat mit meiner Mutter etwas mit einer anderen Frau gehabt hatte. Und danach? Das hätte sie ihn wohl kaum überleben lassen. Und meine Mutter? Der Gedanke war so absurd, daß ich ihn nicht weiter verfolgte.

»Lies es und sag mir, was du davon hältst!«

»Jawohl!« antwortete ich gehorsam. Ich bin heute noch froh, daß ich nicht noch die Hacken zusammengeschlagen und salutiert habe.

Dann hockten wir uns an ihren Schreibtisch und fingen an, an diesem Flugblatt herumzumachen. Britta redete sehr viel, und es fielen wieder eine Menge komischer Worte aus ihrem Mund, und ich sagte »ja« oder machte »aha«, gab bisweilen gar kein erkennendes »aha« von mir, um nicht den Eindruck zu erwecken, ich wüßte schon alles. Dabei sog ich immer wieder ihren Geruch ein, ein Gemisch aus Parfum und Apfelshampoo, mit einer ganz kleinen Prise Schweiß.

»Das Problem ist«, sagte Britta, »daß gerade ältere Leute immer noch denken, die Amerikaner seien die, die Hitler in die Knie gezwungen haben.«

»Haben sie nicht?«

»Doch natürlich haben sie das, allerdings nur mit Unterstützung der Roten Armee, was heute gern vergessen wird.«

Wurde es das? (Glücklicherweise dachte ich das nur.)

»Nur allzu bereitwillig überläßt man also den Amerikanern …«

Ich dachte daran, daß Amerikaner für mich bis vor kurzem vor allem große Plätzchen mit Zuckerguß gewesen waren oder Filmhelden oder Spitzensportler, die Olympiamedaillen sammelten wie andere Leute Briefmarken. Und genau jetzt bekam ich einen geradezu unheimlichen Heißhunger auf so einen Amerikaner und ein Glas Milch. Damit hatte mich meine Mutter schon als Kind begeistern können. Jetzt wollte ich diesen Amerikaner und dieses Glas Milch mit Britta teilen. Ich wollte sehen, wie die kleinen Krümel an ihrem Kinn hängenblieben und der Zuckerguß ihr die Finger verklebte. Und dann einen dicken Berliner, aus dem schon nach dem ersten Biß unkontrollierbar die Marmelade austrat und einem aufs Hemd tropfte. Ahnte diese Frau, was ich ihr alles zu bieten hatte?

»… und Daniel Ortega hat erst kürzlich bei seinem Gespräch mit Fidel Castro … Sag mal, hörst du mir überhaupt zu?«

»Was? Wer? Ich?«

»Wo bist du nur mit deinen Gedanken?«

»Ich bin voll da. Völlig konzentriert.«

»Das stimmt doch gar nicht!«

»Ich … äh …«

Sie lächelte mich an, und während die Organe in meinem Innern umherpoppten wie Maiskörner in einem heißen Topf, beugten wir uns wieder über das Stück Papier, das sie schon fast vollständig mit ihrer wunderbaren, komplett unleserlichen Handschrift vollgekritzelt hatte. Und sie fragte mich, ob ich das eine wohl so besser fände und das andere besser so, und ich sagte, das könnte man sehen, wie man will und sie sagte aha und entschied sich dann für eine der beiden Möglichkeiten, und ich dankte im stillen Ronald Reagan dafür, daß er die Contras in Nicaragua unterstützte, überall bedrohliche Manöver abhielt und die Russen in die Steinzeit zurückbomben wollte, denn sonst hätte ich nicht hier sitzen und die Welt vor ihm retten können.

»Du paßt schon wieder nicht auf!« ermahnte sie mich. Ich schluckte schuldbewußt. Dann sagte sie nichts. Kam aber langsam näher. Ach du Scheiße. Die Raumtemperatur schien drastisch anzusteigen. Und für einen kleinen Augenblick muß es mir schwarz vor Augen geworden sein, denn den letzten Teil der Fremdgesichtsannäherungsphase habe ich gar nicht bewußt mitbekommen, und plötzlich war dieses Antlitz so nah, daß es meinen gesamten Radar einnahm und ich die Poren darin erkennen konnte und die kleinen Knubbel in den inneren Winkeln ihrer Augen, und ihren Atem spüren, und plötzlich spürte ich etwas auf meinem Lippen, und nach einigen Sekunden setzte mein Gehirn die im Überfluß einströmenden Informationen dahingehend zusammen, daß es wohl ihre, Brittas, Lippen waren und der Vorgang auf der ganzen Welt als sogenannter »Kuß« bekannt war. Heißer kann es am Erdkern auch nicht sein, ging es mir unsinnigerweise durch den Kopf, und Teile von mir hätten sich jetzt sehr gern der Lösung eines kniffligen mathematischen Problems gewidmet und wären überhaupt sehr gern sehr weit weg gewesen. Und dann ... Mein Gott, was machte sie da mit ihrer Zunge! Schlagartig verabschiedete sich sämtliches Blut aus meinem Hirn und schoß mir in die Füße, wobei ein paar Gramm dort hängen blieben, wo es sinnvoll ist, wenn man die Überbevölkerung fördern möchte. Dann waren ihre Zunge und ihre Lippen und die Poren und die kleinen Knubbel in den Winkeln ihrer Augen wieder weg, und der sich entfernende Mund sprach:

»Wenn du dich jetzt noch ein bißchen konzentrierst und ordentlich arbeitest, gibt es gleich noch mehr davon.«

»Hmpf«, machte ich.

Das war natürlich hanebüchener Unsinn. Wie sollte sich ein halbwegs normal entwickelter, heterosexueller Sechzehnjähriger jetzt auch nur so weit konzentrieren können, daß ihm sein eigener Name einfiel, aber das hatte sie natürlich gewußt oder geahnt oder gehofft, jedenfalls tadelte sie mich schon nach wenigen Minuten wieder ob meiner offensichtlichen Abwesenheit und meinte, daß ich eine Strafe verdient hätte, und dann kam alles wieder so nahe heran, und sie bestrafte mich mit dem, womit sie mich eigentlich hatte belohnen wollen, da kenne sich noch einer aus! Aber es ging jetzt sowieso alles durcheinander, und ich wußte nicht, ob ich noch am Leben war oder sein wollte, oder ob ich schon eine höhere Daseinsform, die nächste oder übernächste Stufe der Evolution erreicht hatte. Immerhin hatte ich mal Perry Rhodan gelesen und von sogenannten »Superexistenzen« gehört, die in der Lage waren, Menschen ewiges Leben zu schenken. War Britta eine solche Lebensform? War ich auserwählt, unsterblich in ihr aufzugehen? Würde ich trotzdem noch den letzten Bus zurück nach Hause erreichen? Der Übergang auf eine höhere Daseinsstufe machte einen offenbar erst mal steif wie ein Brett, unfähig auch nur einen Muskel zu rühren.

Und plötzlich lag ich auf dieser Matratze, aber ich weiß

nicht, wie ich dort hingekommen bin, denn meine Beine waren nur eine gallertartige Masse, zu der dem Menschen doch so eigenen Fortbewegungsart des aufrechten Ganges gänzlich ungeeignet. Und Britta war nur noch Mund und hörte gar nicht mehr auf, Mund zu sein, ein unendlicher Mund, ein Schlund, ein schwarzes Loch, Zentrum einer darum rotierenden Galaxis. Da war ein ständiges, unablässiges Knabbern und Saugen und Küssen. Plötzlich aber wuchs ihr wieder eine Hand, und die ging auf eine Reise, zu der ich definitiv keine Fahrkarte ausgestellt hatte, denn sie schob sich unter mein Hemd, zog es aus dem Hosenbund, und fuhr dann an meinen Seiten hoch, so daß meine Organe nun begannen, hektisch hin- und herzuschießen wie Flipperkugeln, allerdings ohne Punkte zu machen. Ja, und als diese Hand dann über den mittlerweile schmerzhaft schwellenden Hügel meiner Jeans fuhr, war alles klar, mein Leben war vorbei, dieser närrische Klumpen in meinem viel zu engen Brustkorb würde gleich unwiderruflich seine Tätigkeit einstellen und meine Seele würde auffahren zu Ché Guevara in den Himmel der Freiheit, wo alle Kaffeepflanzer den ihnen zustehenden Lohn erhielten und alle Völker machen durften, was sie wollten, sogar die Russen, und Britta, Jutta und Wilfried würden meine mortale Hülle irgendwo auf ihrem großen, riesigen Grundstück verscharren, und niemand würde je erfahren, was aus mir geworden war, unvorsichtigerweise hatte ich auch niemandem gesagt, wohin ich an diesem unheilvollen Dienstagnachmittag hingehen würde, und das schlichte Holzkreuz, das den Grabhügel überragt, würde verziert durch eine Scheibe Zwieback, mit einem Tropfen Pattex von Britta höchstselbst angebracht. Ein prima Ende für einen tollen Film. Und dann würde vielleicht die Kamera aufziehen, und unter den Klängen von »Let the Sunshine in« würde sich plötzlich ein Meer von zwiebackgeschmückten Holzkreuzen bis zum Horizont erstrecken. Tja, und dann traf offensichtlich der Brief des Gouverneurs ein, und die Hinrichtung wurde doch noch mal verschoben.

»So, das reicht erst mal«, sagte Britta und legte ihren Kopf auf meine Brust.

Jawohl, dachte ich, das reicht jetzt erst mal. Mehr war vom Leben nicht zu erwarten.

»Hat es dir gefallen?«

»Hmpf«, kam es abermals aus mir.

»Ich finde, wir sollten nicht zu weit gehen, beim ersten Mal.«

»Sicher.« Das war doch nicht meine Stimme! Das war definitiv nicht meine Stimme!

»Außerdem habe ich meine Tage.«

»Ja dann ...«

»Du bist süß.«

»Ach ja?«

»Du wirst so schön rot.«

»Ist ja auch verdammt warm hier.«

»Also mir ist fast ein bißchen kalt.«

»Ach ja?«

»Wärmst du mich ein bißchen?«

»Klar.«

»Kraulst du mir den Rücken?«

»Hmpf.«

Es war schon lange dunkel, als ich ging. Und als Britta mich die Treppe hinunterbrachte, fiel mein Blick noch einmal auf die Zwiebackscheiben an der Wand, und ich dachte, was ist das nur für eine tolle, witzige Idee, und warum komme ich nicht auf solche Ideen, und da der letzte Bus schon weg war, ging ich den ganzen verdammten Weg zu Fuß nach Hause, und dachte nach über die ganze verdammte, große, weite

Welt dort draußen, mit ihren kleinen, lächerlichen Problemen und Wehwehchen. Das Flugblatt hatten wir nicht fertigbekommen, war aber halb so wild. Naja und kurz darauf wurde Helmut Kohl Bundeskanzler, und Reagan wieder- und Ortega irgendwann abgewählt. Aber ich hoffe an mir hat es nicht gelegen.

P.S.: Die Sache mit Britta hielt nur bis zum nächsten Sommer, dann ging sie für ein Jahr in die USA (ausgerechnet!), an eine Schule in einer kleinen Stadt im mittleren Westen, wo Amerika am amerikanischsten sein soll. Ich habe ihr ein paar sehnsüchtige Briefe geschrieben, von denen sie immerhin den ersten beantwortet hat. Als sie zurückkam, dachte sie nur noch an einen gewissen Greg. Aber ich hatte inzwischen offenbar das Anmachen gelernt, ohne zu wissen, wie es ging. Ich dachte jedenfalls nur noch an eine gewisse Annette. Oder Sabine?

Douglas Coupland

Friß dich nicht selbst

Ein aktionsbeladener Tag. Dag schläft noch immer auf Claires Sofa, völlig ahnungslos darüber, wie tief er auf ihrer Freveltatenliste gesunken ist. Während dessen ist Claire in meinem Badezimmer, donnert sich auf und philosophiert durch eine dunstige Givenchy-Duftwolke laut vor sich hin – inmitten einer Wagenladung von Kosmetika und Accessoires, die ich aus ihrem Bungalow holen mußte. Es sieht aus, als hätte ein Kind den Inhalt seines Halloweensacks ausgekippt: »Jeder hat in seinem Leben einen ›fesselnden Fremden‹, Andy, einen Fremden, der unwissentlich eine seltsame Macht über dich besitzt. Es kann das Kind sein, das deinen Rasen mäht, oder die Frau, die nach ›White Shoulders‹ duftet und in der Bücherhalle deine Bücher stempelt. Einen Fremden, dem du, wenn du eines Tages nach Hause kommst und eine Nachricht auf dem Anrufbeantworter vorfindest, die sagt: ›*Laß alles stehen und liegen. Ich liebe dich. Komm sofort mit mir nach Florida*‹, augenblicklich folgen würdest.

Deiner ist bestimmt die blonde Kassiererin bei Jesen's, nicht wahr? Du hast mir soviel von ihr erzählt. Dags ist wahrscheinlich Elvissa.« (Elvissa ist eine gute Freundin von Claire.) »Und *meiner* ist unglücklicherweise –«, sie kommt aus dem Bad, den Kopf zur Seite geneigt, um einen Ohrring einzuschrauben, »Tobias. Das Leben ist *so* unfair, Andy. Wirklich.«

Tobias ist Claires unselige Leidenschaft aus New York, und heute morgen soll er direkt vom L.-A.-Flughafen hierherkommen. Er ist so alt wie wir, genau so ein Privatschul-Schläger-Schnösel wie Claires Bruder Allan und stammt aus einem dieser Weißbrot-Ghettos im Osten: New Rochelle? Shaker Heights? Darien? Westmount? Lake Forest? Unwichtig. Er hat einen dieser Bank-Geld-Jobs, die man, wenn auf einer Party davon erzählt wird, im selben Moment vergißt. Er neigt dazu, andere totzureden, sieht nichts Verwerfliches darin, Stammrestaurants mit künstlich besitzanzeigenden Namen wie McTuckey's oder O'Dooligan's aufzusuchen, und kennt sämtliche Arten Freizeitschuhe sowie deren feine Unterschiede. (»Ich könnte *niemals* deine *Schuhe* tragen, Andy. Sie haben diese viel zu lässige *Mokassin*-Naht.«)

Es überrascht nicht sonderlich, daß er ein Kontrollfreak ist und sich selbst als gut informiert betrachtet. Er reißt gern Witze über die Verpflasterung Alaskas und einen Atomkrieg mit Iran und ist, in Anlehnung an einen Satz aus einem bekannten Lied, ein loyaler Kunde der Bank of America. Er ist irgendwie völlig daneben, und er ist *gemein*.

Aber Tobias hat auch das fabelhafte Aussehen eines Zirkusartisten, um das Dag und ich ihn beneiden. Tobias könnte um Mitternacht an einer Straßenecke in der Innenstadt stehen und einen Auffahrunfall verursachen. Ziemlich deprimierend für durchschnittlich aussehende Typen. »Der braucht keinen einzigen Tag in seinem Leben zu arbeiten, wenn er nicht will«, sagt Dag. »Das Leben ist nicht fair.« Tobias hat etwas an sich, das Leute immer wieder dazu bringt zu sagen: »Das Leben ist nicht fair.«

Er und Claire haben sich vor einigen Monaten in Brandons Appartement in West Hollywood kennengelernt. Sie wollten zu dritt zu einem Konzert von »Wall of Voodoo« gehen, aber Tobias und Claire endeten statt dessen im Java-Café, wo Tobias ununterbrochen redete und Claire mit großen Augen in die Nacht starrte. Später jagte Tobias dann Brandon aus dessen eigenem Appartement. »Ich habe nicht ein einziges Wort von dem gehört, was Tobias den ganzen Abend über sagte«, sagt Claire. »Er hätte ebensogut die ganze Speisekarte von hinten nach vorn lesen können. Ich kann euch nur sagen, sein Profil ist einfach *umwerfend.*«

Sie verbrachten die Nacht zusammen, und am nächsten Morgen tänzelte Tobias mit hundert langstieligen Rosen ins Schlafzimmer und weckte Claire, indem er ihr mit jeder einzelnen sanft übers Gesicht strich. Als sie richtig wach war, überhäufte er ihren Körper mit einem blutroten Niagarafall, und als uns Claire davon erzählte, mußten selbst Dag und ich zugeben, daß das eine wunderbare Geste war. »Es war der romantischste Augenblick meines Lebens«, sagte Claire. »Ich meine, kann man durch Rosen sterben? Durch das Vergnügen? Wie auch immer, etwas später an jenem Morgen fuhren wir hinüber zum Bauernmarkt in Fairfay, um auf der Terrasse zu frühstücken und zwischen Tauben und Touristen das Kreuzworträtsel der *Los Angeles Times* zu lösen. Plötzlich sah ich auf dem La Cienega Boulevard dieses riesige Sperrholzschild, auf das gesprayt war: *100 Rosen für nur 9,95 Dollar.* Mein Herz sank wie eine stahlumhüllte Leiche, die in den Hudson River geworfen worden ist. Tobias wurde immer kleiner in seinem Sitz. Und es kam noch *schlimmer.* Die Ampel wurde rot, und der Typ vom Blumenstand kommt zum Wagen rüber und sagt so etwas wie: ›Mister Tobias! Meine beste Kunde! Sie haben vielleicht Glück, junge Dame, daß Sie von Mister Tobias immer wieder so viele Blumen geschenkt bekommen!‹ Wie ihr euch vorstellen könnt, herrschte während des ganzen Frühstücks eisiges Schweigen.«

Okay, ich gebe zu, ich bin jetzt völlig einseitig. Aber es ist einfach eine Freude, Tobias herunterzumachen. Es ist so leicht. Er verkörpert für mich all die Leute meiner Generation, die alles, was sie an Gutem in sich tragen, nur dazu benutzt haben, Geld zu machen: die ihr Stimmrecht für kurzfristigen Gewinn einsetzen; die selig im Bodensatz nahrungssichernder Jobs wie Marketing, Grundstücksmakeln oder Rechtsverdrehen gelandet sind. All dieser selbstgefällige Blödsinn. Sie sehen sich als Adler, die ausladende Nester aus Eichenzweigen und Binsen bauen, während sie in Wirklichkeit eher den hiesigen, kalifornischen Adlern ähneln, die ihre Nester bauen, indem sie aus ausgedienten Autositzen Büschel reißen, die wie aus einem Sandwich herausgezupfte Sojasprossen aussehen; aus verrosteten Auspuffrohren, zerrissenen Ventilator-Treibriemen und aus dem sperrigen Treibgut von der Autobahn: Gartenstühle aus Plastik, Kühlbehälter aus Styropor, zerbrochene Skier ... billige, vulgäre, giftige Artikel, die sich entweder innerhalb weniger Minuten zersetzen oder im wesentlichen unverändert zurückbleiben, bis sich unsere Galaxie von Grund auf erneuern sollte.

O nein, ich hasse Tobias nicht. Und als ich höre, wie er draußen den Motor seines Autos abwürgt, wird mir klar, daß ich in ihm etwas sehe, das ich selbst hätte werden können, etwas, das wir alle werden können, wenn wir nicht höllisch aufpassen. Es ist etwas Weiches, Selbstzufriedenes, das aus seiner Maske Nutzen zieht, hinter der soviel Gier und Menschenverachtung stecken, so viele Bedürfnisse, daß die einzige Nahrung, die für eine solche Kreatur übrigbleibt, nur noch aus dem eigenen Fleisch bestehen kann. Er ist wie ein Passagier in einem Flugzeug voller kranker Leute, das hoch in den Bergen zerschellt: Die Überlebenden müssen, da sie den Organen der anderen nicht trauen, ihre eigenen Unterarme anknabbern.

»Candy, *Baby*!« brüllt Tobias gewollt herzlich und knallte meine Fliegengittertür zu, nachdem er Claires Wohnung leer vorgefunden hat – abgesehen von einem Häuflein Dag.

Ich zucke zusammen, heuchle lebhaftes Interesse für eine Fernsehprogrammzeitschrift und murmele kurz: »Hallo.«
Er sieht die Zeitschrift: »Interessieren wir uns jetzt für leichtere Kost? Ich dachte, du seist ein Intellektueller.«
»Lustig, daß gerade du leichtere Kost erwähnst, Tobias ...«
»Was soll das heißen?« bellt er wie jemand, der bei voll aufgedrehtem Sony-Walkman nach dem Weg gefragt wird. Tobias achtet nicht wirklich auf Dinge, die nicht in sein Gebiet fallen.
»Nichts, Tobias. Claire ist im Bad«, füge ich hinzu und deute genau in dem Moment in die Richtung, als Claire schwatzend um die Ecke kommt und eine Klein-Mädchen-Spange in ihrem Haar befestigt.
»Tobias!« sagt sie und läuft zu ihm hinüber, um ihm einen kleinen Kuß zu geben; aber Tommy ist verlegen, weil sie sich in meiner Gegenwart so intim zeigt, und verweigerte den Kuß.
»Entschuldige«, sagt er, »es scheint, als käme ich gerade ungelegen.« Claire und ich rollen mit den Augen bei der Vorstellung, daß Tobias das Leben als einen Nicht-sehr-lustigen-französischen-Komödien-Ersatz ansieht, der einzig und allein auf ihn abzielt. Claire reckt sich und küßt ihn dennoch. (Selbstverständlich ist er groß.)
»Dag hat gestern abend Plutonium über meinen ganzen Bungalow verschüttet. Er und Andy werden heute alles saubermachen, und bis dahin werde ich hier auf der Couch kampieren, so lange, bis Dag alles entgiftet hat. Er war letzte Woche in New Mexico und ist dann auf meiner Couch umgekippt.«
»Ich hätte mir denken können, daß er so etwas Blödes macht. Wollte er eine Bombe damit bauen?«
»Es war kein Plutonium«, füge ich hinzu. »Es war Trinitite, und das ist harmlos.«

Tobias ignoriert es. »Was hatte er überhaupt bei dir zu suchen?«

»Tobias, bin ich dein *Zicklein*? Er ist mein Freund. Andy ist ebenfalls mein Freund. Ich lebe hier, hast du das vergessen?«

Tobias packt sie an der Taille, scheint munter zu werden. »Es sieht so aus, als müßte ich dich mal wieder richtig in der Mitte zusammenschnüren, meine Dame.« Er reißt sie an sich heran, und ich finde vor Verlegenheit keine Worte. Sprechen Leute wirklich so? »He, Candy, sieht so aus, als würde sie hochnäsig. Was meinst du, soll ich sie schwängern?«

Man kann in diesem Moment in Claires Gesicht lesen, daß sie sich sehr wohl feministischer Rhetorik und Dialektik bewußt, gleichzeitig aber völlig außerstande ist, daraus eine angemessene Erwiderung abzuleiten. Sie fängt doch tatsächlich an zu *kichern*, und ihr ist völlig klar, daß dieses Kichern in einem künftigen, lichteren, weniger hormonbelasteten Augenblick gegen sie verwandt werden wird.

Tobias zerrt Claire zur Tür hinaus. »Ich bin dafür, daß wir für eine Weile in Dags Wohnung gehen, Candy, sag deinem Kumpel, er soll uns die nächsten paar Stunden nicht stören, falls er sich entschließen sollte aufzustehen. Ciao.«

Die Tür knallt zum zweitenmal zu, und wie bei den meisten Paaren, die ungeduldig darauf brennen, sich zu paaren, gibt es kein höfliches »auf Wiedersehen«.

Duff Brenna

Vermessenheit im Übermaß

Jasper räumt die Teller, Tassen und Gläser weg, spült sie ab, räumt sie ein, läßt sie durch den Sterilisator laufen, baut sie für die Kellnerinnen auf. Alles läuft, alles paßt ineinander wie bei einer gutgeölten Maschine. Na ja, vielleicht nicht ganz so gut geölt. Helga setzt den einen oder anderen Schlag aus. Sie rennt andauernd aufs Klo. Das Klo ist hinter der Wand, an der die Stahlspülbecken hängen, und wenn Jasper eine Pfanne scheuert, kann er Helga würgen hören. Das dauert immer nur ein paar Sekunden, und schon ist sie wieder draußen, wischt sich den Mund mit einem Taschentuch ab, stopft es in die Tasche, schlurft auf wunden Füßen in den Speiseraum und murmelt »Scheiße, Scheiße, Scheiße«, wie ein Mantra. Wenn sie hinaus ins Licht tritt, knipst sie ein Lächeln an. Dann kümmert sie sich wieder geschäftsmäßig um ihre Tische, schenkt Kaffee nach, kommt mit dem Dessertwagen, schwatzt, gibt Empfehlungen.

Gegen neun Uhr wird es ruhiger. Fat Stanley steht mitten im Gästeraum und singt etwas Trauriges aus *Tosca*, und die letzten Kunden erstarren in Ehrfurcht. Seine Stimme erfüllt Jasper mit Verlangen, aber er weiß nicht, wonach. Nach Liebe vielleicht. Nach einem großen Leben, einem großen, bedeutenden Leben? Komisch, findet Jasper, daß eine wunderschöne Stimme mit ihrem Gesang in ihm den Wunsch nach einem namenlosen Etwas auslösen kann. Die Reinheit der Stimme scheint bis in Jaspers Seele zu dringen, und sie steigt empor wie ein Ballon, weitet sich über die ganze Erde aus, die Arme zum Segen für den gesamten Kosmos ausgebreitet. Jetzt könnte er Wasser in Wein verwandeln. Jetzt könnte er fünftausend mit fünf Broten und zwei Fischen speisen. Jetzt würden die Blinden sehen, die Lahmen gehen, die Toten auferstehen. Jasper hört genau hin. Er horcht auf etwas Tieferes, eine Stimme in der Stimme, die ihm etwas sagt, was er gar nicht recht benennen kann.

Als die Arie zu Ende ist und die Leute klatschen, macht sich Jasper wieder daran, das dreckige Geschirr einzusammeln. Er summt vor sich hin, will das Gefühl noch nicht loslassen.

»Hast du schon die neue Anzeige gesehen?« fragt Fat Stanley. »Lies mal.« Er zeigt auf die Korktafel.

Heiße, reife, verspielte Frau, alleinstehend, weiß, sündig wie die Hölle, mit Sinn fürs Bizarre, träumt von großem, hübschem, gelenkigem Burschen mit weißblonden Haaren und einem alles durchdringenden Blick. Vergieß Deinen Nektar über die zarte Lily, die kleine Süße aus Lemon Grove. Schreibt mir bitte an Adams und Evas Chance.

»Die kriegt 'n Haufen Post«, meint Jasper.

»Bei solchen Briefen könnt ich mich glatt verlieben«, sagt Fat Stanley.

Lily wird auch von Fat Stanley einen Brief kriegen, das weiß Jasper. Er stellt sich vor, wie er ihr selbst einen Brief schreibt und sie sich mit ihm in Verbindung setzt, sie lädt ihn auf ein paar Drinks ein, und sie lieben sich vor dem Kamin. Die süße kleine Lily mit Sinn fürs Bizarre. Die Guten haben es doch gar nicht nötig, eine Anzeige aufzugeben. Vielleicht hat sie eine Visage wie ein Kamel? Oberschenkel aus Ricotta?

Aber manchmal ist einem das egal, Hauptsache feminin und weich und mit diesem besonderen Geruch, und außerdem kann sie dich mit zarten Fingern genau an den richtigen Stellen berühren. Manchmal, ja manchmal, zum Beispiel genau in diesem Augenblick, da will man einfach berührt werden, egal wie. Und man ist ja so dankbar, wenn sie es tun.
Und er spürt die wachsende schmerzende Schwellung. Er preßt sich an die Theke, als er das Geschirr ins Spülbecken stellt. Er spürt eine leichte Feuchtigkeit an der Innenseite seines Schenkels. Seine Hände spülen ganz automatisch das Geschirr ab, während der Rest von ihm von Lily auf dem Teppich träumt.
»Jasper, vergiß heut abend nicht, die Fußmatten sauberzumachen«, mahnt Fat Stanley. »Sie sind dreckig. Schau sie dir nur mal an.«
Jasper wirft einen Blick auf die Gummimatten. Die hat er schon eine ganze Weile nicht mehr gescheuert, zwischen ihren Borsten sammeln sich schon kleine Wollmäuse aus Dreck. Was, wenn Lily auch nur wieder eine Prostituierte ist? Das passiert Fat Stanley doch ständig. Plötzlich weiß Jasper, daß sie eine ist, aber es ist ihm egal. In seiner jetzigen Stimmung ist alles möglich.
Die letzten Gäste verlassen den Diner. Fat Stanley spielt mit der Ladenkasse herum. Jasper könnte glatt aus der Haut fahren. Er will auf seine Harley springen und den Freeway runterbrettern, um sich vom Wind seine Zappeligkeit und Fickrigkeit wegpusten zu lassen. Verdammt noch mal, es ist doch furchtbar! Wie eine Krankheit. Etwas, wogegen er nichts tun kann. Er kommt sich vor wie eine Champagnerflasche, die jemand geschüttelt hat. Der Druck steigt, der Korken fliegt gleich raus, und der Flascheninhalt spritzt in der Gegend rum.
Fat Stanley verabschiedet sich und geht zur Hintertür hin-

aus. Mary bindet sich die Schürze ab und schmeißt sie in den Wäschekorb. Helga ist auf dem Klo. Mary lauscht mit sorgenvollem Blick an der Tür.
»Helga«, ruft sie.
Mary und Jasper hören sie Luft schnappen, husten, spucken, würgen. Dann hustet sie wieder, und wieder. »Helga?«
»Mir geht's gut«, antwortet Helga mit krächzender Stimme.
»Können wir irgendwas für dich tun?«
Kurze Pause. Herzschläge vergehen. »Ruft Dr. Frankenstein an«, meint Helga. »Sagt ihm, er kann den Leichnam vorbereiten.« Sie lacht sarkastisch. Dann spült sie runter.

Jasper will gerade gehen, als Mary ihn am Arm packt und ihn fragt, ob er nicht mit auf ein Bier ins Texas Style kommt. »Ist doch so 'n heißer, schwüler Tag heute«, fügt sie hinzu.
»Mary«, fragt er sie, »magst du Motorräder?« Er zeigt auf die ölleckende Harley.
»Erschrecken mich zu Tode, die Dinger. Aber ich steh drauf«, meint Mary.
»Willst du mal 'ne Runde drehen?«
»Okay«, sagt sie zu seiner Überraschung.
Sie zieht ihren Rock hoch, und schon brausen sie los und knattern die Straße entlang, der Fahrtwind kühlt ihnen die Gesichter, Mary klammert sich fest an ihn, und ihre Brüste fühlen sich an wie warme Brote. Er fährt mit ihr zum Balboa Park, wo gerade ein Promenadenkonzert stattfindet. Sie bleiben eine Weile dort stehen und hören zu – Musik à la Fat Stanley, jede Menge Geigen und Cellos. Dann fahren sie in die Innenstadt, den Broadway runter, der voller Autos und Busse ist und wo die Menschen flanieren. Ein paar Seeleute winken Mary.
»Die halten mich wohl für 'n junges Bikerhuhn«, sagt sie und kichert.

Jasper fährt langsam an dem Bee-Jay Plaza und dem kleinen, einen Block langen Park vorbei und beobachtet die Schwulen, die dort warten. Viele von ihnen tragen Bärte. Viele von ihnen haben aufgeworfene Lippen, als hätte sie eine Biene reingestochen. Jasper ist schon aufgefallen, wieviel Mühe sie sich geben, damit ihr Mund so üppig wirkt wie eine Vagina. Als er gerade in die Stadt gekommen war, ging ihm eines Nachts der Sprit aus, und er mußte einen Wagen anhalten. Ein Typ nahm ihn mit, ein gesprächiger Bursche mit vollem Schnurrbart und pochenden Lippen. Er war jung, hatte braune Augen und nach hinten gekämmte Haare, die im Nacken ein kleines Rattenschwänzchen bildeten. Er fuhr zu der Tankstelle, die eine Meile weiter war, und gab ihm sogar den Kanister aus dem Kofferraum, wartete, bis Jasper sich ein paar Liter Sprit geholt hatte, und fuhr ihn wieder zurück. Ein sehr netter Kerl. Er hieß Paul und lud ihn hinterher auf einen Drink zu sich ein. Auf der Zwölften, einen Block entfernt.

Paul holte das Marihuana raus, mixte einen Liter Margarita, und dann zogen die beiden sich einen rein. Im Hintergrund spielte sanfte Musik dazu. Paul schleppte einen Stapel *Penthouse* an, und sie sahen sich die nackten Mädchen an, lasen sich gegenseitig die anzüglichen Leserbriefe vor, lachten, geilten sich auf. Paul rückte einfach damit heraus. »Du holst mir einen runter, und ich hol dir einen runter«, sagte er. Jasper hatte den Punkt, an dem er noch hätte nein sagen können, längst verpaßt. Also saß er da mit Paul, sie wichsten sich gegenseitig und starrten das Glanzfoto einer Blondine an, die einen Blick über die Schulter zurückwarf, ihren Hintern rausstreckte und sich mit einem Finger an der richtigen Stelle berührte. Als er an der Peniswurzel spürte, wie die Ladung kam, sagte er zu Paul, er solle aufpassen.

»Jetzt schon?« meinte Paul. »Soll ich dir einen blasen?« Und ohne die Antwort abzuwarten, beugte er sich vor und nahm ihn in den Mund. Melkte ihn.

Jasper hatte Lust verspürt, gepaart mit Schuld und einer Spur Selbstverachtung. Während er Pauls wiegenden Kopf betrachtete, wurde ihm klar, daß er genau das erwartet hatte. Er war kein Naivling. Er war kein Dummkopf. Als es vorbei war, sah Paul zu ihm auf; als erwarte er von ihm dasselbe.

Jasper zögerte. Ihm fiel nichts anderes ein als: »Danke.«

»Schon gut«, sagte Paul. Er tätschelte Jaspers Bein. »Warte hier«, sagte er. »Ich bin gleich wieder da.«

Dann verschwand er im Bad. Jasper hörte das Wasser laufen, hörte, wie Paul sich die Zähne putzte. Ausspuckte. Putzte und spuckte. Jasper raffte sich auf und verschwand auf Zehenspitzen aus der Wohnung.

In einer Seitenstraße in der Nähe der Market Street wird er langsamer und gibt Mary Gelegenheit, sich die Prostituierten in ihren Miniröcken anzuschauen. Parfüm hängt schwer in der Luft. Einige von ihnen reden mit Kunden, die mit ihren Wagen am Bordstein gehalten haben. Andere lehnen an Schaufenstern, wieder andere gehen und wackeln mit den Ärschen. Jasper fragt sich, ob Mary wohl Anstoß daran nimmt.

Er wirft ihr einen Blick zu. Sie hat eine Hand nach oben gestreckt und winkt den Bräuten zu. Die winken zurück, grinsen, so als wollten sie sagen, he, mir kann gar nichts. Jasper fährt nach Westen auf die Market Street, dann weiter nach Norden, kommt an Nachtclubs vorbei, an Türstehern in glänzenden Jacketts, noch mehr Nutten, an Kinos, die Reklame machen für Hardcore-Pornos – *Die nackte Nanette, Der Duft von Heather, Slip Up, Verrucht, Träume der Nacht.* Da hängen Poster mit den Starlets, einladende Schenkel, darüber deutlich lesbar ihre Namen: Merry Suckling, Pia Pudding,

Constant Honey. An einer Straßenecke knutschen zwei Männer miteinander.
»Wenn ich mich irgendwann mal etepetete anstelle wegen alldem, kannst du mir eine reinhauen«, sagt Mary ihm ins Ohr.
Sie fahren die First Avenue hinauf bis zur Washington Street und zur Park Street, dann den ganzen Weg zurück zu Fat Stanley's Diner, und Mary meint: »Ich hab schon üblere Viertel als hier gesehen. New York. Chicago. L.A. ist viel schlimmer. Die Leute ... machen alles mögliche, weißt du?«
Jasper spürt, wie sich ihr rundes Kinn in seine Schulter bohrt, ihre Wange streicht an seinem Hals entlang, und ihre Brüste pressen sich an ihn. Sie fühlt sich wie sechzehn hinter ihm.
Vor dem Diner kommen sie an Helgas Wagen vorbei, der am Straßenrand steht; Helga sitzt hinterm Steuer und raucht eine Zigarette. Jasper wendet und bleibt hinter ihr stehen. Dann gehen sie zum Seitenfenster.
»Alles in Ordnung, Liebes?« fragt Mary.
»Aber ja, ich denk bloß ein bißchen nach.« Helga hat die Augen zusammengekniffen, als hätte sie Kopfschmerzen. »Erinnerungen, das ist alles. Ich laß mir Zeit.« Bei der Straßenbeleuchtung sind ihre Augenringe regelrecht violett. Ihre Wangenknochen sehen aus, als habe jemand daran herumgefeilt.
»Warum kommst du nicht mit auf ein Bier?« meint Mary.
»Ich darf nichts mehr trinken«, erwidert Helga.
»Na, dann nimm ein Ginger Ale oder so. Entspann dich. Hör dir ein bißchen Musik an. Die Band ist gut, Helga.«
»Ich weiß«, sagt sie. »Ich kenn sie schon.«
»Na komm schon, denk mal an was anderes.«
Helga zögert einen Augenblick, dann steigt sie aus und geht mit. Jasper und Mary gehen links und rechts von ihr, für den Fall, daß sie umfällt.

Das Texas Style ist lang und schmal. Eine lange Bar, halb so lang wie das Gebäude. Barhocker und ein Platz für die Bedienungen, um die Bestellungen abzuholen. Hinter der Bar bedient Arthur, groß und kahlköpfig und geschäftig. Hinter ihm hängt ein Spiegel, so lang wie die Theke. In der Mitte steht die Kasse. Auf Glasregalen, die bis zur Decke reichen, stehen unzählige Flaschen mit allem möglichen Gebräu, alles, was man will, man muß nur sagen, welches Gift. Ein paar Tische und Stühle und eine Reihe mit rotem Vinyl bespannter Sitznischen füllen den Raum aus. Am hinteren Ende gibt es eine kleine Tanzfläche und eine Bühne, und eine Cowboyband namens *Reep the Whirlwind* wärmt sich auf. Eine hübsche Lady in Westernklamotten stimmt eine Geige. Hinter ihr sitzt ein Typ und schlägt leise auf ein paar Trommeln herum während zwei Männer ihre Gitarren stimmen.
Jasper findet eine freie Nische nahe bei der Tür und bestellt einen Krug Bier für sich und Mary. Helga nimmt ein Seven-Up. Die Bedienung stellt eine Schale Popcorn auf den Tisch. An der Bar sitzen ein paar Männer. Einer von ihnen winkt Jasper zu.
»Da sitzt Godot«, meint Jasper.
»Ich kann den Kerl nicht leiden«, sagt Helga.
Nach dem zweiten Glas Bier fühlt Jasper sich richtig wohl. Das ist eine Kneipe nach seinem Geschmack. Der Mief aus Alkohol und Zigarettenqualm steigt ihm in die Nase, und er ist wieder daheim in Colorado und klappert die Bars zwischen Denver und Boulder ab – Red Earth, Pike's Place, Garden of the Gods, Slim Pickens, und alle bieten sie Honky-Tonk, Coors, ruhelose Frauen in bemalten Jeans, glutäugige Männer mit schweren Fäusten und weichen Bierbäuchen. Das Texas Style könnte genausogut in Colorado oder sonstwo im Norden oder im Süden stehen. Wenn ein Stadtcowboy in einer dieser Bars diese schleppende

Sprache erlernt, dann verstehen sie ihn auch in allen anderen Kneipen.
Mary stopft sich Popcorn in den Mund, meint: »Zu salzig«, ißt aber weiter. Helga probiert ein paar einzelne Körner, als wöge sie sie auf der Zunge. Sie schluckt eins hinunter, nimmt das nächste, dann wieder eins. Nach einer Weile mampft sie es händeweise. Sie beäugt gierig das Bier.
»So hat mein Leben auch mal ausgesehen«, sagt sie. »Mike und ich. Ich hab mich immer nur dann unsterblich gefühlt, wenn ich mit ihm in einer Bar war, und die Musik hat gespielt, und wir haben uns einen gezwitschert. Das hatte was Heiliges, versteht ihr? Ist 'ne Welt für sich«. Helga fragt sich laut, ob sie es mal mit einem Bier versuchen soll. Sie meint, sie ist von der ganzen Kotzerei ganz ausgedörrt und braucht bestimmt 'ne Menge Flüssigkeit.
Beim zweiten Krug Bier hat sie ihr eigenes Glas. Popcorn und Bier. »Aah«, sagt sie, »das ist es. Jetzt kann ich mich so richtig entspannen. Ich wette, wenn ich jetzt die Augen zumache, schlaf ich wie 'n Baby.«
Jasper kommt sich plötzlich wie so eine Art guter Samariter vor, daß er sie mitgenommen hat, als sei dies hier genau das, was der Arzt ihr verschrieben hat. Die Musik spielt, und er spürt, wie das Leben für sie alle süß und angenehm wird, wie Sirup, der alle Winkel und jede Ritze ausfüllt. Helga sieht zwar vielleicht aus wie ein Besenstiel mit Kleid, aber in ihren Augen liegt ein gewisser Glanz.
»Hör dir mal die Musik an«, meint er zu ihr. »Ziemlich gut, hmm?«

Helga hört zu, aber eigentlich ist sie mit den Gedanken woanders. Sie ist plötzlich ungeheuer erschöpft, und sie fragt sich, ob sie wohl vor den Augen ihrer Freunde auf dem Tisch hinschmelzen wird. Sie ist so müde. Die Augen brennen. Ihr

ist schwummrig. Sie reibt an einer Stelle unter dem Arm, die geschwollen scheint.
Pärchen stehen auf und tanzen eng. So wie sie und Mike früher. Und was macht dir heute noch Spaß? Albert ruhig rum, sagt sie ihnen, das geht sowieso nicht gut. Das süße Ding in deinen Armen, der breitschultrige Cowboy, ihr beide seid schon in dieser Sekunde am Verrotten. Helga weiß, sie könnte ihnen das eine oder andere über das Leben erzählen, darüber, daß man damit nicht zimperlich sein sollte. Krallt euch daran fest wie an einen Busen, saugt jeden Tropfen aus ihm heraus. Langsam wird sie wütend. Sie sieht die dralle Mary und möchte ihr am liebsten eins auf die Nase geben. Welches Recht hat sie, so verdammt gesund zu sein? Schau sich doch nur mal einer diese fetten Titten und diese drallen Arme an. Der Gedanke, daß Mary zwölf Jahre älter ist als sie, macht Helga verrückt. Helga will, daß man bei allen über vierzig irgendeine Art von Verfall erkennt, der ihrem eigenen ähnelt. Aber von den Tränensäcken mal abgesehen, sieht diese Mary Quick aus, als könnte sie die Nacht wegtanzen und sich immer noch mit zwanzig Mann im Laden einlassen.
Helga beäugt sie neidisch, und dann fällt ihr Blick auf das Keltenkreuz, das wie ein Schutzschild zwischen Marys Brüsten liegt, und sie beschließt, dieses Kreuz ganz besonders zu hassen. Helga hat gebetet. Hat auch nichts genutzt. Es gibt keinen Gott, und wenn es einen gibt, und er läßt zu, daß ihr so was Schlimmes zustößt, dann ist er der Teufel persönlich und verdient ihren Respekt nicht. Er kann sie mal. Sie sieht Jasper an, und dann fällt ihr wieder ein, daß Jasper Nancy bald heiraten muß. Die Zeit drängt.
»Jasper, du hast doch schon mal meine Nancy kennengelernt, oder?«
»Hmm?«

»Nancy. Meine Tochter. Hast du sie nicht mal gesehen, als sie mit meinen beiden anderen vorbeigekommen ist?«
Jasper zuckt mit den Schultern. »Nancy«, sagt er und runzelt die Stirn.
»Solltest du mal«, meint Helga. »Ihr zwei würdet prima zusammenpassen.«
»Hmm-hmm.«
»Und, wie läuft's auf dem College? Du schaffst doch das Semester, oder?«
Er verzieht das Gesicht. »Ich bin vor 'n paar Tagen durch 'ne Physikprüfung gerasselt. Es ging um alle möglichen Formeln und so Zeugs von wegen Quanten. Ich mag diese winzigen Dinger nicht, die ich nicht sehen kann. Ich mag die großen Sachen, den Makrokosmos. Verstehst du, was ich meine?« Er breitet die Arme aus, als wolle er die ganze Welt umarmen.
»In so was war ich nie gut«, sagt Mary. »Mathe, puh.« Sie schüttelt die Hand, als habe sie etwas Klebriges an den Fingern.
»Das ist gar nicht so wichtig«, meint Helga. »Wichtig ist, bist du ein guter Mann, Jasper?«
»Ich weiß nicht.«
Helga hustet. »Behandle sie gut, mehr meine ich gar nicht. Wenn nicht, dann komm ich wieder und hol mir deinen jungen Hintern. Hast du mich verstanden, Jasper John?« Sie hustet wieder. Sie drückt sich die Faust vor den Mund und hustet sie voll, greift sich ein paar Servietten, preßt sie vor die Lippen und hustet rasselnd hinein. Jasper und Mary schauen sie beunruhigt an. Jasper steht halb auf, streckt seinen langen Arm über den Tisch und klopft ihr auf den Rücken. Der Anfall läßt nach.
»Alles in Ordnung?« fragt er.
»Scheiße, natürlich nicht«, meint Helga, und der Schleim

rasselt ihr in der Kehle. »Was glaubst du denn? Gieß mir noch ein Bier ein, verdammt. Warum zum Henker bist du nur so jung? Schau sich einer mal dieses junge Gesicht an. Kriegst du da nicht auch 'nen Haß, Mary?«

Mary kichert. »Nee, ich könnt ihn nicht hassen«, meint sie. »Jasper ist mein Süßer.« Sie gibt ihm einen Kuß auf die Wange und drückt seinen Oberschenkel ein wenig mit der Hand.

Helga hustet wieder. »Das liegt am Qualm«, sagt sie und wedelt mit der Hand.

»Ja«, stimmt Mary ihr zu. »Meine Lungen sind auch im Eimer. Du würdest es einfach nicht für möglich halten, was ich mir morgens zusammenhuste.«

Helga wird ganz munter bei dieser Neuigkeit. »Ach ja?«

»O ja, ich huste mir die Lunge aus'm Leib. Ich hab so 'nen Schmerz im Unterkiefer, der kommt und geht, und hier am Hals auch, auf der linken Seite. Was meinst du, was das ist?«

Helga fühlt sich wieder besser, viel besser. Sie holt ihre Zigaretten aus der Tasche und bietet Mary eine an. Sie zünden sie sich an. »Also, ich finde, das hört sich ernst an«, sagt Helga. »Schmerzen im Unterkiefer. Husten. Hast du auch schon mal Schmerzen im linken Arm gehabt?«

Mary nickt. »Ja, gestern.«

»Ich sag dir was, Mary. Ich bin mir da nicht sicher, aber das sind Symptome für Herzbeschwerden. Ich kenn mich aus mit der Medizin. In meiner Lage kennt man sich damit aus.«

»Das Herz«, meint Mary. »So was hab ich mir schon gedacht.«

»Ich erzähl dir mal, was für Symptome ich hatte, als ...«

Jasper starrt in sein Bier und beobachtet die Bläschen, die wie kleine Geheimnisse vom Boden aufsteigen. Er fragt sich, was er eigentlich mit diesen beiden Weibern zu schaffen hat, die dasitzen und über ihre Wehwehchen schwatzen. Er schaut zu den Pärchen auf der Tanzfläche hinüber. Er beobachtet ein Cowgirl in engen Jeans, mit rundem Gesäß und wallendem Haar. Er schmachtet sie regelrecht an.

Die Kellnerin bringt einen frischen Krug Bier und sagt, er ist von Godot. Jasper winkt ihn zu sich herüber und stellt dankbar fest, wie schnell die beiden Frauen ihren Dialog über Eierstöcke, Därme, Lymphknoten und andere Teile der Anatomie beenden.

»Danke für das Bier«, meint er zu Godot. »Setzen Sie sich.«

»Ich hab nur einen Augenblick Zeit«, sagt Godot. Er flauscht seinen Bart auf und setzt sich neben Helga. Dann schaut er sie an. »Du lebst also immer noch«, sagt er zu ihr.

Helga verzieht den Mund.

»Sie liebt mich«, meint er grinsend.

Sie werfen sich gegenseitig böse Blicke zu. Helga hört als erste damit auf. Sie greift in ihre Tasche. »Ich will euch mal was zeigen.« Sie zieht ein Foto aus der Brieftasche und wirft es wie eine Spielkarte auf den Tisch. »So hab ich früher ausgesehen.« Auf dem Bild sehen sie eine junge Frau mit einer wallenden kastanienbraunen Mähne, die ihr bis zu den Schultern reicht. Ihre lächelnden Augen sind geformt wie Mondsicheln, ihre Nase ist niedlich. Der Mund ist mit Lippenstift üppig nachgezogen. Sie trägt eine blauweiße Tupfenbluse.

»Das bist du?« fragt Mary.

»Lecker, lecker«, meint Jasper.

»Da konnte ich noch starke Männer zum Weinen bringen«, sagt Helga. »Erinnerst du dich noch daran, Godot?«

»Sie sah wirklich gut aus«, gibt er zu.

»Na, wir stehen alle mal in Blüte«, meint Mary. »Ich war auch nicht so übel.«

Jasper nimmt das Stichwort auf und sagt ihr, daß sie immer

noch nicht so übel sei. Sie belohnt ihn mit einem neuerlichen Drücken seines Oberschenkels.
Godot zückt seine Brieftasche und zeigt ihnen ein Foto von sich, als er noch jung war. Er hat dickes Haar, der Bart ist dunkel, die Augen sind hypnotisierend. Er hat eine Pfeife im Mund. »Das ist für den Schutzumschlag gemacht worden«, sagt er. »Für die Rückseite meines Buchs.«
»Du hast ein Buch geschrieben?« fragt Mary.
»Ja, ich hab mal ein Buch geschrieben.«
Jasper hat Godots Buch gelesen. Er fand es poetisch und merkwürdig. »Ich hab's gelesen«, sagt er. »Steht in der Uni-Bibliothek.«
»Und, was hältst du davon?« fragt Godot.
»Es war brillant«, erwidert Jasper.
Godot nickt. »Das fanden die Kritiker auch. Ein paar von ihnen meinten sogar, auf den Mann solle man ein Auge haben.« Er seufzt. »Aber das ist schon Jahre her. Andere literarische Götter haben meinen Platz eingenommen.«
Mary bringt Godot dazu, über sein Buch zu sprechen. Er nennt ihr den Titel, *Am Anfang*, und erzählt, daß es ein gelehrtes, aber lesbares Buch ist, ein Werk, das versucht, die Geschichte und die Mythen des Nahen Ostens miteinander zu verweben, um so die Wurzeln der westlichen Religion aufzuzeigen. Dazu hat er sumerische und babylonische Mythen benutzt, Begriffe des zoroastrischen Dualismus beigefügt und das Ganze gut vermischt mit archäologischen Funden, die auf Monotheismus hindeuten, mit ägyptischen Liebesgedichten, kanaanitischen Sprichwörtern und Sagen über Zauberbäume, verführerische Schlangen, Erlösung und Wiederauferstehung. Das Buch war in den führenden Zeitungen besprochen worden. Es gab sogar eine regelrechte Gefolgschaft. Jahre später bekam er einen Brief vom berühmt-berüchtigten Moon-Poo Murphy, der schrieb, daß das Buch

zum heiligen Text der Moon-Poo-Bewegung geworden sei. Es hieß sogar, Godot sei einer der bedeutendsten religiösen Denker der Vereinigten Staaten, und sein Werk sei so inhaltsreich wie das Thomas Aquins. Ein Kritiker verstieg sich gar zu der Äußerung, Godots Buch gebe Anlaß zu der Hoffnung, daß aus ihm »ein zweiter Augustinus« werden könne. Doch dann verblaßte sein Ruhm, als Rama Gautamas Buch *Der Neue Weg zur Tugend* herauskam und verkündete, daß es keinen Sinn habe, in einer Zeitschleife zu verharren und sich an den alten Weg zur Erlösung zu klammern. Rama Gautama nannte Godots Buch ein Werkzeug des Establishments, eine philosophische Rechtfertigung konservativer Politik und blinden Gehorsams. Die Kritiker sprangen auf diesen Zug auf und nannten Rama Gautamas Botschaft lyrisch und inspirierend, genau das, was man in einer Welt brauche, die auf ihren Untergang zusteuere. Godot und sein Buch gerieten ins Abseits und wurden von allen außer ein paar Sturköpfen vergessen.

»Und wann war das?« fragt Mary. »Hab ich da was verpaßt?«

»Ach, das ist schon Jahre her«, sagt Godot. »Eigentlich gebe ich mittlerweile eher Rama Gautama recht. Meine Botschaft *war* konservativ. Sie redete auf subtile Weise tatsächlich dem blinden Gehorsam das Wort. Im Laufe der Jahre hat sich mein Verständnis von den Dingen geändert. Ich bin nicht mehr so dogmatisch wie früher. Mein junges Ich war schon uralt, bevor mein altes Ich weise wurde. Jetzt suche ich nach neuen Wegen, mein Ich zu definieren. Am liebsten würde ich mein altes Buch zurücknehmen, zerlegen und in eine modernere Form bringen.«

»Du siehst alles andere als modern aus«, meint Helga.

»Na, du aber auch.«

Jasper hat das Gefühl, etwas zur Verteidigung von Godots Buch sagen zu müssen. Er erzählt ihnen von dem Kapitel über magische Wörter, Wörter, die zu sich selbst *wurden*. Kinetische Wörter, faßbare Wörter, Wörter, die das Universum erweiterten, die übers Wasser wandelten, die sagten »Es werde«, und es wurde. »Das war ein tolles Kapitel«, sagt er. »Die Kraft des Wortes wurde zur Sache selbst. Das war gut, Professor.«

Godot nickt dankbar. »Du hast also verstanden, was ich sagen wollte«, meint er. »Da bist du einer der wenigen. Wir haben sie verloren. Wir haben die Kraft des Wortes verloren.« Er fährt sich mit den Fingern durch den Bart. Dann betrachtet er das Jugendbildnis, das auf dem Tisch liegt. »Du kennst dich doch aus. Ich sag dir, wie die Dinge stehen. Also. Hör genau zu, diese kleine Idee enthält alles, was du über die Wörter in unserer Zeit wissen mußt. Früher mal, vor langer, langer Zeit, haben wir in Pentametern gesprochen. Lies Shakespeare und Konsorten, dann siehst du, was ich meine. Im neunzehnten Jahrhundert haben wir dann angefangen, in Tetrametern zu sprechen, vier Hebungen pro Zeile. Alles klar soweit? Vom fünffüßigen Versmaß zum vierfüßigen Versmaß. Und wo stehen wir heute? Trimeter. Trimeter. Ich geb mir die Kugel. Aber jetzt paß auf.«

Er hält bedeutungsschwanger inne. Dann beugt er sich vor. Seine Boxernase ist nur Zentimeter von Jaspers Nase entfernt. *»Dimeter«*, sagt Godot. »Sperr die Ohren auf, und du hörst, die jungen Leute sprechen in Dimetern. Manchmal, und ich lüge nicht, manchmal höre ich sogar Monometer. Ja, soweit ist es nun schon gekommen. Noch eine Generation, und man hört nichts anderes als Grunzen und Knurren und Schniefen. Man wird mit den Fingern zeigen, und anstelle der Satzzeichen fuchtelt man mit den Händen. Ich sag dir, wir erleben den Untergang und das Ende. Unser Ende als intelligente Rasse spiegelt sich im Wort wider.«

Helga schüttelt den Kopf. »Das glaubst aber auch nur *du*«,

meint sie. Sie stößt Godot mit dem Ellbogen an. Sie schürzt die Lippen und wirft ihm einen spöttischen Blick zu.
Godot tippt mit dem Finger auf die Tischplatte und klopft die Anzahl der Versfüße in Helgas Satz. »›Das *glaubst* aber *auch* nur *du*.‹ Trimeter, Helga. Du redest in Trimetern.«
»Pffh«, macht Helga.
»Und in Monometern«, fügt Godot hinzu.
Eine unbehagliche Stille setzt ein. Sie hören der Band zu. Godot bleibt noch bis zum Ende des Sounds, dann steht er auf und sagt gute Nacht. Danach geht er zu Arthur hinüber und redet noch einen Augenblick mit ihm. Als er zur Tür hinausgeht, wird er von kalten Nebelschwaden umwirbelt, die durch die Türöffnung dringen und die in der Nische Sitzenden erschauern lassen.
»Ich find den Kerl furchtbar«, sagt Helga.

Gegen Mitternacht schlummert Helga in der Ecke der Nische und hört diese Stimme, die nach Hustenpastillen klingt. »Holla, holla, Donnerknispel, schaut mal, wer da is! Ja, da soll mich doch einer, wenn das nich der hübsche Hank is! Hier, Junge, ich hab was für dich.«
Als Helga die Augen aufmacht, steht da der Kerl, der die Knöpfe an Marys Bluse abgerissen hat. Er ist immer noch ganz in Schwarz, und er drückt Jasper Geld in die Hand. »Hättste nich gedacht, daß du das mal wiedersiehst, oder?« sagt er zu Jasper.
»Nein, absolut nicht.«
»Ich hab noch was draufgelegt fürs Leihen.«
Jasper zählt vierzig Dollar statt der ursprünglichen fünfundzwanzig. »He, danke«, sagt er.
Henry schaut die Damen an. »Hallo, Zuckerblume«, sagt er. »He, wer is denn die Schlafmütze da? Kenn ich dich?«
Helga setzt sich auf und stellt sich vor. Hank gleitet auf den

Platz neben sie. »Hab schon die schlechte Nachricht von dir gehört, hab gehört, du hast das große K. Hör mal, Süße, mein Opa hatte das große K an der Pustratra, und er is trotzdem einundachtzig geworden. Ich würd mich nich so schnell abschreiben.«

Er gibt ihr einen Stups unters Kinn.

»Ich schreib mich nicht ab. Im Leben nicht.« Sie liebt alles an diesem Kerl, seine groben, pockennarbigen Wangenknochen, seinen zerzausten Bart, seinen Geruch nach Schnaps und Tabak. Er ist wie Mike, ein richtiger *Mann*.

»Ich hol uns noch 'nen Krug.« Hank zieht ein zusammengerolltes Bündel Geldscheine aus der Hemdtasche, an dem ein Nilpferd ersticken würde. »Hab'n bißchen Glück gehabt«, sagt er. Er schüttelt die Faust, als hielte er ein Paar Würfel darin. Er lächelt breit und fast zahnlos, weich, zeigt viel Zahnfleisch, und aus dem Mundwinkel ragt wie irrtümlich ein kleines Einhorn von Zahn. Er lacht feucht und diabolisch. Dann zwinkert er Helga zu. Das ist das Gesicht eines Schlitzohrs, denkt sie sich, diese nach hinten geschmierten und wie Lakritz glänzenden Haare, diese riesigen schwarzen Nasenlöcher, die die Luft einsaugen wie ein Raubtier, das Beute wittert. Seine Nase sieht aus wie die Oberfläche von Hüttenkäse. Hank schaut zu Jasper hinüber. Er haut ihm kräftig auf die Schulter, und der Junge reibt sich die Stelle und sagt. »He, autsch.«

»Ich hab deinen Namen nicht mitgekriegt, Junge. Wie heißt du?« Henry legt sich eine Hand hinters Ohr.

»Jasper John.«

»Hmm-hmm.« Henry kaut auf dem Namen herum. Er klopft sich so hart mit einem Fingerknöchel gegen die Stirn, daß es hohl klingt, und erklärt Jasper, sein Name ist nun in seinem Gedächtnis eingesperrt wie in einer stählernen Falle. Dann wendet er sich an Helga und wiederholt die ganze Prozedur

auch mit ihrem Namen. »Stählerne Falle«, sagt er und klopft sich an die Stirn. »So zu wie 'n Nonnenarsch.«
Die Bedienung bringt den neuen Krug, und Hank gibt ihr ein 2-Dollar-Trinkgeld und meint, sie soll Nachschub bringen, bis er abwinkt.
»Hab ich dich jemals hängenlassen, Henry?« fragt sie ihn.
»Meine Süße«, entgegnet er. Als sie weggeht; klatscht er ihr einen auf den Hintern. »Sie is'n gutes Kind«, sagt Hank. »Sie kennt mich. Hier kennen alle den Hank.«
Er steht auf und brüllt: »Wer is der Hank?«
Die Leute an den Tischen und an der Bar drehen sich um und schauen ihn an. Die Bedienung und Arthur MacArthur brüllen zurück: »Du, Henry!«
»Siehste?« Hank stupst Helga unters Kinn. »He, Süße, wie wär's mit 'nem Tänzchen? Du siehst aus wie 'ne Ballerina. Na los, laß mal wackeln.«
»Ich?«
»Ja, du.«
»O nein, Henry, ich bin alle. Und ich hab auch nichts mehr zum Wackeln, Süßer.«
»Und ob.« Er greift unter sie und kneift ihr in den Hintern. Helga liebt ihn abgöttisch. »Na, hoffentlich versagen mir meine Beine nicht den Dienst!« sagt sie.
Dann schlüpft sie an seinem Arm aus der Nische. Die ganze Strecke bis zur Tanzfläche stampft Hank schwer mit den Stiefeln auf den Boden. Die Chromspitzen blitzen wie Stroboskoplichter. »Der Hank kommt«, knurrt er. Die anderen Pärchen machen Platz. Hank nimmt Helgas Hand und läßt sie eine Pirouette drehen, dann läßt er sie los, drückt die Ellbogen an den Körper, die Hände baumeln kraftlos herab, und er wuchtet Hüften, Knie und Füße in seinem ganz eigenen Hackrhythmus hin und her. Helga schaut zu, wie er ganz in sich versinkt, wirbelt und die Arme wie Rotorblätter

kreisen läßt. Dann baut er sich wieder vor ihr auf, reißt die Ellbogen auf und ab und läßt seinen überm Gürtel hängenden Bauch wild zucken. Sie findet, er sieht aus wie ein Seehundbulle, der am Strand den dicken Max macht. Die Leute lachen. Helga ebenfalls, und sie lacht, wie sie es seit Jahren schon nicht mehr getan hat. Sie tanzt vor ihm und versucht mitzuhalten, stolziert vor und zurück und zur Seite, aber sie muß so lachen, daß sie stolpert und ihr schwindlig wird. Und als er seine Haltung ändert und wie ein Geier auf sie zugehoppelt kommt, ist sie zu keiner Bewegung mehr fähig. Sie stützt die Hände auf die Knie, um nicht umzufallen, und kreischt vor Lachen.

»Ich mach mir gleich in die Hose!« schreit sie.

»Go, Hank!« ruft jemand in der Menge.

»Schaff dich, Hank!« rufen ein paar.

Henry grinst einzähnig. Er winkt den Leuten zu, die ihn anfeuern. Er hebt Helga hoch, die Hände um ihren Hintern, und wirbelt mit ihr über die ganze Tanzfläche. Sie schaut hinunter in sein verschwitztes Gesicht, und die Lichter schwimmen hinter ihm vorbei wie komische Heiligenscheine.

Als die Musik vorbei ist, setzt er sie ab und stolpert rückwärts in ein paar Männer am Rand der Tanzfläche, die ihn auffangen. »Ho, Zuckerpuppe!« brüllt er. »Du bist ja 'ne ganz heiße Nummer!«

Helga geht zu ihm. »Und du bist 'n toller Hecht«, sagt sie. Dann gibt sie ihm einen dicken Schmatzer. Seine Hand drückt ihren dürren Hintern, und für einen kurzen Augenblick durchflutet sie eine Welle von Stolz, und sie glaubt an Wunderheilungen und daran, daß alles möglich ist.

Als sie wieder zur Sitznische zurückkommen, fragt sie Mary: »Wo zum Teufel hast du denn diesen verrückten Hund aufgegabelt?«

»Na, wo schon, in einer Bar«, antwortet Mary. »So ist er nun mal. Zweiundzwanzig Jahre, und immer noch derselbe Henry Hank.« Sie sieht ihn liebevoll an. Er wackelt mit den Augenbrauen. Mary klopft auf die Rolle Geldscheine, die er auf dem Tisch liegengelassen hat, und fragt ihn, woher das stammt.

»Ich hab da so meine Wege«, meint er.

»Und, ist es auch legal?«

»Aber klar, Zuckerblume. Du kenns mich doch.«

»Ist es legal, Henry?« fragt sie mit ernster Stimme.

»So legal wie am Pier stehen und angeln«, meint er. Dann sieht er Jasper an. »Was glaubst du, woher ich das hab, Jim?«

»Market Street?« rät Jasper.

»Dieser Junge, dieser Grünschnabel hier is mein Kumpel, mein Freund. Er hat mir 'n korrekten Tip gegeben. Ich hab gesagt, ich bin 'n Freund von Arthur MacArthur, und schon ham sie mich reingelassen. Jetzt wissen alle da, wer der Hank is. Ich könnte dir 'n paar Geschichten von Las Vegas erzähln, da würdest du sabbern wie Pawlows Köter. Lüg ich vielleicht, Zuckerblume? Ich will 'n Tripper kriegen, wenn ich lüge.«

»Henry kennt sich in Vegas aus«, sagt Mary.

Hank stürzt ein Glas Bier in einem Zug hinunter, knallt das Glas auf den Tisch, rülpst, daß die Gläser wackeln, und erzählt ihnen dann allen, was für ein toller Spieler er ist und wie Vegas, Reno, Tahoe und all die einarmigen Banditen dazwischen beim Klang seiner Stimme vor Furcht ins Schlottern geraten sind. Die Welt hat den Atem angehalten bei einem Würfelspiel um eine Million Dollar, er hat in Pokerpartien mitgezockt, bei denen der Streßfaktor so hoch war, daß einem die dritten Zähne schmolzen und die Amateurnutten den Schlag kriegten. Er hat Ten-Gallon-Gary mal zweihundertneunzigtausend Dollar abgenommen, in zwei Stunden, bar, keine Abzüge, keine Steuern. Davon hat sich Ten-Gallon-Gary nie wieder erholt, war ein gebrochener Mann, das hat ihm das Herz gebrochen. So kann es kommen, wenn man sich mit dem Hank anlegt.

Henry holt Luft. Er gießt sich noch ein Bier ein, zwinkert der Bedienung zu, deutet mit einem kreisenden Finger an, daß sie noch eine Runde brauchen, und erzählt dann weiter. Er ist schon überall gewesen und hat schon alles gemacht. Er ist in New Jersey geboren, auf der Straße groß geworden, und hat seiner Mama so viel Kummer gemacht, daß die schon mit fünfundzwanzig graue Haare hatte. Seine Mama war sein ein und alles im Leben. Wenn sie mal deprimiert war und übers Leben jammerte, dann hat er sie gekitzelt, ihr die Schuhe ausgezogen und sie an den Füßen gekitzelt, bis sie wie eine Hyäne gelacht hat, o ja, gekitzelt, bis die Frau geheult hat wie ein Krokodil. Seine Mama hat ihn geliebt – hat ihren kleinen Mann über alles geliebt. Als sie starb, da hat ihn das ganz schön fertiggemacht. Da ist er dann in die Achte Armee eingetreten und im Koreakrieg hinter dem achtunddreißigsten Breitengrad mit dem Fallschirm abgesprungen, hat sechs Monate lang Killerkommandos geführt und einen Silver Star und 'nen Haufen anderer Orden gekriegt. Er war am Pork Chop Hill und hat fünfzig Schlitzaugen mit dem Maschinengewehr umgemäht, eigenhändig einen Panzer lahmgelegt, die Spange zum Silver Star hinzubekommen, und man hat ihm die Ehrenmedaille zugesagt, aber gekriegt hat er sie nie, weil die Steuerfahndung ihn 1954 wegen Steuerschulden drankriegte und die Republikaner meinten, er sei ein fauler Sack. Na, jedenfalls hat die Army ihn rüber nach T-Bone geschafft, wo er helfen sollte, den Schlitzaugen das Herz zu brechen. Am Heartbreak Ridge hat er den Spieß umgedreht und eine zweite Spange gekriegt, das einzige Mal, daß jemand zum Silver Star eine zweite Spange bekam. Und am Heartbreak Ridge hat er

General Dwight D. MacArthur persönlich Nachhilfeunterricht im Nahkampf gegeben und ihm gezeigt, wie er die Truppenbewegungen der Gelben Gefahr umgehen konnte. Wo immer der Hank auftauchte, da wendete sich das Blatt. Wenn die Jungs ihn kommen sahen, riefen sie Hipp Hipp Hurra, weil sie wußten, daß sie gerettet waren Die Schlitzaugen schmissen ihre Waffen weg und machten die Fliege.

»Ach ja, der Krieg ... geht doch nichts über 'nen guten Krieg«, verkündet Henry. »Der räumt mal so richtig auf.«

»Hast du das wirklich alles gemacht?« fragt Jasper.

Henry beugt sich zu ihm hinüber und hält sein Gesicht ganz nah vor Jaspers. »Jim«, sagt er, »seh ich aus wie 'n Mann, der bei seinen Kriegsauszeichnungen lügen würde?«

»Keine Ahnung«, meint Jasper.

»Ich will Tripper, Aids, Syphilis, Tollwut, Filzläuse, Herpes und Schuppenflechte kriegen, wenn ich lüg.«

»Das reicht mir«, sagt Jasper.

»Glaubste dem Hank?«

»Ich glaube dem Hank.«

»Hör mal, du glaubst wohl, Audie Murphy sei der am höchsten dekorierte Soldat aller Zeiten gewesen, stimmt's nich?«

»Ist er das? Keine Ahnung.«

»*War* er das. Is schon tot, Gott schütze den kleinen Mistkerl von einem Südstaatler.« Henry bohrt sich einen Finger in die Brust. »Ich bin der am zweitmeisten dekorierte Soldat überhaupt; als der Koreakrieg vorbei war, da ham se mich so behängt, daß ich geglänzt hab wie der Halleysche Komet. Ich bin vom Gewicht fast vornübergefallen. Kucks in den Unterlagen nach, Jim. Da steht mein Name. Henry Hank, der härteste Marine, seit John Wayne im Alleingang Iwo Jima nahm.«

»Hast du nicht gesagt, du bist in der Armee gewesen?«

Henry läßt sich nicht aus dem Konzept bringen. »Beides. Ich

war im Heer und bei den Marines. Die konnten nich auf mich verzichten. Ich war wie 'n Profifootballer. Ich konnte beides. Den halben Krieg bei den Marines, den Rest beim Heer.«

»Toll«, sagt Jasper.

Henry ist noch nicht fertig. Er breitet sein restliches Leben aus. Nach dem Krieg ist er nach Hause gekommen und ins Diebstahlgeschäft eingestiegen, danach dann in Spiel und Zuhälterei. In einer Bar in Urbana, Illinois, hat er dann Mary Quick kennengelernt, ist mit ihr nach Chicago durchgebrannt und hat ihr einen Cadillac gekauft.

»Stimmts nich, Zuckerblume?«

»Stimmt, Henry.«

Er meint, irgend jemand sollte mal ein Buch über sein Leben schreiben, so verdammt interessant ist er, und er kennt niemanden, der so interessant ist wie der Hank. Und dann schließt er mit großem Trara und sagt ihnen, er sei *muy* böse, *muy* macho, *muy* liebenswert, *muy* geheimnisvoll, der letzte einer aussterbenden Rasse, die den alten Westen bezwungen hat. »Das sind meine Referenzen«, sagt er, »und deine?« Und damit bohrt er einen Finger in Jaspers Rippen.

»Ich dachte, du hast den Krieg über Brücken gesprengt«, sagt Jasper.

»Wer hat dir denn das erzählt?«

»Du. Du hast mir das erzählt.«

»Ich?«

»Als ich dir das Geld geliehen hab, da hast du mir das erzählt.«

»Na, dann wird's wohl stimmen. Hör mal, ich hab die Brücke hinter mir gesprengt. Meine Wenigkeit hat ihr den Rest gegeben. Präsident Truman hat sich persönlich bei mir bedankt und gesagt, ich gereiche dem amerikanischen Traum zur Ehre.«

Die Band beendet ihre Pause. Sie spielen einen Cowboy Waltz. Mary und Henry stehen auf und tanzen. Diesmal bewegen sich alle Tänzer im Takt, die Paare schlurfen tollpatschig umher, Hände auf der Schulter des Tanzpartners, und so zuckeln sie dahin wie Güterwaggons. Jasper schaut ihnen zu. Er hat nicht mehr mitgezählt, das wievielte Bier es war, aber er weiß, er ist so richtig schön besoffen. Ihm ist das scheißegal. Er hat nur noch Augen für Mary. In dem dämmrigen Licht sieht Mary gut aus, richtig toll. Hinten auf der Harley, wie sie sich so an seinen Rücken geklammert hat, da hat sie sich warm und willig angefühlt, wie so eine heiße Nummer aus Schweden, mit breiten Hüften, bei denen man nicht gleich runterfällt. Er schaut zu, wie sie ihren Hintern zur Musik wiegt. Ihr Rock schwingt einladend. Er weiß, das tut sie nur für ihn. Schließlich hat sie ihm zweimal den Oberschenkel gedrückt, oder nicht? Sie kann doch die Augen nicht von ihm lassen.

Die ganze Sache hat nur einen Haken. Und der heißt Henry Hank. Der Hank ist Sand im Getriebe. Da gibt's nur eins, er muß ihn unter den Tisch saufen. Jasper steht auf und wandert aufs Klo, um sich auf den Kampf vorzubereiten. Er steht vor dem Urinierbecken und läßt es fließen. Sein Urin sieht kristallklar aus. Das kommt vom Bier, sagt er sich und kichert. Deshalb ist das Meer so salzig. Ganze Ozeane, die durch die Abwasserrohre ins salzige Meer hinausfließen, weit hinaus ins Meer, dann in der Sonne verdunsten, Wolken bilden, über Land ziehen und abregnen, Urin auf die Köpfe der Leute regnen lassen. Kein Wunder, daß die Luft so stinkt! Überall furzen die Gullis den Pissegestank aus! *Nach dem Klo und vor dem Essen, Hände waschen nicht vergessen!*

Als Jasper zur Sitznische zurückkommt, ist Henry schon wieder dabei, seine Lebensansichten hinauszuposaunen – die Männer in Korea, das waren noch richtige Männer. Sein Bart läßt ihn wie eine Bulldogge erscheinen, der eine Zahn ragt über die Oberlippe hinaus, die Kampfeslust steht ihm ins Gesicht geschrieben. Er ist der letzte echte Mann auf der Welt. Wohin man auch schaut, überall dieses Pack mit verdammten Ohrringen in den verdammten Ohren und verdammte Pferdeschwänzige und diese verdammten ausgebeulten Klamotten, wie sie Dreijährige tragen. »Kein Wunder, daß wir den Vietnamkrieg verloren ham! Kein Wunder, daß sie uns im Libanon unsere traurigen Ärsche angekokelt ham. Kein Wunder, daß uns da nichts anderes übrigbleibt, als uns auf so kleine Juntaländer wie Panama und Grenada zu stürzen.«

»Du würdest es ihnen schon zeigen«, meint Mary. Sie stützt sich auf die Ellbogen, die Fäuste an den Wangen. Ihre Augen sind so traurig wie die eines Irish Setters.

»Klar würde ich, das kannste aber glauben.«

»Parole Killerkommando. Na, is das nich 'n übler Bursche?«

»Ich mach die Welt für unsere Frauen und Kinder sicher.« Henry lehnt sich zurück, stützt die Hände gegen die Tischkante und schaut sich arrogant um.

»Mannomann«, meint Mary. »Du bis 'n richtiger Mordsheld.« Henry zeigt anklagend mit dem Finger auf sie. »Die Zukkerblume hat sich einen auf die Blüte gegossen!« sagt er.

»Mannomann«, wiederholt sie. Ihr dreht sich alles. »Was für 'ne beschissene Welt«, meint sie. »'ne beschissene Scheißwelt, bin zu gut für diese beschissene Scheißwelt, jung sterben is besser, dann bisse beim Jesulein. Na, sag's ihnen, Henry. Is das nich der Weg allen Schnitzels?«

»Ach, laß uns von was anderem reden«, meint Henry.

»Red über J. J.«, befiehlt sie.

»Ach, komm schon, wir machen uns doch grad 'n schönen Abend, Zuckerblume.«

Mary piekst Jasper in den Arm und meint, sie will wissen, warum der Herrgott Satan, diesen Mistkerl, auf der Welt umherwandeln läßt – »und du tust nix dagegen. Warum zum Henker sagste denn zu ihm, ›Na los, hol sie dir, Mann‹? Warum sagste so was, hmm? Der kommt einfach her und holt sich meinen J. J., du verdammter Scheißer.«

»Fang bloß nich an zu flennen«, meint Henry.

Wie auf Stichwort schluchzt Mary aus Leibeskräften in ihr Taschentuch. Die anderen drei sitzen da und schauen zu. Jasper wirft Henry einen Blick zu und sieht, daß auch der weint. »Ach Mann«, sagt Jasper.

Er steht auf, zieht Mary aus der Sitznische und zwingt sie dazu, mit ihm zur Tanzfläche zu gehen. Er tanzt mit ihr. »Tränen sind nich besonders sexy«, sagt er zu ihr.

Sie wischt sich die Augen an seiner Schulter trocken und meint: »Wer weint'n, du Arsch!«

Und dann drehen sie sich mit den anderen im Kreis. Henry und Helga schließen sich ihnen an. Sie finden zueinander und bilden einen Ring. Sie singen zur Musik, und als der Song zu Ende geht, lachen sie alle aus Leibeskräften. Mary meint, das sei der schönste Augenblick ihres Lebens. Helga sagt, sie fühlt sich unsterblich. Henry kneift ihr in den Hintern, und sie jault auf. Dann kneift er Mary, und sie jault ebenfalls. Helga und Mary kneifen Henry, und er jault. Jasper versucht sich daran zu beteiligen, nur sendet sein Hirn die Signale nicht mehr so ganz synchron.

Jasper beschließt, die Sache in die Hand zu nehmen. Er gleitet zu Mary hinüber und knutscht sie am Hals. Helga kreischt vor Lachen und zeigt mit dem Finger auf ihn. »Kuck dir diesen Nachwuchshengst an! Kuck dir bloß mal diesen geilen Hurensohn an! Mensch, Junge, die is alt genug, die könnte deine Mama sein!«

Mary schubst Jasper von sich. »Junge, ich bin geschafft. Mein Herz rast wie sonstwas. Drängel dich nich so an, Süßer. Laß 'nem Mädchen auch mal was Luft.«

»Den Scheiß versuchste besser nich bei meiner Nancy«, sagt Helga. »Sonst hau ich dir eine rein.« Helga holt aus und haut Jasper auf den Kopf.
»He!«
»Hörste mir überhaupt zu, Jasper John?«
»Was?«
»Wenn du meine Nancy nich respektierst, zieh ich dir das Fell über die Ohrn.«
»Schon gut, schon gut«, entgegnet Jasper.
Niedergeschlagen trinkt er noch ein Bier. Er dreht sich um und schaut den Tänzern zu. Er hat einen Plan. Er wird so tun, als sei er zu betrunken, um nach Hause zu fahren. Mary wird darauf bestehen, daß er bei ihr bleibt. Er wird ihr gehorsam nach Hause folgen, und wenn sie dann erst mal drin sind, wird er so tun, als wisse er nicht, was er tut, und sich auf diese Titten stürzen, und sie werden auf den Boden fallen und sich gegenseitig die Klamotten runterreißen, sie werden scharf sein wie Pfeffer, und er wird sie sich derart vornehmen, daß sie seine Sexsklavin werden will, jawohl.
Eroberungsphantasien nagen sich durch sein Hirn. Er schaut zu den Tischen hinüber und sieht dort ein hübsches Mädchen mit wallendem Haar und einer hübschen glatten Stirn über zwei verträumten Augen. Ja hallo, wer is das denn? Er denkt einen Augenblick nach, erinnert sich, sie auf der Tanzfläche gesehen zu haben, erinnert sich an ihren ansehnlichen Hintern. Er starrt sie an. Sie starrt ihn an. Liebe! Ach, Liebe!
Allerdings sitzt ihr Freund neben ihr. Der bemerkt, wen sie da anschaut. Er starrt Jasper ebenfalls aus stahlharten Augen an. Jasper steht auf und macht sich auf den Kreuzzug. Er beugt sich über sie. »'tschuldigung«, meint er.
»Verpiß dich«, sagt der Freund.

»Sind wir uns nich schon mal in 'nem anderen Leben begegnet? Klingelt bei dem Namen Lancelot was, Prinzessin?«
»Nein«, entgegnet sie. Sie wird langsam nervös. Ihr Lächeln bricht ab. Sie weiß, sie hat da was Dummes angerichtet.
»Sie wandelt in Schönheit wie die Nacht«, zitiert Jasper.
Der Freund steht auf. »Zieh Leine, Mann«, sagt er.
Jasper schätzt ihn kühl ab. Sie sind etwa gleich groß, aber der Freund ist etwas schwerer, hat einen weichen Schwabbelbauch. Er braucht ihn nur dort zu treffen, und schon ist es vorbei. Jaspers eigener Bauch ist flach und hart. Er kann schon einen Schlag vertragen. »Wenn ich die Kleine hier hätte und du 'ne Feder im Arsch, dann hätten wir beide was zu lachen«, meint er.
Sie öffnet den Mund. Jasper merkt, sie muß sich ein Lachen verkneifen. Er zwinkert ihr zu. Der Freund stößt seinen Stuhl zurück und reißt die Fäuste hoch. Sie legt ihm eine Hand auf den Arm. »Komm schon, Eugene, der ist doch besoffen.«
»Mach dich vom Acker, ich sag's dir!« meint Eugene, und sein Atem weht Jasper ins Gesicht.
Jasper starrt ihn amüsiert an. »Wenn ich dich umhau, krieg ich sie.« Er streicht ihr übers Haar.
Das nächste, was er merkt, ist, daß er auf dem Boden hockt, und in seinem Kopf ist ein Vakuum, ein unendlich großer leerer Raum. Hat Eugene ihn geschlagen? Jasper ist sich nicht ganz sicher, aber er glaubt schon. Ein paar Hände ziehen ihn an den Achseln hoch. Die Leute machen Platz. Die Tür geht auf. Die Luft ist schlecht. Sie stinkt nach Gulli. Die Straßenlaternen tragen Heiligenscheine.
»Der hat dir aber ganz schön in den dürren Hintern getreten«, meint Helga, kichert heftig und stützt die Hände gegen die Knie. »Du hättes dich ma sehn solln! Ha ha!«
Henry kichert.

Mary sieht aus, als will sie gleich noch eine Runde weinen.
»Ich hab nix gemerkt«, meint Jasper. »Ich glaub, ich bin ausgerutscht, als ich grad loslegen wollte, das is alles. Er hat mich gar nich angerührt.«
»Ha ha!«
»Hast aber nich losgelegt, sondern dich langgelegt«, meint Henry. »Du bist schon in Ordnung, Jasper. Solche Dummheiten hab ich in deinem Alter auch gemacht.«
Jasper lehnt sich an Henry. Der hat ihm einen Arm um die Taille gelegt. »War se nich schön?« fragt er Henry. »Haste se lächeln sehn? Weißte was? Weißte was? Die will, daß ich ihr 'n Knutschfleck auf'n Hintern mache.«
Helga reckt ihm ihr Gesicht vor die Nase. »So 'n Scheiß redet mein Schwiegersohn in ihrer Anwesenheit nich«, meint sie. »Meine Nancy is 'n anständiges Mä'chen, das isse. Haste mich verstandn? Bei mir zu Hause mußte dich anständich benehm.«
Jaspers Kopf fühlt sich an wie Schlamm. Er nickt. Er lächelt. Er will alles richtig machen. Er will mit allen gut Freund sein. Sein Kinn fängt an zu pochen, und in seinem linken Ohr klingelt es.
»Ich fühl mich nich gut«, sagt er. »Ich will heim.«

*

Am nächsten Morgen setzt sich Jasper auf, hockt da und hält den Kopf still. Er schaut sich um und sieht fremde Wände. Er liegt auf einem fremden Sofa. Alt, abgewetzte Armlehnen, der Bezug war früher mal rosenfarben, heute ist er ein ausgeblichenes rosiges Irgendwas. Vor dem Fenster hängen staubige beigefarbene Vorhänge, die das Licht dämpfen. Jasper sieht winzigkleine Staubwelten in einem Lichtstreifen schweben. Er schaut sich um und sieht eine graue Katze auf einem Conchtisch zwischen verstreuten Magazinen liegen. Eine zweite graue Katze hat sich auf einem Sessel gegenüber der Couch zusammengerollt. Eine dritte sitzt auf einem Fernsehsessel und putzt sich. An der Wand steht ein Regal mit einem Fernseher, einer Stereoanlage und zwei Lautsprechern. Daneben ist die Haustür, auf einem Beistelltischchen steht eine Lampe mit Schaft in Form eines Kerzenständers. Der Tisch ist voller Kaffeetassenringe.

Jaspers Hirn fühlt sich so hart an wie ein Pfirsichkern. Er kann die Kinnlade nicht richtig bewegen. Vorsichtig fährt er mit den Fingern darüber. Da ist eine leichte Schwellung. Seine Backenzähne tun ihm weh. Dann fällt ihm das Mädchen mit dem wallenden Haar wieder ein. Er erinnert sich, daß er aus dem Texas Style geschmissen worden ist, daß Mary und Henry ihn gestützt haben. Sie sind mit ihm durch den Nebel zu ihrem Haus gegangen. Mary hat ihn aufs Sofa gelegt und ihm ein Kissen und eine Decke gegeben.

Jasper stolpert durchs Wohnzimmer ins Eßzimmer und findet dort einen Tisch mit Stühlen vor, einen ovalen Fransenteppich und die Reproduktion eines kubistischen Gemäldes, das eine gewisse Ähnlichkeit mit einer zerlegten Frau hat. Über dem Tisch hängt ein Ventilator. Der kleine Geschirrschrank ist bis auf ein paar Tassen und ein paar angeschlagene Teller leer. Das geräumige Speisezimmer geht in einen Gang über, der in die Küche führt. Rechter Hand ist eine Wand mit drei Türen. Die mittlere Tür ist grün. Die Wände sind weiß, die anderen beiden Türen walnußfarben.

»Kopf oder Zahl«, sagt Jasper.

Er öffnet die erste Tür und stößt auf Mary Quick, die lang ausgestreckt auf einem Bett liegt. Henry ist neben ihr, die Bettdecken sind wie Schneewehen aufgehäuft, die Klamotten auf dem Boden verteilt, ein blaßblauer Schlüpfer liegt

auf dem Kopfende des Betts. Marys Schlüpfer. Sie liegt mit offenem Mund da und schnarcht leise. Ihr zerzaustes Haar breitet sich auf dem Kissen aus. Ihre Brüste liegen nach außen an die Oberarme geschmiegt, und die breiten Kreise ihrer Brustwarzen schweben asymmetrisch auf ihnen. Sie hat eine schlankere Taille, als er gedacht hätte. Silbrige Schwangerschaftsstreifen verschwinden in ihrem Schamhaar. Es ist so schütter, daß er die Haut hindurchschimmern sieht. Jasper schaut genau hin: Ein paar Haare sind schon grau. Graue Schamhaare. Darauf ist er noch gar nicht gekommen, daß die Leute da auch so graue Haare kriegen wie auf dem Kopf. Mary ist alt. Die Wade entlang bis zum Fuß läuft eine Krampfader. Sie hat dicke orangelackierte Zehennägel. An ihrem Knie bricht Schorf auf. Sie hat nichts von Didis jungen Gliedmaßen oder straffer Haut. Und doch ist da etwas sehr Erotisches an ihr, etwas Empfängliches und Warmes, so wie sie ihr Bein anwinkelt und sich ihre Schamlippen öffnen. Sie ist bestimmt keine von diesen Frauen, die man erst stundenlang bearbeiten muß, bis die Glocken läuten. Mary weiß garantiert, wie sie ihre Gefühle zum Klingen bringt.
Jasper sieht sich ihren Schatz genauer an. *Pussi,* sagt er bei sich. Hmm, *Pussi.* Was für ein Wort, *Pussi* paßt ganz genau. Die kleinen Lippen kräuseln sich und sehen aus wie ein Katzenmäulchen. *Puuh,* machen die Lippen, *Pussi.* Da leiert nichts aus. Schnappt jedesmal wieder zurück wie ein Gummiband. Kann zupacken.
Stinkefinger. »Das darfst du, aber nicht mehr«, hat sie gesagt. Wie hieß sie noch? Das Mädchen aus Littleton, wie hieß sie noch gleich? Weicher Mund, den zu küssen keinen Spaß machte, warme Spucke, schleimig und schlaff, als streiche man mit den Lippen über zähe Schmiere. »Das geht in Ordnung, aber mit mir pennen ist nicht«, hat sie gesagt. Und dann hat er ihr es mit dem Finger gemacht, in einem gestoh-

lenen Camaro, kaputte Schaltung, tolle Ledersitze, das Radio spielte. Hinterher war die Batterie leer, und die Mistkarre sprang nicht mehr an. Eine kalte Nacht in Colorado. Sie mußten nach Hause trampen. Ellen! Ellen Gardner, so hieß sie. Wo die jetzt wohl steckt? Er durfte ihr bloß den Finger reinstecken, sonst nichts. Komisch, was für Leute man so alles kennenlernt.

Ihm wird es warm zwischen den Beinen, und er denkt daran, auf Mary zu steigen und eine schnelle Nummer hinzulegen. Nun komm mal wieder auf den Teppich, bremst er sich.

Henry Hank liegt leicht auf der Seite, wie ein Walroß, die eine schwere Flosse über der Bettkante, die andere am Körper. Dichte graue Wolle bedeckt Brust und Bauch. Schultern, Arme, der halbe Hintern, den Jasper sehen kann, sind mit Haarbüscheln bedeckt. Beine und Füße sind dicht behaart. Henry hat Hammerzehen. Auf dem linken Arm hat er Tätowierungen: einen Panther, eine nackte Frau und ein Paar Würfel, eine Sechs und eine Eins, darunter die Inschrift BORN TO WIN. Der blaue Rand einer weiteren Tätowierung lugt um Henrys rechten Arm herum, der aufs Laken gepreßt ist, und Jasper kann nur die Buchstaben FI erkennen. Ein Stück von einer Narbe ragt aus einer Hautfalte, die von Henrys Schulter bis zu den beiden Buchstaben FI reicht. Auf seinem Bauch sind Narben zu erkennen, wie Schrammen auf einem Volleyball.

Jasper verläßt das Schlafzimmer. Er geht zur Nebentür, der grünen, und versucht, sie zu öffnen. Sie ist abgeschlossen. Er probiert die nächste Tür und landet im Gästeschlafzimmer. Abgesehen von ein paar Pappkartons und einem zusammengerollten Teppich, der in der Sonne liegt, ist das Zimmer leer. Ein kurzer Flur führt ihn schließlich ins Bad.

Er erledigt sein Geschäft, spült runter, läßt sich kaltes Wasser über den Kopf laufen, streicht das Haar zurück und putzt sich die Zähne mit dem Zeigefinger. Er betrachtet im Spiegel seine Stoppeln und beschließt, sich einen Bart stehen zu lassen. Er findet, mit Bart sieht er aus wie Jesus, oder noch besser, wie Robin Hood, ein kurzes Bärtchen am Kinn, ein schmaler Schnurrbart.

Er geht in die Küche, macht den Kühlschrank auf und findet einen Krug Orangensaft. Er trinkt ihn halb leer. Die Katzen streichen ihm um die Beine, und er gibt ihnen eine Schüssel Milch. Dann geht er hinaus. Hinterm Haus gibt es einen Blumengarten, Tausendschönchen und Dahlien sprießen. Grasstreifen bilden die Grundstücksgrenze. Ein Apfelbaum beschattet den Garten. Zwei alte, verschrumpelte Äpfel, die wie eingefallene Gesichter aussehen, hängen immer noch im Baum. Jasper findet, ein Apfelbaum in San Diego ist eine blöde Idee. Hier ist es das ganze Jahr über viel zu warm für Apfelbäume, aber die Leute träumen nun mal davon.

Das Haus selbst ist blaßbeige verputzt, mit weiß abgesetzten Kanten. Am Ende der Auffahrt steht eine schmale Garage. Jasper sieht sie sich genauer an. Hinten in der Garage findet er eine rostige Schaufel, eine Hängematte und eine Forke. Außerdem gibt es da ein unfertiges Zimmer mit einem kleinen Herd und Möbeln. Die Sperrholzplatten sind schon angenagelt. Wenn man noch ein wenig nachhilft, konnte es ganz nett werden. Kartons stehen aufgestapelt, ein paar Werkzeuge liegen herum, ein paar abgefahrene Reifen, alte Klamotten, ein Bett mit zusammengerollter Matratze. In der Auffahrt steht ein alter Chevrolet Fließheck, Baujahr 66 oder 67.

Jasper zündet sich eine Zigarette an, geht zum Hauseingang, setzt sich in die Sonne auf die Stufen, läßt sich durchwärmen und reibt sich das schmerzende Kinn. Auf der Straße sieht er einen bärtigen Mann mit Gitarre, neben ihm eine kleine

Frau mit Helmfrisur, auf sich zukommen. Sie trägt ein weißes Hemd und ausgebleichte Jeans mit kaputten Knien und Schmetterlingsflicken auf den Taschen. Die Frau kennt er nicht, aber der Mann ist der Pirat. Heute wird es im Park Musik geben.

Fabienne Pakleppa

Lauter tote Frauen

Seit sich der Frauenmörder in der Stadt herumtrieb, war es ziemlich ungemütlich geworden. Nach Einbruch der Dunkelheit traute sich niemand mehr auf die Straße, und ich versauerte langsam allein zu Hause. »Lies doch ein gutes Buch«, sagte mir Lisa am Telefon, als ich ihr mein Leid klagte, die hatte gut reden, die hatte einen Mann, und wie ich den kannte, litt sie sicher nicht unter sexueller Not. Ich aber schon, seit dem Frauenmörder. Wie kann man bitte sehr als Single jemanden kennenlernen, wenn man zu Hause bleibt? Über Anzeigen? Nein, danke, das hatte ich früher schon probiert, für mich bringt das nichts. Ich muß einen Mann sehen, dann weiß ich auf Anhieb, ob es etwas wird mit uns zwei. Ich habe mich noch nie geirrt.

Heutzutage braucht man das richtige Gespür für Menschen, wenn man nicht an den Falschen geraten will, es laufen überall Verrückte herum, nicht nur die Frauenmörder, auch die Sadisten, die Masochisten, die Fetischisten und die anderen Perversen mit der Gummiwäsche oder den Schlammbädern, und dann gibt es noch diese supernetten Jungs, nach dem Pfadfindermodell gebaut, die dich gleich heiraten wollen und am liebsten auch noch in der Kirche, das ist alles nichts für mich. Ich bin ziemlich einfältig, ich mag guten, normalen Sex, habe gar nichts gegen die Missionarsstellung einzuwenden, wenn der Mann sich zu benehmen weiß, und ich will mich nicht binden. Feste Beziehungen sind nichts für mich, ich habe mich zweimal schon überreden lassen, und es lief prompt daneben. In Null komma nichts waren wir beim Papa-Mama-agaga-dudu gelandet: Anstatt miteinander zu vögeln, erzählte er mir von seinem ersten Schultag mit der hübschen Lehrerin, und ich schwärmte ihm von meiner Oma vor, dann nannte er mich Baby und ich ihn Pauli und aus war's mit der Begierde. Das scheint in der Natur des Menschen zu liegen, sobald er sich sicher aufgehoben fühlt, fällt er schnurstracks ins Windelalter zurück. Schade eigentlich.

Vor dem Frauenmörder hatte es mir nichts ausgemacht, immer wieder nach neuen Männern zu suchen. Am liebsten zog ich mit einer Freundin herum, zuerst ins Kino oder ins Theater, dann ab in die Kneipe. Zwei Frauen zusammen, das ist ideal für die Jagd. Die andere gibt dir Rückendeckung sozusagen, besonders wenn sie selber in festen Händen ist. Zu dritt oder zu viert geht es nicht mehr so gut, vor soviel Weiblichkeit kriegen die Männer Angst, sie geben an, führen dir den Casanova vor, und sobald du zur Sache kommen willst, ziehen sie den Schwanz ein. Wenn du den Typ unbedingt willst, mußt du deine Freundinnen halt bald loswerden. Das Problem hatte ich damals nicht, seit dem Frauenmörder ging keine mehr mit. Und allein brauchte ich es gar nicht zu probieren. Jeder, aber wirklich jeder sprach nur noch vom Mörder, fragte dich, ob du keine Angst hattest, das vermieste mir gründlich den letzten Rest an erotischen Gelüsten. Außerdem war die Stadt voller Polizisten in Uniform und in Zivil, das letztemal, als ich allein in der Kneipe war, saß ich keine fünf Minuten an der Bar, da setzte sich schon einer neben mich. Ich habe es nicht mit Beamten, aber er sah ziemlich gut aus, das muß ich zugeben, und vor lauter Verzweiflung überlegte ich, ob ich ihn vielleicht doch nach Hause mitnehmen sollte, aber kaum hatte ich ein Gespräch angefangen, da las er mir schon die Leviten: »Sie sind leichtsinnig, hören Sie denn keine Nachrichten, das ist gefährlich, wenn Sie meine

Frau wären, würde ich Sie einsperren« und blablabla. Das Übliche halt. Ich habe ihm höflich erklärt, daß mein Instinkt unfehlbar war, daß mir nie etwas passiert war und mir in Zukunft nichts passieren würde, aber er wollte mir nicht glauben, und mitgehen wollte er auch nicht. Am Schluß hat er mich von zwei Uniformierten bis zu meiner Wohnungstür begleiten lassen, ich durfte nicht einmal meinen Wein gemütlich zu Ende trinken!

Es wurde langsam Zeit, daß sie diesen Mörder schnappten, anstatt harmlose Frauen wie mich zu belästigen. Angeblich verfolgten sie heiße Spuren, aber zu einer Verhaftung war es noch nicht gekommen. Doch, nach dem zweiten Überfall hatten sie einen armen Teufel von einem Meter sechzig festgenommen, der unter den Büschen unweit vom Tatort seinen Rausch ausschlief. Im Revier haben sie gleich festgestellt, daß er es nicht sein konnte, als sie ihm die Handschellen abnahmen, fiel ihm die rechte Hand ab. Die hatten ihm seine Prothese demoliert. Pech gehabt. Ich hoffe, die zahlen ihm eine neue. Aber er hatte Glück, daß er nicht links amputiert war, sonst hätten sie ihn eine Weile behalten, bis zum nächsten Mord halt. Der Mörder war Rechtshänder und schmächtig, meinte der Gerichtsmediziner, ansonsten wußte man so gut wie nichts über ihn, außer daß er regelmäßig Frauen erdolchte und sich dabei nicht besonders geschickt anstellte. Er hatte siebzehn Messerstiche gebraucht, um Tina Olson zu töten und sogar einundzwanzig für Gabi Müller, und kein einziger war lebensgefährlich. Die Menge hatte es gebracht. Tina war im eigenen Treppenhaus verblutet, und Gabi im kleinen Park neben meinem Lieblingsmexikaner, dem Sassitos. Da machen sie die besten Caipirinhas der ganzen Stadt, die hatten den Einarmigen so umgehauen, daß er nichts gehört und nichts gesehen hatte.

Bei den nächsten vier Frauen hatte der Täter nicht oft genug hineingestochen, oder sie wurden zu früh entdeckt. Sie überlebten alle, aber ihren Angreifer konnten sie nicht beschreiben, er hatte sie von hinten niedergestochen, sie waren gleich umgefallen. Die eine hatte sich dabei auch noch das Nasenbein gebrochen, die kannte ich ein bißchen, vom Sehen. Wir hatten uns sogar einmal unterhalten, in der Damentoilette vom Oklahoma Saloon. Lisas Mann feierte dort seinen Geburtstag, er hatte alle seine Kollegen eingeladen, und da in der Computerbranche akuter Frauenmangel herrscht, sollten wir dazustoßen. Max wußte, daß ich immer neugierig bin und keine Vorurteile habe, und wie hieß sie noch mal? Birgit, genau, auch sie war grundsätzlich nicht abgeneigt. Aber an dem Abend war nichts los. Erst diese Countrymusic, dann die Typen! Traurig sag ich nur. Lisas Mann war der einzige, der etwas drauf hatte. Darüber waren Birgit und ich uns einig, als wir beim Nasepudern in der Toilette die verschiedenen Herren unter die Lupe nahmen. Natürlich hatte auch sie mit ihm geschlafen, lange bevor er verheiratet war, behauptete sie, aber nur weil sie gesehen hatte, daß ich mit Lisa befreundet war, dabei wußte wohl jeder außer Lisa, daß die Ehe Max kein bißchen daran hinderte, sich zu amüsieren, wenn er Lust dazu hatte. Der einzige Unterschied war, daß er seit der Hochzeit immer zu Hause übernachtete. Das störte mich nicht, ich frühstücke lieber allein.

Normalerweise hätte ich es nie getan, mit dem Mann meiner Freundin, man hat seine Prinzipien, aber wegen diesem blöden Frauenmörder blieb mir nichts anderes übrig, als alte Flammen aufzuwärmen. Mein Telefonbuch hatte ich schon mit wenig Erfolg abgegrast. Entweder waren die Kerle umgezogen oder gebunden oder schwul geworden oder sie hatten auch Schiß, ich weiß nicht warum, der Mörder griff doch nur Frauen an. Ich kann schon verstehen, daß diese ganzen Blutbäder nicht gerade potenzfördernd wirkten, wir sind schließlich doch keine Vampire, ich persönlich finde es auch schöner ohne, trotzdem ist es kein Grund, keusch zu werden!

Zum Glück hatte sich Max nicht bremsen lassen, er hatte mich zweimal besucht, und das war ziemlich gut, aber wir wollten es nicht übertreiben. Er sollte ruhig zu Hause bleiben und sich um seine Frau kümmern. Übrigens waren Lisa und Max ein tolles Paar, eine echte Ausnahme. Obwohl er ihr alles über seine alte Märklin-Eisenbahn schon tausendmal erzählt hatte, war ihr Sexleben kein bißchen eingeschlafen. Das wußte ich von beiden, also mußte es wohl stimmen. Ich nahm an, das lag daran, daß Max regelmäßig fremdging. Aber Lisa betrog ihn nicht. Sie hatte es nicht nötig, sie las Bücher, das ist fast dasselbe.

Genau das hatte sie mir geraten, mitten in der Mordserie, als ich versuchte, sie aus dem Haus zu locken. »Lies ein gutes Buch«, sagte sie am Telefon und hing ein. Es mag sein, daß es für sie eine gute Lösung war, für mich aber nicht. Sie hatte mir einen ganzen Stapel ausgeliehen, und ich wußte nicht, was ich sonst tun sollte, also fing ich an, zu lesen, doch im ersten Kapitel gab es schon drei Frauenleichen, alle erstochen wie bei uns. Da ist mir die Lust vergangen. Wenn es mir nach morden wäre, würde ich nur Männer töten. Und nicht immer mit dem Küchenmesser, das wäre mir zu langweilig mit der Zeit. Unser Mörder benutzte ein Küchenmesser von der Marke Solingen, elf Zentimeter lang, die Polizei hat die Klinge am Tatort gefunden, aber es waren keine Fingerabdrücke darauf, und die konnten sonst damit nicht viel anfangen, weil man die Dinger in jedem Kaufhof besorgen kann, und jede Hausfrau, die etwas auf sich hält, besitzt eine ganze Garnitur von Solingenklingen. Sogar ich hatte früher zwei Stück davon, wenn ich mich recht erinnere, auch an die elf Zentimeter lang, aber als ich nachschauen wollte, waren sie nicht mehr da. Die muß ich aus Versehen mit den Kartoffelschalen irgendwann weggeschmissen haben. Dann gab es auf einmal eine Tote, die nicht erdolcht wurde, sie wurde von der U-Bahn überfahren, und in der Zeitung stand es groß geschrieben, daß sie laut Polizeibericht nicht gesprungen war, sondern geschoben wurde, vom Frauenmörder selbstverständlich. Serienkiller müssen hier für alles herhalten, man schiebt ihnen auch ganz gewöhnliche Selbstmorde in die Schuhe. Die Kleine von der U-Bahn, Sissy Dobler, die kannte ich zufällig auch ein wenig, sie arbeitete manchmal als Aushilfe im Palmengarten, das ist diese Nachtbar mit dem Springbrunnen in der Mitte, wo ich früher oft mit Lisa zusammensaß.

Ein anderes Buch, das sie mir geliehen hatte, habe ich fast bis zum Ende gelesen, das war ein Roman, und es ging um eine Begegnung zwischen einem Mann und einer Frau, und nach den ersten Nächten waren sie einander verfallen und trieben es pausenlos und überall, das war ziemlich gut geschrieben, so was hatte ich noch nie gelesen, es knisterte dermaßen zwischen den Seiten, daß ich dachte, ich vergehe vor Sehnsucht. Bis zum letzten Kapitel kam ich nicht, das Zeug ging mir nicht mehr aus dem Kopf, es wurde immer schlimmer mit mir, ich dachte pausenlos und ausschließlich an Sex, das war unerträglich. Ich mußte einen Mann finden, sonst würde ich eingehen. Tot umfallen wegen Entzugserscheinungen.

Manchmal setzte ich mich vor den Fernseher, weil ich hoffte, das würde mich ablenken, aber das war nicht gerade hilfreich. Spät nachts senden sie entweder Softpornos oder Thriller, wo schon wieder Frauen umgebracht werden, und das hielt ich nicht aus. Mir wäre ein gescheiter Kriegsfilm lieber gewesen, in dem sich Männer reihenweise gegenseitig ummähen, das hätte mich vielleicht beruhigt.

An einem Abend, als ich kurz vorm Explodieren war, schaltete ich die Glotze an, und siehe da, auf allen Kanälen liefen Nachrichten, der Mörder hatte schon wieder zugeschlagen! Das reichte mir langsam. Im Ersten quasselte ein Psychologe etwas vom Opferprofil, wie der sich abstrampelte, um zu sagen, daß es nur die Frauen erwischte, die ein Lotterleben führten, also treue Gattinnen und Jungfrauen durften unbehelligt durch die Straßen laufen, aber ich nicht! Ich gehörte zum potentiellen Opferkreis, nur weil ich jeden nahm, der mir gefiel! Danke schön für die Aufklärung. Ich war zornig und überlegte, daß sie den Täter bei den Fundamentalisten suchen sollten, da hätten sie reichlich Auswahl gehabt, dieses Land ist verseucht von Moralaposteln jeder Farbe, aber dann kam ein Foto des Opfers ins Bild, und es wurde mir schlecht.

Daniela Obermaier. Die kannte ich auch. Es tat mir wirklich leid um sie. Sie war ein wildes Mädchen, ganz nach meinem Geschmack, und auch sie hatte eine Affäre mit Max, das hatte er mir selber erzählt. Die Geschichte wurde allmählich zur Familienangelegenheit, das war unheimlich. Ich saß seit Wochen frustriert in meinem Bau, sobald es dunkel wurde, wartete geduldig, daß die Polizei den Kerl fing, um wieder normal leben zu können, aber nach Daniela hatte ich endgültig die Nase voll und beschloß, selber die Dinge in die Hand zu nehmen. Daß Max unser Frauenmörder sein könnte, das habe ich keine Sekunde gedacht, aber ich wollte wissen, ob er alle Opfer kannte. Das hätte mich nicht gewundert, Max hat etwas Besonderes, ich weiß nicht, was das ist, aber ihm kann keine Frau widerstehen. Als wir uns vor ein paar Jahren an der Kasse vom Supermarkt begegnet sind, habe ich es gar nicht versucht, und eine halbe Stunde später lagen wir im Hotelbett zusammen. Das haben wir alle paar Monate wiederholt, wenn es sich ergeben hat, bis er meine Freundin

Lisa geheiratet hat, dann haben wir uns geeinigt, daß wir lieber darauf verzichten. Das tat mir schon ein bißchen leid, weil Max wirklich einsame Spitze ist, was die Sinnlichkeit betrifft, trotzdem, ohne den Frauenmörder hätte ich mich daran gehalten, Lisa zuliebe.
So rief ich Max an, um ihn zu fragen, und seine Stimme klang ein bißchen seltsam, aber er war sofort einverstanden, als ich ihm ein Treffen vorschlug. Diesmal hatten wir beide keine Lust auf Sex. Ja, er kannte alle Opfer. Ja, er hatte mit fast jeder etwas zu tun gehabt, nur nicht mit der Kleinen aus der U-Bahn, sie war zu früh gestorben. Nein, er hatte niemanden getötet und er wußte überhaupt nicht, was er davon halten sollte, aber er hatte Angst. Ich redete auf ihn ein, bis er sich doch entschloß, zur Polizei zu gehen. Weil er so unwillig war, begleitete ich ihn bis zum Revier, versprach, auf ihn zu warten und setzte mich ins Café gegenüber. Es dauerte lange, und ich überlegte mir schon, ob ich Lisa anrufen sollte, damit sie sich keine Sorgen machte, da kam sie plötzlich hereingestürzt. Sie weinte herzzerreißend und zwischen den Tränen erzählte sie mir, die Polizei hätte ihren Max verhaftet und ihn gleich ins Gefängnis gebracht.
Ich versuchte, sie zu beruhigen, sagte ihr, sie sollte sich keine Sorgen machen, das sei sicher ein Irrtum, dann führte ich sie zur Toilette, damit sie sich das verschmierte Gesicht wusch, bevor wir zur Polizei gingen. Als wir beim Waschbecken standen, öffnete sie ihre Handtasche und zog ein Küchenmesser heraus, eine elf Zentimeter lange Klinge aus Solingen. Ich war schon schockiert, aber nur weil ich dachte, Max sei tatsächlich der Frauenmörder, Lisa hätte die Mordwaffe gefunden und wollte sie mir zeigen, doch auf einmal begann meine Freundin wie verrückt auf mich einzustechen, und ich fiel in Ohnmacht.
Den Rest kriegte ich nicht mit. Ich wachte im Krankenhaus

auf, man hatte mich zusammengenäht, es ging mir eher gut. Max saß bei mir, streichelte meine Hand und behauptete, er hätte mein Leben gerettet. Lisa hatte ein vollständiges Geständnis abgelegt, sie wollte all seine Geliebten umbringen, und mich auch. Es ärgerte mich schon. Die dumme Ziege hätte doch lieber ihren Mann töten sollen, dann wäre das alles nicht passiert. Das hätte ich an ihrer Stelle gleich getan, sagte ich Max, als er mich fragte, ob ich mit ihm zusammenziehen wollte.

Mike Gayle

Neunzehn Uhr zwanzig

»Aahh! Man hat bei dir eingebrochen!«

Jedesmal, wenn sie mein Zimmer sah, drehte sich Aggi, meine Exfreundin, um und sagte das zu mir. Das war schon ein stehender Witz bei uns, und obwohl er schon leicht asthmatisch auf der Brust war, konnten wir uns darüber immer noch jedesmal kaputtlachen.

Aggi und ich haben uns vor genau drei Jahren getrennt, nicht daß ich die Tage gezählt hätte oder so was. Ich wußte es nur so genau, weil sie mir an meinem dreiundzwanzigsten Geburtstag den Laufpaß gegeben hatte. Und obwohl ich alles unternommen hatte, den Tag meiner Geburt und das Ereignis, wie sie mir den Laufpaß gegeben hatte, zu vergessen, blieb mir das Datum in einer Hirnzelle hängen, die sich zu sterben weigerte.

An jenem verhängnisvollen Tag wurde ich vom Klang der Stille geweckt. Simon and Garfunkel hatten den Nagel auf den Kopf getroffen: *Sound of Silence.* Stille hatte wirklich einen eigenen Klang. Wenn damals im Haus meiner Eltern irgend jemand zu Hause war und nicht gerade im Koma lag, schaute die Stille gar nicht erst bei uns vorbei. Die Bewohner des Hauses kümmerten sich bei ihren Aktivitäten nicht im geringsten um die Schlafenden; die Waschmaschine lief um sechs Uhr früh, Besteck klapperte, das Frühstücksfernsehen lief, »Ma, hast du meine Schuhe gesehen?«, Gebrüll, ab und zu Lachen. Inmitten dieses Lärmpegels, der dem eines angolanischen Wochenmarkts zur

Hauptgeschäftszeit entsprach, lernte ich schnell, das Grundrauschen des Familienlebens der unteren Mittelklasse auszuschalten.
Wenn dann meine Eltern später zur Arbeit gegangen waren (er: Stadtverwaltung Nottingham, sie: Altenheim Meadow Hall) und mein kleiner Bruder Tom in der Schule war, konnte das Haus wieder in friedlicher Stille versinken. Mein Hirn, das nun nicht länger alles ausfilterte, was bedrohlicher klang als das gelegentliche aufgeregte Tschilpen eines Stars im Garten, weckte mich – Stille war mein Weckruf.
Auf meinem Federbett lag ein brauner Briefumschlag. Jedesmal, wenn ich Post bekam, legte mein Vater sie dort ab, bevor er zur Arbeit ging. Ich glaube, er hoffte darauf, daß die Freude darüber mich irgendwie zu Taten verleiten könnte. Aber das konnte sie nicht. Nichts konnte das. Damals bekam ich nicht allzuviel Post; ich war ein hoffnungsloser Briefeschreiber. Nicht, daß ich nie welche schrieb, das tat ich schon, ich schickte sie nur nie ab. Ständig lagen zig Bögen liniertes Papier in meinem Zimmer herum, auf denen in meiner Sauklaue »Meine liebe Soundso« gekritzelt stand. Da in meinem Leben allerdings nicht sonderlich viel passierte, hatte ich herzlich wenig zu sagen, kaum mehr als: »Wie geht es dir?«, und wenn ich angefangen hätte, auch noch die allerkleinsten Anekdoten meines mondänen Lebensstils aufzuschreiben (»Heute bin ich aufgestanden und habe mir Frosties zum Frühstück gemacht …«), dann hätte mich das zutiefst deprimiert.
Noch bevor ich den Umschlag überhaupt geöffnet hatte, wußte ich schon, was drin war, denn es handelte sich bei dem betreffenden Tag um den »Maßgebenden Mittwoch«, den alle vierzehn Tage stattfindenden religiösen Feiertag, der meine Rettung brachte – den Scheck mit der Arbeitslosenunterstützung. Meine Eltern waren gelinde gesagt nicht

gerade die glücklichsten Haseneltern, als ich, der erstgeborene Rammler, ins Nest zurückkroch und von der Stütze lebte. Vier Jahre zuvor hatten sie mich – mitsamt einem Koffer, der Stereoanlage, kistenweise Kassetten und einem *Betty-Blue*-Poster – zur Manchester University gefahren und von mir erwartet, daß ich mir eine erstklassige Bildung erwarb, ein paar Gramm gesunden Menschenverstand zulegte und eine Richtung im Leben fand. »Es ist uns egal, was du tust, so lange du es so gut machst, wie du nur kannst«, hatten sie gesagt, doch verbargen sie keineswegs ihre ungeheure Enttäuschung, als ich ihnen mitteilte, daß ich vorhätte, Englisch und Filmstudien zu belegen. »Wozu das denn?« fragten die Hüter meiner Seele mit den zwei Körpern und dem einen Verstand. Meine Erklärung, die im Kern darauf hinauslief, daß ich gerne las und mir gerne Filme anschaute, beeindruckte sie nicht im mindesten.
Drei Jahre später beendete ich meine Reise auf dem Ausbildungsfließband und bekam sehr schnell eine realistische Einsicht in meine Position in der Welt im allgemeinen: Ich war in zwei Fächern, die außerhalb der Universität von geringem Nutzen waren, hoffnungslos überqualifiziert. Nachdem ich gerade mal eben so bestanden hatte und mich der Bildungsprozeß überhaupt langweilte, packte ich das Bündel »Weitere Fortbildung« in die Kiste »Kommt nicht in Frage«. Statt dessen widmete ich mich der Lektüre weiterer Bücher, schaute mir jede Menge Filme an und schrieb mich wieder ein. So machte ich etwa ein Jahr lang weiter, bis die Bank eine härtere Gangart einlegte, als ich für kurze Zeit in einer Wohngemeinschaft in Hulme wohnte. In einem Zangenangriff, der Rommel alle Ehre gemacht hätte, entzog mir der Bankdirektor den Überziehungskredit und preßte mir die Unterschrift unter die Erklärung ab, jede Woche zwanzig Pfund auf mein Konto einzuzahlen, um die roten Zahlen

»auf ein etwas vernünftigeres Maß« herunterzubringen, wie er sich ausdrückte. Also kehrte ich wie eine Brieftaube in den elterlichen Schlag in Nottingham zurück und verkroch mich in meinem Zimmer, um über die Zukunft nachzudenken. Meine Eltern ließen alle möglichen Connections spielen, um mir bei meinem Start ins Berufsleben zu helfen, und meine Oma telefonierte in monotoner Regelmäßigkeit mit mir und berichtete mir von Jobs, die in der örtlichen Zeitung inseriert waren. Ich brauche nicht zu erwähnen, daß all ihre Mühen vergeblich waren. Ich war am Berufsleben nicht interessiert, ich hatte ein Dach überm Kopf, und ich sagte mir, solange ich die Liebe einer guten Frau erfuhr, würde mir das Armsein nichts ausmachen.

Meistens jedenfalls, denn manchmal brachte mich meine Verarmung bis an den Rand bitterer Verzweiflung. Glücklicherweise lernte ich meine Machtlosigkeit dadurch auszudrücken, daß ich möglichst so viele Punkte gegen DIE DA gutmachte, wie ich konnte, DIE DA in solchen Sätzen wie: Also, DIE DA oben ... Zu diesen kleineren Akten des Guerillakrieges gehörten unter anderem:

- Beschaffung eines Studentenausweises unter Vorspiegelung falscher Tatsachen
- Verwendung obengenannten Ausweises zum Erwerb verbilligter Kinokarten
- Manipulieren abgelaufener Fahrkarten
- Antitschen von Obst im Supermarkt
- Autofahren, ohne Steuern oder Versicherung zu zahlen
- Austrinken von Biergläsern wildfremder Menschen in Nachtclubs

Ich tat alles mögliche, was meine Phantasie in Schwung hielt und mir das Gefühl gab, ich würde auf meiner Seite der großen Kreidetafel des Lebens einen weiteren Strich machen.

Aggi war einfach herausragend, der wundervollste Mensch, den kennenzulernen ich in meinem Leben jemals das Vergnügen hatte. Als wir anfingen, miteinander zu gehen, brachte ich sie immer nach Hause, und während wir dastanden und uns küßten und auf ihrer Türschwelle zum Abschied noch einmal umarmten, konzentrierte ich mich am liebsten darauf, mit allen Sinnen diesen Augenblick einzufangen – ihren Geruch, den Geschmack ihres Kusses, das Gefühl, wie sich ihr Körper an den meinen drückte. Ich wollte ihn fotografieren und für immer behalten. Das klappte nur nie. Wenige Minuten später, wenn ich mit nassen Haaren und einem dumpfen Pochen in den Lenden wieder durch die regenfeuchten Straßen von West Bridgford lief, war er weg. Das Erlebnis selbst ließ sich nie wieder ins Gedächtnis rufen.

Wir hatten uns während der Sommerferien in einem Wohltätigkeitsladen kennengelernt. Aggi war damals achtzehn und hatte gerade ihr Abitur gemacht, und ich hatte gerade das erste Jahr an der Uni hinter mir. Sie arbeitete in einem Oxfam-Laden in West Bridgford, in den ich zweimal die Woche ging, weil dort ständig neuer toller Trödel angeboten wurde.

Ich hatte seit fünf vor halb zehn geduldig vor der Tür gestanden, doch da der Laden offiziell erst in fünf Minuten aufmachen sollte, vertrieb ich mir die Zeit damit, die Nase gegen die Glastür zu drucken und zum eigenen Vergnügen Grimassen zu schneiden. Aggi war vor allem ein Gesicht aufgefallen – meine Version von Rumpelstilzchen mit Dachschaden –, und sie hatte lachend zwei Minuten vor der Zeit aufgeschlossen. Abgesehen von einer alten Dame, die am anderen Ende des Ladens Kleidung sortierte und sich Desert Island Discs anhörte, waren wir allein im Geschäft. An jenem Tag trug Aggi ein kurzärmeliges grünes Kleid mit kleinen gelben Blumen drauf und himmelblaue Segeltuchbaseballschuhe. Der Gesamteindruck war ehrlich gesagt etwas abgeschrägt, aber irgendwie wirkte es an ihr ungeheuer toll. Ich stellte mich vor ein paar alte Barry-Manilow-Alben und tat so, als würde ich sie durchblättern, weil das Plattenregal, in dem sie standen, der ideale Standort war, dieses unglaublich schöne Mädchen heimlich zu beobachten.

Ich war mir sicher, daß sie merken müßte, wie mein Blick jeder ihrer Bewegungen folgte, also gab ich nach einer Weile auf, so zu tun, als interessierte ich mich für Barrys Greatest Hits, und glotzte sie schmachtend an. Ich lächelte, als ich mich der Kasse mit meinem einzigen Fund näherte, einem Elvis-Spiegel von der Sorte, wie man sie nur auf dem Rummel findet, wo man irgendwas Tolles mit Luftgewehr, Dartpfeilen oder Reifen machen muß, um einen zu kriegen. Dank Aggi hatte ich den Zwischenhandel ausschließen können. Elvis gehörte mir.

»Der King of Rock 'n' Roll.«

Das waren die ersten Worte, die sie je zu mir sagte. In jener Woche bin ich jeden Tag hingegangen, und im Laufe der folgenden Monate und weiterer Unterhaltungen lernten wir uns kennen.

ICH: Hi, wie heißt du denn?

SIE: Agnes Elizabeth Peters. Du kannst Aggi zu mir sagen.

ICH: Und warum arbeitest du hier?

SIE: Meine Ma arbeitet hier manchmal. Zu Hause ist mir langweilig, also helf ich mit, das ist mein Beitrag zur Entwicklung der Menschheit. *(lacht)* Außerdem macht sich das gut auf dem Lebenslauf.

ICH: Und was machst du sonst so?

SIE: Ich will auf die Salford University und Sozialwissenschaften studieren.

ICH: Wozu?

SIE: *(schaut leicht verwirrt)* Na, weil mir die Menschen wichtiger sind als Geld. Ich finde es falsch, daß es heutzutage Obdachlose gibt. Nenn mich altmodisch, aber ich bin Sozialistin.

ICH: Glaubst du an die platonische Liebe?

SIE: Nein. »Platonische Liebe ist die Zeit zwischen dem Kennenlernen und dem ersten Kuß.« Kein Applaus, ist nicht von mir.

ICH: Glaubst du wirklich, daß Elvis tot ist?

SIE: *(lacht)* Ja. Aber die Erinnerung an ihn lebt weiter in den Herzen der Jungen, Mutigen und Freien.

ICH: Was ist dein Lieblingsfilm?

SIE: Hört sich vielleicht ein wenig eingebildet an, aber ich finde, Film als Medium ist einfach nicht so ausdrucksstark wie der Roman. Nach dieser Vorbemerkung muß ich zugeben, daß ich ein ganz besonderes Faible für Audrey Hepburn in *Frühstück bei Tiffany* habe.

ICH: Was ist der verrückteste Gedanke, der dir je gekommen ist?

SIE: Wenn es eine unendliche Zahl von Paralleluniversen gibt, in denen all die Entscheidungen durchlebt werden, die ich hätte treffen können, wie wäre mein Leben dann verlaufen, wenn ich Asim Alis Heiratsantrag angenommen hätte, als wir sechs waren?

ICH: Wann hast du das letztemal geweint?

SIE: Wahrscheinlich mit sechs, nachdem ich Asim Ali abgewiesen habe. Ich weiß nicht mehr genau – ich hab's meistens nicht so mit emotionalem Getue.

ICH: Liebst du mich?

SIE: Ich liebe dich so sehr, daß mein Hirn es überhaupt

nicht begreift, wenn ich darüber nachdenke, was ich von dir halte. Ganz genau so wie die Unendlichkeit. Ich begreife es nicht, aber das sind die Grenzen meiner Liebe.

Zwischen der ersten und der letzten Frage lagen etwa fünf Monate. Und zwischen »Glaubst du an die platonische Liebe?« und »Ist Elvis wirklich tot?«, der Eröffnungsfrage bei unserer ersten echten Verabredung in der hellerleuchteten, überfüllten, in keinster Weise romantischen Lounge des *Royal Oak,* kamen wir zusammen. Tief innen drin machte ich mir gern vor, ich hätte gewußt, daß es zwischen uns nichts würde. Nichts konnte so perfekt sein, es sei denn im Fernsehen. Ausschlaggebend für mich war unser erster Kuß, das Ereignis, das mich sicher machte. Alle meine Ängste und Unsicherheiten waren wie fortgewischt.

Nach unserer ersten Verabredung war ich völlig verwirrt gewesen, wo wir denn nun bei dieser ganzen Jungen-Mädchen-Geschichte eigentlich standen. Ja, wir hatten gelegentlich Händchen gehalten und ungeheuer viel herumgeflirtet, aber geküßt hatten wir uns nicht, jedenfalls nicht richtig. Am Ende des Abends hatte ich sie ganz leicht auf die linke Wange geküßt, so wie ich es bei meiner Großmutter machen würde, und war nach Hause gegangen, nachdem ich ihr das Versprechen abgenommen hatte, daß wir uns wiedersehen würden. Die ganze Woche bis zu unserer nächsten Verabredung verbrachte ich in dem Folterzustand der Ungewißheit. Was genau war vorgefallen? Wir waren zusammen ausgegangen, gut, aber war das nur für mich so eine Art Verabredung gewesen? Konnte es sein, daß es für sie nur ein netter Abend mit einem netten Kerl gewesen war? Hatte ich die letzten sieben Tage ununterbrochen von ihr geträumt, aber sie konnte sich kaum an meinen Namen erinnern? Ich wollte darauf eine

Antwort. Ich brauchte dringend eine Antwort. Ich rief sie sogar einmal an, um sie zu fragen, aber dann war mir das Herz in die Hose gerutscht, und ich hatte wieder aufgelegt. Ich wußte nicht, wie ich sie fragen sollte, was ich wissen wollte, nämlich: Bin ich dein Freund? »Bin ich nun dein Freund?«, das ist so die Art von Frage, wie sie ein Neunjähriger einem anderen Neunjährigen stellt. In einer ausgefeilten Beziehung hatte diese Frage nichts zu suchen. Ich kannte die Regeln – ich hatte cool zu sein, relaxed, locker und lässig. Erst mal würden wir uns »sehen« (was bedeutete, daß sie auch noch andere Leute »sah«), dann würden wir uns vielleicht verabreden (was bedeutete, daß sie keine anderen Leute mehr sehen würde, obwohl sie vielleicht wollte), und schließlich wären wir Freund und Freundin (was bedeutete, daß sie niemand anderen sehen wollte, weil sie mit mir glücklich war).
Am Tag unserer zweiten Verabredung trafen wir uns wie abgemacht vor dem *Selectadisc*, einem Plattenladen. Der Plan drehte sich vor allem darum, den Nachmittag auf dem Platz vor dem Rathaus zu verbringen und die Tauben zu füttern (ihre Idee). Dazu kam es allerdings nicht. Das erste, was sie tat, als sie mich sah, war, ihre Arme fest um mich zu schlingen und mich so hingebungsvoll zu küssen, daß mir buchstäblich die Knie versagten. Eine solche Leidenschaft hatte ich noch nie verspürt. Und das Beste daran war: *Sie* sah mir direkt in die Augen und fragte *mich*, ob sie meine Freundin sei. »Ja«, sagte ich, »meine legendäre Freundin.«
Und auch das Ende von allem, was wir hatten, was wir waren und was ich für uns erhofft hatte, begann ebenfalls mit einem Kuß, den ich auch Jahre später noch zwei-, dreimal am Tag durchlebte. Ich war erst seit ein paar Wochen wieder in Nottingham gewesen; Aggi war den ganzen Sommer über nach ihrem Abschluß dortgeblieben und kellnerte in einem Restaurant in der Stadt. Wir verabredeten uns vor dem *Shoe*

Express im Broad-Marsh-Einkaufscenter. Aggi war vor mir da, und da hätten meine Alarmglocken schon schrillen müssen, denn sie war zwar meistens pünktlich, aber nie zu früh. Sie kam mit leeren Händen, aber auch das bemerkte ich erst viel später.

Wir verbrachten einen tollen – vielleicht etwas zu tollen – Nachmittag und feierten meinen Geburtstag, wanderten durch die Läden und taten so, als seien wir frisch verheiratet und polsterten unser Liebesnest aus. Die Unterhaltung und der Humor gaben mir ein Gefühl von Lebendigsein. Daß ich keinen Job, keine Zukunft und kein Geld hatte – egal, ich war im Einklang mit der Welt. Ich war glücklich.

Auf dem Heimweg saß ich neben Aggi im Fiat Uno ihrer Mutter. Wir durchquerten die Innenstadt. Zehn Minuten bevor wir bei ihrer Mutter sein sollten, bog sie in die Rilstone Road, eine Sackgasse in der Nähe des Crestfield Park, und hielt an. Sie schnappte ihren Sicherheitsgurt auf, drehte sich zu mir und gab mir einen Kuß. Ohne Zweifel – das war ein Abschiedskuß. Ein »Es-geht-nicht-mehr«-Kuß. Ja, ein »Mir-tut-das-mindestens-ebenso-weh-wie-dir«-Kuß.

Dies ist der letzte Kuß, das war das einzige, was mir durch den Kopf schoß.

Schon seit längerem habe sie den Eindruck, ich wolle mehr von ihr, als sie geben könne, sagte sie.

Ich bräuchte jemanden, der mir garantieren könne, immer dazusein, sagte sie.

Sie liebe mich, sagte sie, aber sie habe nicht das Gefühl, als sei das genug.

Sie sei einundzwanzig und ich dreiundzwanzig, sagte sie, und wir sollten beide unser Leben auskosten, statt dessen steckten wir in einer Klemme.

Schon seit längerem habe sie den Eindruck, als würde sich unsere Beziehung nirgendwohin entwickeln, sagte sie.

Ich sagte nichts.
Um siebzehn Uhr fünfzehn war ich ein vollkommen glücklicher junger Mann gewesen, der noch alles vor sich hatte. Um siebzehn Uhr siebenundzwanzig war mein Leben zu Ende. Es dauerte ganze zwölf Minuten, um drei Jahre der Liebe zu zerstören.
Ich stieg aus, knallte die Wagentür hinter mir zu, lief zum nächsten Geldautomaten, zog mir 50 Pfund und ging ins *Royal Oak.* Dort trank ich drei doppelte Jack Daniels, eine Malibu-Cola (aus reiner Neugier) und einen doppelten Gin Tonic (weil das der erste Drink war, den ich Aggi je spendiert hatte).
Dann nahm ich einfach so aus Laune ein Taxi in die Stadt und trank weiter, obwohl ich mich zweimal übergeben mußte. Gegen Mitternacht landete ich mit einer Gruppe von Leuten, die ich kaum kannte, in einem Club namens *Toots.* An das meiste von dem, was danach kam, erinnere ich mich nur verschwommen, aber ich weiß noch, daß ich mindestens drei Wildfremden ihr Bier klaute. Als ich ein paar Wochen später im *Tesco* Pfirsiche antitschte, stürzte sich eine fette Irin wütend auf mich, die mir dann den Rest erzählte. Sie behauptete, an jenem Abend in dem Club gewesen zu sein, und ich hätte mit bis zum Gürtel offener Hemdbrust zu Abbas *Dancing Queen* mit ihr getanzt. Ihr zufolge entdeckte sie mich eine halbe Stunde später in einem Klo auf der Damentoilette, wie ich mich neben der Schüssel zusammengerollt hatte und verzweifelt schluchzte. Meine gute Samariterin, die sich Sorgen machte, ihre vorherige Weigerung, mich zu küssen, hätte diese Wirkung gehabt, setzte mich in ein Taxi, allerdings erst, nachdem ich ihr die Bluse vollgekotzt und ihr gebeichtet hätte, daß ich sie liebe.

Die Autoren

NICHOLSON BAKER: geboren 1957 in Rochester/New York, studierte u. a. an der Eastman School of Music und lebt mit seiner Frau und seiner Tochter in Mount Morris/New York. Auf deutsch sind erschienen die Romane *VOX*, *Die Fermate*, *Rolltreppe oder Die Herkunft der Dinge* und *Zimmertemperatur*.

DUFF BRENNA: geboren in San Diego, fuhr in seiner Jugend als »Hobo« auf Güterzügen und Farmarbeiter in den USA umher. Später kaufte er selbst eine Farm und ging damit bereits nach kurzer Zeit bankrott, weil er zuviel am Schreibtisch saß und schrieb. *The Book of Mamie*, Duff Brennas erster Roman, gewann 1988 den »Associated Writing Programs Award« für den besten Erstlingsroman. Heute lebt Brenna in Poway, Kalifornien, und unterrichtet Literatur an der California State University in San Marcos. Auf deutsch ist sein zweiter Roman erschienen: *Das heilige Buch der Bärte* (1997).

DOUGLAS COUPLAND: geboren 1961, studierte in Vancouver, Sapporo und Mailand Bildhauerei. Er lebt als freier Schriftsteller in Vancouver. Sein Roman *Generation X. Geschichten für eine immer schneller werdende Kultur* wurde in den USA und in Europa bald nach seinem Erscheinen 1991 zum Kultbuch. Auf deutsch sind weiterhin erschienen: *Life after God. Die Geschichten der Generation X* sowie die Romane *Shampoo Planet* und *Mikrosklaven*.

SABINE DEITMER: geboren 1947, studierte Anglistik und Romanistik und lebt heute als freie Schriftstellerin in Dortmund. Bekannt wurde sie durch ihre Mordgeschichten, in denen ganz normale Frauen sich fröhlich und ohne Skrupel von nervenden Chefs und anderen lästigen Männern befreien. Erschienen sind u. a. die Erzählbände *Bye-bye, Bruno, Auch brave Mädchen tun's* und *Die schönsten Männer der Stadt* sowie die Kriminalromane *Kalte Küsse, Dominante Damen, Neon-Nächte.*

DORIS DÖRRIE: geboren 1955 in Hannover, lebt als Regisseurin, Drehbuchautorin und Erzählerin in München. Durch ihre Filme (u. a. »Männer«, 1985; »Bin ich schön«, 1998) bekannt geworden, wurde Doris Dörrie bald auch als Autorin von Erzählungen erfolgreich. Erschienen sind von ihr die Bände *Liebe, Schmerz und das ganze verdammte Zeug, Was wollen Sie von mir?, Der Mann meiner Träume, Für immer und ewig, Love in Germany, Samsara, Bin ich schön?*

MIKE GAYLE: geboren 1970 in Birmingham; er arbeitete als Redakteur und Kummerkastenonkel für Jugendzeitschriften und war Model für Benetton. Heute schreibt er als freier Journalist für verschiedene Trendmagazine. Sein erster Roman *Mein Bett, das Telefon und sie* wurde von der Kritik mit großem Beifall aufgenommen.

FRANK GOOSEN: geboren 1966 in Bochum; nach dem Studium der Geschichtswissenschaft tätig in den Bereichen Kabarett, Hörfunk und Theater. 1992 Gründung des Literaturkabaretts »Tresenlesen«, das 1997 mit dem »Prix Pantheon« und 1998 mit dem »Salzburger Stier« ausgezeichnet wurde. Frank Goosen lebt in Bochum.

ETHAN HAWKE: geboren 1971 in Austin/Texas. Mit *Hin und Weg* legte der gefragte Nachwuchsschauspieler, der durch seine Rolle in Peter Weirs Kultstreifen *Der Club der toten Dichter* bekannt wurde, seinen ersten Roman vor. Ethan Hawke lebt in New York.

EVELYN HOLST: geboren 1952, dreizehn Jahre Journalistin beim *Stern*, seit 1992 Romanautorin (*Ein Mann für gewisse Sekunden*, *Der Mann auf der Bettkante*, *Ach wie gut, daß niemand weiß*, *Ein Mann aus Samt und Seide*) und Drehbuchautorin. Zwei Kinder, ein Mann, kein Hund.

NICK HORNBY: geboren 1957, studierte in Cambridge und arbeitete als Lehrer, bevor ihm 1992 mit dem Roman *Fever Pitch*, seiner Liebeserklärung an den Fußballclub Arsenal London, der Durchbruch gelang. Auch seine Romane *High Fidelity* und *About a boy* wurden große Erfolge. Hornby schreibt regelmäßig für *Sunday Times*, *Time Out* und *Times Literary Supplement.* Er lebt im Norden Londons.

JOSIE LLOYD und EMLYN REES lernten sich in London bei einem Literaturagenten kennen und hatten bei einem Kaffee die Idee für den Roman *Come Together* (1999), den sie – nach Kapiteln alternierend – aus der Sicht des Mannes und der Frau schrieben. Der Roman wurde ein Erfolg – und gleich danach plante das Autorenduo die Hochzeit.

SKY NONHOFF: geboren 1962, lebt als Journalist, Herausgeber und Autor in München und St. Davids/Wales. Zuletzt ist erschienen: *Boy meets girl. Sieben Erzählungen und eine Novelle* (1998).

FABIENNE PAKLEPPA: geboren 1950 in Lausanne/Schweiz, freie Schriftstellerin, lebt seit 1972 in Deutschland, seit 1977 in München. Neben Romanen hat Fabienne Pakleppa zahlreiche Kurzgeschichten und Glossen veröffentlicht, vor allem in den Zeitschriften *Petra*, *Cosmopolitan*, *Hör Zu*, in der *Süddeutschen Zeitung*, in verschiedenen Anthologien, im BR, NDR, SDR, ORF. Sie erhielt 1991 das Literaturstipendium der Stadt München, 1997 den Werkauftrag der Kulturstiftung Pro Helvetia für den Roman *Die Birke* und 1997 den Gratwanderpreis für Erotische Literatur der Zeitschrift *Playboy*. Buchveröffentlichungen: *Die Himmelsjäger* (1993), *Die Aufsässigen* (1995), *Die Birke* (1999).

BRIGITTE RIEBE: geboren 1953, promovierte Historikerin, lebt als Schriftstellerin in München. Bekannt wurde sie durch ihre Romane *Palast der blauen Delphine*, *Pforten der Nacht*, *Ehemänner und andere Fremde*, *Moon*.

CHRIS TRAUTMANN: geboren 1964 in Oberhausen, lebt heute bei Bremerhaven. Seit 1992 freier Schriftsteller und Übersetzer. 1990 erschien sein Roman *Die Melancholie der Kleinstädte*.

IRVINE WELSH: geboren 1958, hat neben seinem Kultbuch *Trainspotting*, dessen Verfilmung von Danny Boyle ein weltweiter Erfolg war, die Storysammlung *The Acid House* und die Romane *Marabou Stork Nightmares* und *Ecstasy* (auch auf deutsch) veröffentlicht. Der Autor lebt in Edinburgh.

Quellenverzeichnis

Nicholson Baker: »Kein Zeitlimit«* aus *VOX*, Reinbek bei Hamburg 1992. Übers. Eike Schönfeld. Mit freundlicher Genehmigung der Rowohlt Verlag GmbH, Reinbek.

Duff Brenna: »Vermessenheit im Übermaß« aus *Das heilige Buch der Bärte*, Hamburg 1997. Übers. Peter Torberg. Mit freundlicher Genehmigung der Rogner & Bernhard GmbH & Co. Verlags KG, Hamburg.

Douglas Coupland: »Friß dich nicht selbst« aus *Generation X*, München 1991. Übers. Harald Riemann. Mit freundlicher Genehmigung des Wilhelm Goldmann Verlags, München, in der Verlagsgruppe Bertelsmann GmbH.

Sabine Deitmer: »Der Eisberg« aus *Die schönsten Männer der Stadt*, Frankfurt am Main 1997. Mit freundlicher Genehmigung des Fischer Taschenbuch Verlags, Frankfurt am Main.

Doris Dörrie: »Are you experienced?« aus *Was wollen Sie von mir?*, Zürich 1989. Mit freundlicher Genehmigung der Diogenes Verlag AG, Zürich.

Mike Gayle; »Neunzehn Uhr zwanzig« aus *Mein Bett, das Telefon und sie*, München 1999. Übers. Peter Torberg. Mit freundlicher Genehmigung des Droemer Knaur Verlags, München.

Frank Goosen: »Petting statt Pershing«. Originalveröffentlichung. Copyright © 1999 by Frank Goosen. Mit freundlicher Genehmigung des Autors.

Ethan Hawke: »Sarah« aus *Hin und weg*, Köln 1997. Übers. Kristian Lutze. Mit freundlicher Genehmigung des Verlags Kiepenheuer & Witsch, Köln.

Evelyn Holst: »Du wolltest es doch ...«. Originalveröffentlichung. Copyright © 1999 by Evelyn Holst. Mit freundlicher Genehmigung der Autorin.

Nick Hornby: »Durchwachsen«* aus *High Fidelity*, Köln 1996. Übers. Clara Drechsler und Harald Hellmann. Mit freundlicher Genehmigung des Verlags Kiepenheuer & Witsch, Köln.

Josie Lloyd und Emlyn Rees: »Amy oder Etwas stimmt mit mir nicht«* aus *Come Together*, München 1999. Übers. Astrid Arz und Hans M. Herzog. Mit freundlicher Genehmigung der Schneekluth Verlag GmbH, München.

Sky Nonhoff: »Ein Ozelot im Winter« aus *Boy meets Girl*, Hamburg 1998. Mit freundlicher Genehmigung der Rogner & Bernhard GmbH & Co. Verlags KG, Hamburg.

Fabienne Pakleppa: »Lauter tote Frauen«. Originalveröffentlichung. In einer ersten Fassung erschienen in der Verlagsbeilage Krimi für Cosmopolitan 11/97. Copyright © 1999 by Fabienne Pakleppa. Mit freundlicher Genehmigung der Autorin.

Brigitte Riebe: »Vibrations!«. Originalveröffentlichung. Copyright © 1999 by Brigitte Riebe. Mit freundlicher Genehmigung der Autorin.

Chris Trautmann: »Nachbarn«. Originalveröffentlichung. Copyright © 1999 by Chris Trautmann. Mit freundlicher Genehmigung des Autors.

Irvine Welsh: »Der erste Fick seit ewig« aus *Trainspotting*, Hamburg 1996. Übers. Peter Torberg. Mit freundlicher Genehmigung der Rogner & Bernhard GmbH & Co. Verlags KG, Hamburg.

* Die mit einem Stern versehenen Titelformulierungen stammen von der Herausgeberin.